시대에듀

Q 매일 쏟아져 나오는 사회의 많은 이슈들을 다 파악하고 있나요?

Q 그 많은 이슈들 중에 어떤 것이 중요한지 알고 있나요?

Q 최신이슈를 친구에게 설명해줄 수 있나요?

Q 한 가지 이슈에 대한 자신의 견해를 글로 쓸 수 있나요?

위 질문에 답을 하셨나요? 바쁜 하루 속에서 스마트폰으로 인터넷 서핑을 하기도 벅찬데 언제 이슈를 파악하겠느냐며 반문하시는 분들이 대다수일 겁니다.

입시를 준비하는 중·고등학생, 입사를 준비하는 취준생, 사회생활을 하는 직장인 모두에게 이슈를 알고 세태를 파악하는 것은 중요합니다. 각자에게 가장 중요한 입시·취업·소통과 직결되기 때문이죠. 대입 논술과 면접, 입사 시험, 타인과의 소통에는 이슈가 빠지지 않으니까요.

세상에는 단 몇 시간 만에도 갖가지 사건들이 벌어지고 방대한 양의 이슈들이 쏟아져 나옵니다. 하지만 우리는 그 많은 것들을 다 알만한 시간이 없습니다. 특히 입시나 취업을 준비하는 수험생들은 공부나 스펙 쌓기에, 직장인들은 일에 몰두하다 보면 하루 24시간도 부족합니다.

이렇듯 시간은 없지만 학습이 필요한 모두를 위해 최소한의 시간과 노력으로 최대의 효과를 가져다줄 이 책을 준비했습니다. 놓쳐서는 안 될 주요 이슈들과 꼭 알아야 하는 기본 상식들을 모두 한 권에 정리한 이 책을 통해 여러분은 지식·교양·상식을 모두 갖춘 지식인으로 거듭날 수 있습니다.

PART 1 우리 사회의 <u>최신이슈</u>를 집중 조명하며 사고력·통찰력 Up!!

09 교권침해

현재 우리 사회의 주요 이슈 10가지를 뽑아 그 흐름을 정리하고 친절하게 설명

시험에 자주 출제되거나 생소한 용어를 자세히 설명하여 지식 확장

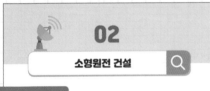

한눈에 들어오는 사진으로 시각적 효과를 더해 빠르게 이해

집중 조명한 이슈들을 토대로, 대입 논술이나 토론 대회에서 출제될만한 논제를 '논술로 불러오기'에서 콕 집어 제시

PART 2 논란이 되는 이슈들을 한눈에 보이는 <u>찬반 의견</u>으로 정리

02 소형원전 건설

논란이 된 이유를 정리

이슈화된 논점을 설명하고 주장과 근거를 확인

각각의 입장을 한눈에 들어오는 찬반 의견으로 정리

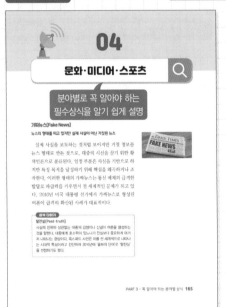

PART 3 꼭 알아야 하는 분야별 상식

04
문화·미디어·스포츠 🔍

> 분야별로 꼭 알아야 하는
> 필수상식을 알기 쉽게 설명

가짜뉴스(Fake News)
뉴스의 형태를 띠고 실제로 사실이 아닌 거짓된 뉴스

실제 사실을 보도하는 정보처럼 보이지만 거짓 정보를 뉴스 형태로 만든 것으로, 대중의 시선을 끌기 위한 황색언론으로 분류된다. 일정 부분은 사실을 기반으로 하지만 특정 목적을 달성하기 위해 핵심을 왜곡하거나 조작한다. 이러한 형태의 가짜뉴스는 동신 매체의 급격한 발달로 파급력을 키우면서 전 세계적인 문제가 되고 있다. 2016년 미국 대통령 선거에서 가짜뉴스로 형성된 여론이 급격히 확산된 사례가 대표적이다.

> **상식 더하기 +**
> **탈진실(Post-truth)**
> 사실의 진위와 상관없이 대중의 감정이나 신념이 여론을 형성하는 것을 말한다. 대중에게 호소하거나 개인적인 신념이 중요하게 여겨지는 상황이다. 옥스퍼드 사전은 이를 전 세계적으로 나타나는 사회적 특성이라고 진단하며 2016년의 올해의 단어로 '탈진실'을 선정하기도 했다.

부커상(Booker Prize)
노벨문학상, 프랑스의 공쿠르상과 함께 세계 3대 문학상 중의 하나

1969년 영국의 부커사가 제정한 문학상으로 해마다 영국 연방국가에서 출판된 영어소설을 대상으로 시상한다. 2005년에는 영어로 출간하거나 영어로 번역 가능한 소설의 작가를 대상으로 상을 수여하는 인터내셔널 부문이 신설되어 격년으로 진행되다 2016년부터 영어번역소설을 출간한 작가와 번역가에 대해 매년 시상하는 것으로 변경되었다. 2016년 인터내셔널 부문에 우리나라의 소설 〈채식주의자〉가 선정돼 이 소설의 작가인 한강과 번역가인 데버러 스미스가 수상했다. 부커상의 원래 이름은 '부커 맥코넬 상'이었으나 현재는 부커상으로...

> **함께 알면 좋은 상식은
> '상식 더하기'에 보충 설명**

> **상식 더하기 +**
> **세계의 주요 문학상**

구분	내용
공쿠르상 (Le Prix de Goncourt)	프랑스의 4대 문학상 중의 하나로 권위가 높으며 표창으로 작가 에드몽 공쿠르의 유언에 따라 1903년에 제정되어 신문, 특히 소설작품에 시상한다.
노벨문학상 (Nobel Prize in Literature)	노벨상의 하나로 스웨덴 문학 아카데미에서 수상 작가를 선정하고, 원칙적으로 작품이 아닌 작가에게 시상한다.
뉴베리상 (Newbery Awards)	1922년부터 미국 아동 문학으로 소설·시집·논픽션에 공헌한 작가에게 수여하는 상이다. 수상 대상은 미국 시민이나 미국에 거주하는 사람의 작품이다.
에드거상 (미국 추리 작가 협회상)	미국의 추리작가협회에서 에드거 앨런 포를 기념하여 1946년 제정된 것으로 매년 4월, 소설·평론·텔레비전·영화 등 다양한 부문에 걸쳐 시상한다.

PART 4 최신시사용어 퀴즈로 마무리

02
경제·경영·금융 🔍

> 현재 이슈가 되고 있는
> 용어를 분야별로 나눠서
> 정리하여 최신시사 파악

중립금리
인플레이션이나 디플레이션 없이 잠재성장률을 회복할 수 있는 이론적 금리 수준

미국의 인플레이션이 2024년에도 여전히 이어지는 가운데 경제도 견조한 흐름을 보이면서 기준금리 인하 시기가 미뤄질 수 있다는 전망이 나왔다. 이와 더불어 최종 금리 수준도 예상보다 더 높을 수 있다는 평가가 제기됐다. 미국 일간 월스트리트저널(WSJ)은 기준금리 인하 되더라도 과거와 같은 초저금리 시대는 끝날 것이라면서, 급증하고 있는 재정적자와 투자 수요 등을 감안할 때 물가 상승이나 하락을 야기하지 않는 '중립금리'가 더 높을 것이라고 예상했다.

> **퀴즈 plus**
> 경제가 인플레·디플레이션 없이 잠재성장률을 회복할 수 있는 금리 수준을 뜻하는 용어는?
> ① 정책금리
> ② 중립금리
> ③ 양원금리
> ④ 최생금리
> 【정답 및 해설】 ②
> 유럽고리의 경제가 인플레이션이나 디플레이션 없이 잠재성장률을 유지할 수 있는 이론적 금리 수준을 말한다. 이론상 금리 수준을 뜻하는 용어인, 경제성장에 따라 달라지기 때문에 이론상으로만 존재한다.

밀크플레이션(Milkflation)
원유 가격 인상에 따른 물가 상승 현상

2023년 우유의 물가상승률이 글로벌 금융위기 이후 14년 만에 최고를 기록했다. 이에 따라 발효유, 치즈, 아이스크림 등 유제품 가격도 크게 뛰어 인상 물가상승률을 보여 '밀크플레이션'이 발생한 것으로 나타났다. 이는 우유의 원료가 되는 원유(原乳) 가격이 인상된 이후 유제품들이 흰 우유와 유제품 가격을 인제로 인상했기 때문이다. 낙농업계 관계자는 2024년에는 생산비 변동폭이 크지 않을 것이라면서도 국제정세와 수입 물가 가격에 따라 상황이 달라질 수 있다고 전했다.

> **퀴즈 plus**
> 원유의 가격 상승이 불러오는 인플레이션을 뜻하는 말은?
> ① 밀크플레이션
> ② 콘플레이션
> ③ 프로틴플레이션
> ④ 베지플레이션
> 【정답 및 해설】 ①
> 밀크플레이션(Milkflation)은 원유의 가격 상승이 연쇄적으로 유제품과 기호식품의 가격 등 전반에 미쳐 물가가 오르는 현상을 뜻한다. 이 상황에는 전쟁, 재해 등으로 인해 사료 값, 물류비, 인건비 등이 더해진 것과 함께 나타나기도 한다.

블록딜(Block Deal)
매도자와 매수자 간 주식 대량매매

삼성가(家) 세 모녀가 2021년 초 계열사 지분 일부를 블록딜(시간 외 대량매매) 형태로 매각한 뒤에도 여전히 여성 중 주식평가액 재상위를 유지하는 것으로 나타났다. 이러한 지분 매각은 故() 이건희 선대회장 별세 후 12조원 규모의 상속세 납부를 위한 재원 마련을 위해서다. 유족들은 연부연납 제도를 활용해 2021년 4월부터 5년에 걸쳐 상속세를 분할납부하고 있는데, 금리 인상 기조로 대출금리가 오르면서 주식 담보대출에 대한 이자 부담이 크게 늘어난 것으로 알려졌다.

> **퀴즈 plus**
> 주식을 대량으로 보유한 매도자가 매수자에게 장외 시간에 주식을 넘기는 거래는?
> ① 숏커버링
> ② 문워크
> ③ 윈도드레싱
> ④ 스캘핑
> 【정답 및 해설】 ③
> 블록딜(Block Deal)은 거래소 시장이 시작되는 전후로 주식을 대량으로 보유한 매도자가 매수자에게 해당 주식을 넘기는 거래를 말한다. 한번에 대량의 주식이 거래될 경우 시장에 영향을 미치지 않도록 장 시작 전이나 마감 후 시간에 행하는 조치다.

> **제시된 이슈와 관련된
> 퀴즈 문제를 수록하여
> 다시 한 번 점검하기**

목차 CONTENTS

PART 01

이슈
Focus

01

4·10 총선

   32년 만에 최고치 투표율을 기록한 4·10 국회의원 총선거에서 더불어민주당(민주당)을 비롯한 진보계열 범야권이 189석을 차지하며 압승을 거뒀다. 이는 4년 전 21대 총선에 이은 '압승'인 동시에 민주당에는 70년 헌정역사에서 야당일 때 거둔 두 번째 과반의석이다. 반면 현재 집권여당인 국민의힘은 100석을 가까스로 넘으며 총선 3연패의 기록을 안았다. 외신들은 이번 총선이 현 정부와 대통령에 대한 중간 평가의 성격이 강했다고 지적하면서, 야당의 승리가 확정되자 현 정권의 남은 임기 3년 동안 레임덕(권력 누수 현상)에 빠질 위협에 직면했다고 일제히 보도했다.

범야권 대승 ··· 여권, 탄핵 저지선 간신히 사수

개표가 완료된 2024년 4월 11일 오전 11시 민주당은 지역구에서 161석, 비례 위성정당*인 더불어민주연합에서 14석 등 총 175석을 석권했다. 국민의힘은 지역구 90석, 위성정당 국민의미래 18석 등 총 108석에 그쳤다. 1987년 대통령 직선제 도입 이후 집권여당이 이같이 큰 격차로 야당에 패한 것은 처음 있는 일이다. 대통령 임기를 무려 3년여 남기고 치른 중간평가 성격의 총선에서 야당의 의석수가 집권여당을 이만큼 압도한 것도 헌정사상 처음이다.

이번 결과는 야권이 내세운 '윤석열 정권 심판론'이 선거일에 임박해 잇따라 나온 정부발 악재들과 맞물려 유권자들의 표심을 움직였기 때문으로 풀이됐다. 국민의힘으로서는 대통령 탄핵 및 개헌 저지선(200명)은 가까스로 지켜냈지만, 조국혁신당(12석)과 진보당(1석)을 포함한 범야권 의석이 189석에 이르면서 정국 주도권을 또다시 야권에 넘겨주게 됐다. 여기에 실질적 '반윤세력'으로 꼽히는 개혁신당이 여당의 반대편에 설 경우 야권은 192석이나 된다.

주요 지역별로는 122석이 걸린 수도권에서 민주당이 102석, 국민의힘이 19석, 개혁신당이 1석을 차지했다. 특히 충청권 28석 중 21석을 민주당이 확보하면서 전통적으로 절반을 유지했던 충청권에서마저 압도적으로 의석을 차지했다. 반면 국민의힘은 대전과 세종에서 지난 총선에 이어 0석을 기록했고, 충남마저 지난 총선보다 2석 줄어든 3석에 그쳤다. 다만 부산, 울산, 경남에서 40석 중 34석을 확보하는 등 전통적 강세지역인 영남권만 지켜내면서 '도로 영남당'이라는 오명을 이번에도 벗지 못했다.

비례대표*를 뽑는 정당투표는 여당의 위성정당인 국민의미래가 36.67%를 차지하며 18석을 확보했다. 그러나 민주당 위성정당인 더불어민주연합(26.69%, 14석)이 조국혁신당(24.25%, 12석)과 합쳐 50.94%를 얻으면서 비례대표 국회 의원 46석 중 26석을 석권, 과반을 훌쩍

> **비례대표**
>
> 대의기관의 구성원을 선출하는 선거에서 정당의 득표율에 비례해 당선자 수를 결정하는 선거제도다. 정당지지율이 의석비율로 직결되므로 유권자의 의견이 의회 내에서 거의 동일하게 재현된다는 장점이 있다.

넘겼다. 그 외 개혁신당이 3.61%, 녹색정의당이 2.14%, 새로운미래가 1.7%를 각각 기록했다. 전통적 진보정당으로 21대에서 6석을 차지했던 녹색정의당(구 정의당)은 정당득표에서 2.14%를 차지, 1석도 건지지 못하며 원외정당으로 전락했다.

정권 심판론이 유권자 투표장으로 이끌어

특히 22대 총선은 높은 투표율을 기록했다. 중앙선거관리위원회는 10일 투표마감 결과 전체 유권자 4,428만 11명 가운데 2,966만 2,313명이 투표에 참여, 67.0%의 투표율을 기록한 것으로 집계됐다고 밝혔다. 이는 지난 총선(66.2%)보다 0.8%포인트(p) 높은 수치이고, 1992년 14대 총선(71.9%) 이후 32년 만에 최고치다. 특히 베이비붐세대이자 486 · 586세대로 일컬어지는 50대 투표율이 71.2%로 2016년 20대 총선(60.8%)보다 10.4%p 상승했다. 비교적 보수층에 속하는 60대의 투표율은 80%에 달했지만, 50대에 비해 유권자 수가 적은 데다가 지역구와 달리 비례대표 투표에서 무려 40%가 민주연합과 조국혁신당에 표를 던지면서 국민의힘에 큰 도움이 되지 못했다.

이처럼 높은 투표율의 배경에는 근본적으로 여야가 각각 선거 전면에 내세운 '심판론'과 유권자들의 '분노 투표'가 있었다는 분석이 나왔다. 민주당은 이번 선거를 윤석열 정부에 대한 중간평가로 규정하고, 유권자들에게 '윤석열 정권 심판론'을 내세웠다. 이에 대응해 국민의힘은 범죄자들을 심판해야 한다며 '이 · 조(이재명 · 조국) 심판론'을 내세웠다. 비록 심판의 대상은 다르지만, 거대 양당 모두 지지층과 중도층에게 심판을 위해 투표장에 나서달라고 한목소리로 호소한 것이 유권자들을 투표장으로 이끌었다는 것이다.

지역별로 보면 민주당 강세지역인 호남에선 투표율이 평균 이상이었다. 전남(69.0%), 광주(68.2%), 전북(67.4%) 등으로, 이들 지역 모두 4년 전 총선보다 투표율이 높았다. 반면 국민의힘 강세지역인 TK(대구·경북)는 평균 이하였다. 대구(64.0%)는 제주(62.2%)에 이어 전국에서 두 번째로 투표율이 낮았고, 경북(65.1%)도 평균 이하였다. 지지자들마저 정권에 등을 돌렸다는 분석에 힘이 실리는 이유다.

윤석열 정부 내내 '여소야대' 의회 유지

이에 따라 여당인 국민의힘은 2016년 20대 총선, 2020년 21대 총선에 이어 세 번 연속 총선에서 패한 데 이어 대통령을 배출한 여당이 대통령 임기 내내 소수당에 머무르는 첫 사례를 낳았다. 반면 민주당을 비롯한 범야권은 정부의 중간평가 성격을 띤 총선에서 역대급 압승이었던 21대보다 더 의석을 늘리면서 대선과 지방선거 2연패의 고리를 끊어내고 2년 뒤 지방선거, 3년 뒤 대선을 앞두고 유리한 의회지형을 확보하게 됐다. 또한 무엇보다 압도적 과반의석으로 정치적 활동반경을 한층 넓힐 수 있는 동력을 얻었다.

민주당은 5월 30일 개원한 22대 국회에서 과반의석을 토대로 국회의장은 물론 주요 상임위원장직을 차지하며 법안·예산 처리를 주도할 수 있게 됐다. 국무총리, 헌법재판관, 대법관 임명동의안 등도 민주당이 키를 쥐고 있으며, 국무총리, 국무위원, 법관, 검사 등에 대한 탄핵소추 의결도 가능하다. 아울러 범야권이 180석(재적의원 5분의 3) 이상을 확보함으로써 패스트트랙(신속처리안건) 지정, 필리버스터(합법적 의사진행 방해) 종결 등으로 각종 입법을 속도감 있게 밀어붙일 수 있게 됐다.

이런 분위기 속에서 국민의힘 내부에서는 향후 총선에 대해 암울한 전망이 나왔다. 30·40세대가 주로 거주하며 아이를 기르는 지역에서 참패한 것을 두고 "전통적 보수 지지층은 1년에 약 30만명씩 죽고 있고, 5년 뒤엔 150만명이 사라지는 상황"이라는 위기론이 부각한 것이다. "30·40세대에서 그만한 인원을 데려오지 못하면 다음 선거에서 보수 의석수는 두 자릿수로 내려갈 것이고, 민주당 주도 7공화국 출범을 봐야 할 것"이라는 우려도 뒤따랐다. 실제로 이번 총선 결과 국민의힘 세대별 지지는 60대 중반 이상에서만 강세였을 뿐 50대 이하에서는 모두 열세·경합열세였다. 그동안 지지층이라고 자부했던 20대마저 압도적 열세로 나타났다.

한편 외신의 평가도 잇따랐다. 중국 관영매체 글로벌타임스는 "한국인의 선택이 윤석열 대통령의 외교정책에 거듭 경종을 울린다"고 평가했고, 일본 주요 언론들은 "일본에 비판적인 야당 견제로 한일관계 개선에 부정적 영향이 미칠 수 있다"고 진단했다. 블룸버그는 "윤 대통령의 보수동맹이 총선에서 큰 차질을 빚

> **레임덕(Lame Duck)**
>
> 임기 종료를 앞둔 대통령 등의 지도자를 '절름발이 오리'에 비유한 것으로 집권 말기에 나타나는 지도력 공백 현상을 뜻한다. 레임덕이 발생하면 주요 정책 결정이 늦어질 뿐만 아니라 공조직 업무 능률이 저하돼 국정 공백을 일으키는 등 혼란이 생길 수 있어 주의가 요구된다.

게 되면서 남은 임기 3년 동안 위치가 크게 약화할 것"이라면서 향후 레임덕* 상황에 빠질 수 있다는 분석을 내놨다. 로이터 역시 "윤 대통령의 부실한 경제 관리와 김건희 여사의 명품백 선물 수수와 같은 부적절한 행동을 한 것을 인정하지 않는 것이 정권 심판론을 부추겼다"고 평가했고, 호주 동아시아포럼은 앞으로 윤 대통령이 여·야 양쪽에서 공격을 받을 수도 있다고 논평했다.

논술로 불러오기[예상논제]
- '여소야대' 국정 상황에서 나타날 수 있는 문제점에 대해 논해 보시오.
- 레임덕의 정의와 국가수반이 레임덕에 직면할 경우 펼쳐질 수 있는 상황에 대해 설명해 보시오.

02

라인야후 사태

일본 정부의 압박으로 소프트뱅크가 네이버의 라인야후 지분 인수에 나서면서 네이버가 13년 동안 세계적 메신저로 키워낸 라인의 경영권이 일본에 넘어갈지 업계의 시선이 쏠렸다. 만약 라인 경영권이 소프트뱅크로 넘어갈 경우 일본, 대만, 태국, 인도네시아 등 이용자가 2억명에 달하는 아시아 시장을 잃을 수 있다는 전망이 나왔다. 대통령실은 사태 초기 "네이버 측 요청사항을 전적으로 존중해 이 문제에 임하고 있다"고 강조했지만, 이미 일본 총무성이 나선 상황인 만큼 우리 정부에서도 한국 기업을 보호하기 위해 보다 적극적인 대응이 필요하다는 지적이 나왔다.

소프트뱅크, 네이버 보유 주식 매입 추진

2024년 4월 25일 교도통신 등 일본 언론에 따르면 소프트뱅크는 정보유출 문제로 일본 정부로부터 행정지도를 받은 라인 운영사 라인야후의 중간지주사 A홀딩스 주식을 네이버로부터 매입하기 위한 협의를 추진하고 있는 것으로 알려졌다. 네이버와 소프트뱅크는 라인야후 대주주인 A홀딩스 주식을 각각 50%씩 보유하고 있어 양사가 라인야후의 실질적인 모회사다. 만약 소프트뱅크가 네이버로부터 A홀딩스 주식을 한 주만 더 인수해도 독자적인 대주주가 됨에 따라 네이버는 13년 전 출시해 세계적 메신저로 키워낸 라인의 경영권을 잃을 수 있다.

라인은 현재 일본에서 한 달에 1번 이상 이용하는 사람 수가 9,600만명에 달할 정도로 '국민 메신저'로 성장했다. 또 경쟁메신저인 카카오톡의 진출이 미진한 태국(5,500만명), 대만(2,200만명), 인도네시아(600만명)에서도 압도적인 점유율을 자랑하는 등 전세계 이용자가 2억명에 달한다. 그러나 일본 정부가 라인야후의 네이버에 대한 과도한 의존을 문제 삼기 시작하면서 경영권에 대한 우려가 나왔다.

라인야후 사태 주요 일지

2011년 6월	네이버, 일본에서 메신저 애플리케이션 '라인' 서비스 출시
2016년 7월	라인, 뉴욕과 도쿄 증시에 동시 상장
2021년 3월	라인-야후재팬(소프트뱅크 소유) 간 경영통합 및 A홀딩스 출범
2023년 11월	라인야후, 네이버 클라우드를 통한 개인정보 유출 가능성 발표 → 조사 결과 정보유출 피해규모 51만여 건
2024년 3월 5일	일본 총무성, 라인야후에 1차 행정지도 → '네이버와 자본관계 재검토' 포함 경영체제 개선 요구 → 재발방지책 진척상황 3개월마다 보고
4월 1일	라인야후, 일본 정부에 보고서 제출 → 2026년까지 네이버와 시스템분리 내용 포함
4월 16일	일본 총무성, 재발방지책 불충분 사유로 2차 행정지도 → 7월 1일까지 구체적인 대응책 제시 요구
5월 8일	라인야후 CEO, 정보유출 문제 대응책 발표 → 네이버와 위탁관계 순차적 종료 및 기술독립 추진 → 사외이사 67%로 증가, 네이버 출신 신중호 CPO 이사회 제외 → 네이버와 소프트뱅크 협상 진행

2023년 11월 네이버 클라우드가 사이버 공격으로 인해 악성코드에 감염돼 일부 내부 시스템을 공유하던 라인야후에서 개인정보 유출이 발생하자 일본 총무성은 사이버 보안 강화를 요구하는 행정지도를 2024년 3월과 4월 두 차례 실시했다. 특히 행정지도에 '자본관계 재검토' 요구가 포함돼 일본이 이번 사태를 계기로 라인야후 경영권을 빼앗으려는 것이 아니냐는 의혹이 제기되며 논란이 확산한 상황이다.

네이버, 라인 매각 시 해외 사업 차질 우려

이데자와 다케시 라인야후 최고경영자(CEO)는 5월 8일 라인야후 결산설명회에서 "(우리는) 모회사 자본변경에 대해 강하게 요청하고 있다"며 "소프트뱅크가 가장 많은 지분을 취하는 형태로 변화한다는 대전제를 깔고 있다"고 설명했다. 이는 라인야후 모회사인 A홀딩스의 지분 50%를 보유한 네이버에 대주주 자리를 소프트뱅크에 넘기라는 요청으로 받아들여졌다. 라인야후는 '라인의 아버지'로 불리는 네이버 출신 신중호 최고제품책임자(CPO)를 라인야후 이사회에서 제외하고, 네이버와 기술적인 협력관계에서도 독립을 추진하겠다고 밝혀 향후 라인야후에 대한 네이버의 영향력도 줄어들 것으로 전망됐다.

디지털라이제이션

단순히 데이터를 기록하는 것을 넘어 디지털 데이터를 활용하여 업무 단축과 업무흐름 최적화를 달성해 생산성을 높이는 과정을 의미한다. 즉, 디지털화된 데이터를 저장·활용하는 것뿐만 아니라 발전된 정보통신기술(ICT)을 통해 각종 데이터와 정보에 쉽게 접근하고 활용함으로써 효율적인 업무환경을 만드는 것을 말한다.

전문가들 사이에서는 네이버가 지분 매각을 통해 자금을 확보할 경우 인수·합병(M&A)과 인공지능(AI) 등 신사업에 투자할 여력이 생길 수 있지만, 눈앞의 이익보다 장기적인 국내외 사업 전략과 관련한 득실을 따져야 한다는 주장이 나왔다. 라인야후 지분 매각은 곧 아시아 시장에서 메신저, 인터넷은행, 캐릭터 사업 등을 키울 교두보를 잃는 것이기 때문이다. 당장 라인야후와 관계가 단절되면 디지털라이제이션*과 클라우드 전환이 본격화되고 있는 일본 IT 시장에서 네이버가 성장할 기회를 놓치게 되고, 동남아 시장 확장기회마저 소프트뱅크에 넘어가게 될 가능성도 있다. 이에 따라 네이버의 중장기적 사업 전략이 라인야후 지분 조정에 충분히 반영될 수 있도록 정보유출 재발방지책 제출 시점을 최대한 늦춰야 한다는 주장도 제기됐다.

또 미국의 '구글'과 중국의 '틱톡' 등 플랫폼이 국익 차원의 문제로 다뤄지고 있는 만큼 우리 정부가 관심을 가져야 한다는 지적도 나왔다. 중앙대 위정현 다빈치가상대학장(한국게임학회장)은 "미국의 중국 틱톡 때리기나 구글코리아 보호 움직임에서 볼 수 있듯 플랫폼은 장기적인 국익 차원의 문제가 됐다"며 "우리 정부도 라인야후 사태에 관심을 갖고 있으며 심각성을 인지하고 있다는 입장을 표명할 필요가 있다"고 강조했다.

과기정통부 "일본 정부 라인 지분매각 압박 유감" ··· 업계 "대책마련 필요"

한편 과학기술정보통신부(과기정통부)는 5월 10일 '라인야후 사태'와 관련, "일본 정부는 행정지도에 지분매각이라는 표현이 없다고 확인했지만, 우리 기업에 지분매각 압박으로 인식되는 점에 대해 유감을 표명한다"고 밝혔다. 강도현 과기정통부 제2차관은 이날 정부서울청사에서 브리핑을 열고 "정부는 네이버를 포함한 우리 기업이 해외사업·투자와 관련해 어떤 불합리한 처분도  받지 않도록 하겠다는 것이 확고한 입장"이라며 이같이 말했다. 그러면서 "우리 기업에 대한 차별적 조치와 우리 기업의 의사에 반하는 부당한 조치에 대해서는 단호하고 강력히 대응해 나가겠다"고 강조했다. 강 차관은 또 "네이버가 라인야후 지분과 사업을 유지하겠다는 입장일 경우 적절한 정보보안 강화 조치가 이뤄질 수 있도록 지원하겠다"고 말했다.

강 차관은 이에 앞서 사태 경과를 설명하면서 "정부는 일본 정부의 라인야후에 대한 2차례에 걸친 행정지도에 개인정보유출 사고에 따른 보안강화 조치를 넘어서는 내용이 포함돼 있는지 확인했다"고 밝혔다. 이어 "정부는 그간 네이버의 입장을 존중하며 네이버가 중장기적 비즈니스 전략에 입각해 의사결정을 하기를 기다리고 있었다"고 덧붙였다.

그러나 업계에서는 이번 사태가 자칫 일본을 비롯해 해외로 진출한 타 플랫폼에도 영향을 줄까 우려하는 분위기다. 특히 '라인'과 같은 메신저 플랫폼의 경우 시간이 흐름에 따라 사용자들의 이용 패턴, 사용 언어, 사용자 간 관계 등에 대한 정보가 방대하게 축적되고, 이와 관련한 다양한 기술 및 노하우 역시 쌓이는 구조다. 이러한 상황에서 기업 지분 및 경영권이 다른 국가의 기업으로 넘어가게 되면 데이터의 소유권 역시 잃게 될 수밖에 없다. 아울러 우리 국민의 일자리와도 직결된 문제이므로 단순 해프닝으로 치부하면 안 된다는 시각이 많다.

최근 전 세계에서 '디지털 주권(데이터 주권)'을 주목하고 있는 이유도 바로 이런 데이터 소유 및 활용과 관계돼 있다. 기업들은 장기간 축적한 데이터를 이용해 새로운 사업 및 서비스를 개발할 수 있고, 이를 다시 사용자에게 제공함으로써 막대한 수익을 창출할 수 있기 때문이다. 나아가 디지털 주권은 향후 국가 안보와 AI 기술, 미래 국가 경쟁력을 좌우할 핵심 요소로 꼽히고 있어 디지털 주권을 확보하기 위한 국제 분쟁 역시 증가하는 추세다. 이에 따라 이번 사태를 계기로 우리 정부가 디지털 주권을 보호하기 명확한 기준과 대책을 마련해야 한다는 목소리가 커지고 있다.

논술로 불러오기[예상논제]

- 일본 정부가 네이버의 라인야후 지분 매각을 압박하는 이유에 대해 디지털 주권과 연관 지어 설명해 보시오.
- 라인야후의 지분이 일본에 넘어갈 경우 우리나라에 어떤 타격이 있을지 경제적·산업적 측면에서 서술해 보시오.

03

의대정원 확대

조규홍 보건복지부(복지부) 장관이 2024년 2월 6일 보건의료정책심의위원회가 끝난 후 정부서울청사에서 브리핑을 갖고 의대 입학정원 확대방안을 발표했다. 핵심은 '2025학년도부터 의대 입학정원을 2,000명 증원해 기존 3,058명에서 5,058명으로 확대한다'는 것이었다. 그러나 정부의 이러한 방안을 두고 전공의를 포함한 의사들과 의대생들이 강력하게 반발하고 나서면서 정부와 의사들간 강대강 대치가 이어졌다. 사태가 장기화할 조짐이 보이자 중증환자들과 수술을 앞둔 환자들, 보호자들의 우려가 커졌다.

정부 "2035년 수급전망 토대로 증원규모 결정"

조 장관은 증원규모의 근거에 대해 "현재 의료 취약지에서 활동하는 의사인력을 전국 평균수준으로 확보하려면 약 5,000명이 필요하다. 이에 더해 급속한 고령화 등으로 늘어나는 의료수요를 감안할 경우 오는 2035년에 1만명 수준의 의사가 부족할 것으로 다수 전문가들이 전망하고 있기 때문"이라고 밝혔다. 이어 "2025학년도부터 2,000명이 추가로 입학하면 2031년부터 배출돼 2035년까지 5년간 최대 1만명의 의사인력이 확충될 것"이라며 "의사인력 수급현황을 주기적으로 조정하겠다. 고령화 추이, 감염병 상황, 의료기술 발전 동향 등 의료환경 변화와 국민의 의료 이용상황을 종합적으로 고려해 합리적으로 수급을 관리하겠다"고 강조했다.

또 새롭게 증원되는 정원은 비수도권 의대 중심으로 집중적으로 배정할 방침이며, 특히 각 대학이 제출한 수요와 교육역량, 소규모 의대의 교육역량 강화 필요성, 지역의료 지원 필요성 등을 고려해 배정하겠다고 밝혔다. 무엇보다 이러한 방침은 2024년 기준 고3 학생들이 대학에 입학하는 2025학년도 전국 40곳 의대 입학정원부터 적용되는 만큼 정부는 3월 7일 '의대정원 배정위원회' 구성절차에 나섰다.

배정위원회는 교육부, 보건복지부 관계자 등이 모여 각 대학이 제출한 증원신청서를 바탕으로 증원분을 할당하기로 했는데, 전국 40개 의대가 정부의 목표치인 2,000명의 약 1.7배에 해당하는 3,401명 증원을 신청한 것으로 알려졌다. 이에 정부는 3월 20일 기존에 발표한 증원규모에 맞춰 2025학년도 의대정원 배정결과를 공식 발표했다. 지역의료 인프라 확충을 위해 비수도권에 증원분의 82%(1,639명)를 배정하고, 경기·인천지역에 나머지 18%(361명)를 배분했다. 서울지역 정원은 1명도 늘리지 않았다.

의사단체 "의료시스템 붕괴, 의료교육의 질 하락할 것"

한편 정부가 일방적으로 의대증원을 강행할 경우 총파업도 불사하겠다고 해왔던 의사단체들은 즉각적으로 반발했다. 전공의(인턴, 레지던트)가 모인 대한전공의협의회(대전협)는 의대정원 확대방안 발표가 있던 2월 12일 밤 9시 온라인 임시 대의원총회를 열어 집단행동 여부를 비롯한 대응방안을 논의했다. 이보다 앞서 의대증원 저지를 위한 비상대책위원회(비대위)를 꾸린 대한의사협회(의협)도 이날 오전 긴급 기자회견을 열고 정부의 의대증원 추진을 강력히 규탄하고 즉각 비대위를 구성해 파업절차에 돌입했다.

전국에서도 동시다발적으로 집회가 이어졌다. 서울시의사회는 2월 15일 오후 7시 서울 용산 대통령실 앞에서 '의대정원 증원·필수의료 패키지 저지를 위한 궐기대회'를 열고 "준비 안 된 의대증원, 의학교육 훼손된다", "일방적인 정책 추진, 국민 건강 위협한다" 등의 구호를 외치며 내부결속을 다졌다. 강원도의사회도 같은 날 강원도청 앞에서 의사 120여 명이 참석한 가운데 결의대회를 열고 "정부 발표는 의대교육 여건 등은 전혀 고려하지 않은 채 주먹구구식으로 추진된 사항으로 의사 수 확대를 원하는 국민여론을 겨냥한 총선용 포퓰리즘적 정책"이라고 비판했다.

이어 "정부는 인구 1,000명당 의사 수가 경제협력개발기구(OECD) 평균 이하라는 이유로 의사 수가 부족하다고 한다"며 "한국과 같이 저렴한 비용으로 손쉽게 의료서비스를 받을 수 있는 나라는 OECD 국가 중에서도 몇 개 되지 않는다"라고 주장했다. 이어 오히려 수도권 및 서울 의사 수는 인구 1,000명당 3.54명(2023년 2분기 기준, 한의사 제외)인 만큼 "전체 의사 수가 아니라 지역별 배출 의대생들이 수도권으로 집중되는 것이 문제"라고 반박했다. 그러면서 "정원을 2,000명이나 늘리면 의대를 24개 신설하는 것과 똑같은 상황을 만들 것"이라며 "이는 의대교육의 질을 심각하게 떨어뜨려 결국 국민의 건강권을 훼손하는 결과를 초래할 것"이라고 강조했다.

OECD 주요국 전국 평균 의사 수

※ 단위 : 명 / 2021년 인구 1,000명당 기준

국가	의사 수
독일	4.5
호주	4.0
프랑스	3.2
미국	2.7
한국	2.6
멕시코	2.5
OECD 평균	3.7

자료 / 보건복지부

대전시의사회, 울산시의사회, 충북도의사회, 전북도의사회 또한 각각 집회를 열고 "의사 수가 적은 것이 아니라 터무니없는 저수가, 형사처벌 우려 등 때문에 산부

인과와 외과 등에서 기피현상이 발생하는 것"이 문제이며, "필수의료 분야 의사 부족은 의사 충원으로 해결될 문제가 아니라 저수가를 개선하고 필수의료 분야 의사가 사명감과 자긍심을 가질 수 있는 환경을 조성해 풀어가야 한다"고 주장했다.

전공의 현장이탈, 의대생은 집단휴학으로 항의

전공의와 의대생들의 집단행동도 이어졌다. 먼저 전공의들이 병원을 떠났다. 2월 15일 박단 대전협 회장이 자신의 SNS에 "수련을 포기하고 응급실을 떠난다"라고 밝힌 것을 기점으로 각 수련병원의 전공의들이 사직서를 제출하기 시작했다. 2023년 11월 20일부터 '금고 이상 선고 시 의사면허 취소'가 시행되면서 집단파업보다는 개인적으로 행동하는 방법을 선택한 것

이다. 결국 나흘 만인 2월 19일 사직서를 제출한 전공의가 전체의 55%에 이르고, 이들 중 25%가 출근을 하지 않으면서 진료에 차질이 빚어졌다.

진료유지명령

의료인의 사직서 제출, 연차·반차 등 연가사용을 통한 진료 중단을 금지하는 명령이다. 국민보건에 중대한 위해가 발생할 우려가 있는 경우 복지부 장관이나 시·도지사가 의료기관·의료인에게 명령을 할 수 있도록 한 것으로 의료법 제59조를 근거로 한다. 다만 헌법 제10조가 규정한 인간 존엄과 가치인 생명권을 보호하기 위해 정부가 사업자(병원)의 자율권과 근로자(의사)의 단결권 일부를 공권력으로 제한하기 때문에 기본권 침해 논란이 있다.

이러한 움직임에 대해 정부는 강경하게 대응했다. 전공의들이 진료 거부에 나서면 의료공백이 불가피하다며 '집단행동 교사 금지 명령' 위반을 이유로 김택우 의협 비대위원장 등에게 '의사면허 정지 행정처분에 관한 사전통지서'를 발송한 데 이어 의협 집행부 2명에게도 동일한 사전통지서를 발송했다. 또한 전공의에 대해 진료유지명령* 등을 내리는 동시에 공공병원 및 비대면진료 활용 등 비상진료대책을 가동했다. 법무부도 "국민 생명과 건강을 위협하는 불법 집단행동에 대해서는 법과 원칙에 따라 엄정 대응할 것을 대검찰청에 지시했다"고 밝혔다.

재학 중인 의대생들은 휴업과 휴학으로 항의에 나섰다. 휴학을 신청했음에도 지도교수 · 학부모 서명 등 정당한 절차나 요건을 지키지 않은 휴학을 제외한 유효휴학 신청건수는 3월 30일 기준 1만 242건에 달하는 것으로 집계됐다. 이는 2023년 4월 기준 전국 의대 재학생(1만 8,793명)의 54.5% 수준이다. 대부분의 의대에서 1학년들은 1학기 휴학계 제출이 불가능하게 돼 있어 실제 제출이 가능한 의대생 중 휴학계를 낸 의대생 비중은 더 높을 것으로 추정됐다.

건보 재정으로 민간병원 지원 … '간호법' 재소환도

의정갈등이 장기화할 조짐을 보이자 정부는 우선 국민건강보험(건보) 재정 1,882억원을 전공의 이탈로 대규모 손실을 입은 수련병원(민간 대형병원) 지원 등 비상진료체계 운영을 위해 사용하겠다고 밝혔다. 아울러 간호사가 한시적으로 의사의 업무 일부를 합법적으로 대신할 수 있게 하는 '진료지원인력 시범사업'도 전면 시행했다. 그동안 법적 지위를 보장받지 못한 채 사실상 불법으로

> **진료보조간호사(PA간호사)**
>
> '진료보조인력(PA)'이란 의사면허 없이 의사로서 가능한 업무를 일부 위임받아 수행하는 인력을 뜻한다. 진료보조간호사는 의료법에 따라 의사의 지도 아래 진료보조 업무를 하도록 규정돼 있는데, 현행 법안에는 이들의 업무 범위와 의사의 지도방식에 대한 법적 근거가 없다. PA간호사의 일부 합법화를 담은 간호법이 2023년 4월 국회를 통과했으나 윤석열 대통령이 거부권을 행사하며 무산된 바 있다.

의사 업무 일부를 맡아온 진료보조간호사(PA간호사)*들의 업무 범위를 명확히 해 고소 · 고발 등 법적 위험을 줄여주고 의료공백을 이들을 통해 메꾼다는 취지다. 그러나 시행령이 구체적인 업무 범위 제시 없이 병원이 '알아서' 간호사의 업무 범위를 정하는 방식인 탓에 현장에서는 혼란이 가중됐다.

정부는 또 증원규모와 관련해 '사전에 협의를 마쳤음에도 의사들이 입장을 번복한 것'이라며 추가 대화에 나서지 않겠다던 입장을 철회하고 각종 행정명령 유보에 이어 2025학년도에 한해 의대 모집인원 자율조정 방침을 발표했다. 전공의 집단사직으로 빚어진 의료공백을 해소하고자 한발 물러서겠다는 것이다. 그러면서 향후 의료개혁을 위한 단기과제로 그간 의료계가 지적해 온 필수의료 수가 합리화와 법규 개선 등을 추진하고, 중장기 과제로는 의료개혁특별위원회(의료특위)를 중심으로

전공의 근무환경 개선, 전문의 중심병원 전환 등에 대해 집중적으로 논의하겠다고 밝혔다.

그러나 의사단체들은 내부의견 조율과정에서 분열 조짐을 보이면서도 '의대정원 증원계획 백지화 이후 원점 재검토'라는 입장을 거듭 내세우며 정부 정책에 맞섰다. 아울러 의대 교수 및 전공의, 학생 등이 의대증원 결정의 효력을 멈춰 달라며 법원에 제출한 집행정지 신청들이 잇따라 각하 · 기각된 것에 대해서도 유감을 표하고 법적 다툼을 계속 이어갈 것임을 시사했다.

이처럼 정부와 의사들 간 대립이 극단적으로 치달으면서 환자와 보호자들은 응급실을 찾지 못해 병원을 전전하고, 진료와 수술이 미뤄지는 등 극심한 의료불편을 겪었다. 일명 '응급실 뺑뺑이'와 진료 차질도 잇달아 발생했다. 이런 가운데 전공의가 의료행위를 거의 전담하는 대형병원과 달리 전문의 위주의 중형병원에는 대형병원에서 거부당한 환자들이 몰려들어 의외의 특수를 누리기도 했다.

논술로 불러오기 [예상논제]

- 의대정원 확대에 대한 찬반 의견을 구체적 근거와 함께 정리하여 설명해 보시오.
- 의대정원 확대 외에 필수의료 및 지역의료 위기상황을 해결하기 위한 방안으로 어떤 것이 있을지 논의해 보시오.

04

고물가시대

    4 · 10 총선을 앞두고 주춤했던 각종 식품과 생필품값이 총선 이후 다시 치솟기 시작했다. 그동안 정부 눈치를 보던 기업들이 기다렸다는 듯이 일제히 가격 인상에 나선 것이다. 원부자재 가격이 올라 편의점이나 대형마트 등에서 판매되는 제품들의 가격도 줄줄이 인상됐고, 중동정세 불안에 따른 국제유가 상승으로 에너지 가격도 오를 것으로 전망돼 생산비 증가로 인한 추가 제품 가격 인상 가능성도 관측됐다. 원화가치 급락으로 계속 오르는 수입 물가도 국내 물가엔 큰 부담으로 작용했다. 고물가 · 고환율의 이중고가 가계와 국가 전체를 짓누르는 모양새다.

치솟던 근원물가는 석 달 만에 2%대로 둔화

소비자물가지수

각 가정에서 생활을 위해 구입한 상품과 서비스의 가격변동을 알아보기 위해 작성되는 통계를 말한다. 소비자물가지수는 각 가구의 소비생활과 밀접한 관련이 있고, 해당 통계를 기초로 국민연금, 최저생계비 등을 비롯해 국가의 주요 정책이 만들어지고 있어 중요한 판단의 근거로 활용되고 있다.

2024년 5월 2일 통계청이 발표한 '4월 소비자물가동향'에 따르면 4월 소비자물가지수*는 113.99(2020년=100)로 2023년 같은 달보다 2.9% 올랐다. 소비자물가 상승률은 2024년 1월 2.8%에서 2~3월 연속으로 3.1%에 머물다가 석 달 만에 2%대로 둔화했다. 상품별로는 농축수산물이 2023년보다 10.6% 상승한 것으로 나타났다. 축산물(0.3%), 수산물(0.4%)은 안정적 흐름을 보였지만 농산물(20.3%)이 큰 폭으로 뛴 탓이다. 농산물은 앞선 3월에도 20.5% 상승폭을 보인 바 있다. 가공식품은 1.6%, 석유류는 1.3%, 전기·가스·수도는 4.9% 각각 상승했다.

기여도 측면에서는 농산물이 물가상승률을 0.76%포인트(p) 끌어올렸다. 외식을 비롯한 개인서비스 물가도 0.95%p 올라 인플레이션 요인으로 작용했다. 중동 리스크 속에 석유류 가격도 2개월 연속 증가세를 이어갔지만, 물가상승률 기여도는 0.05%p에 그쳤다. 통계청 공미숙 경제동향통계심의관은 "워낙 중동정세가 불안정했는데 석유류 가격이 생각보다는 많이 오르지 않았다"면서도 "외생변수인 석유류 가격을 주의해서 봐야 할 것 같다"고 말했다.

근원물가지수

기초적인 경제상황을 바탕으로 물가를 파악하는 것으로 물가변동이 심한 품목을 제외하고 산출하는 물가지수를 의미한다. 일시적인 물가변동 요인을 배제하고 인플레이션 국면을 살펴본다. 한 국가의 경제·물가 상태가 장기적으로 어떤 흐름을 띠고 있는지 알아보기에는 유용하나, 피부에 닿는 체감물가와는 큰 괴리를 보인다는 한계를 가진다.

물가의 기조적 흐름을 보여주는 근원물가지수*들은 2%대 초반까지 낮아졌다. 가격변동성이 큰 농산물 및 석유류를 제외한 지수는 2023년 같은 달보다 2.2% 오르면서 앞선 3월(2.4%)보다 0.2%p 상승률이 낮아졌다. 경제협력개발기구(OECD) 방식의 근원물가 지표인 식료품 및 에너지 제외 지수도 2.3% 올랐다. 다만 2023년 3%대에서 같은 해

11월 2%대로 떨어진 이후로 12월 2.8%, 2024년 1~2월 2.5%, 3월 2.4% 등으로 하락세가 이어졌다.

근원물가 둔화했지만 체감물가는 여전히 고공행진

반면 자주 구매하는 품목 위주로 구성돼 체감물가에 가까운 생활물가지수는 2023년 동월 대비 3.5% 상승했다. 2024년 3월(3.8%)보다는 상승폭이 0.3%p 줄어든 것으로 과일과 채소가 여전히 높은 물가상승률을 기록했다. '밥상물가'와 직결되는 신선식품지수는 3월보다는 3.7% 하락했지만, 2023년 동월 대비로는 19.1% 오르면서 불안한 흐름을 이어갔다.

특히 신선채소가 12.9% 올랐다. 사과(80.8%)와 배(102.9%)를 중심으로 신선과실이 38.7% 상승하면서 3월(40.9%)에 이어 40% 안팎의 오름세를 유지했다. 특히 배는 관련 통계가 집계된 1975년 1월 이후로 최대 상승폭을 기록했다. 그밖에 토마토(39.0%), 배추(32.1%) 등도 상당폭 올랐다. 앞선 2~3월 잦은 눈, 비에 채소 생산량이 줄었고 농산물 품질이 저하된 데다 재배 면적까지 감소하면서 가격이 급등한 탓이다. 사과와 배도 2023년 기상재해 여파로 생산량이 약 30% 정도씩 감소했다.

낮은 할당관세가 적용된 망고(-24.6%)·바나나(-9.2%), 정부 비축물량이 방출된 고등어(-7.9%) 등은 가격이 하락했다. 공 심의관은 과일 값 강세에 대해 "정부의 긴급안정자금이 지원되기는 하지만 사과나 배는 저장량과 출하량이 적다 보니 가격이 크게 떨어지기는 어려운 상황"이라며 "새로 출하될 때까지는 가격이 유지되지 않겠나 싶다"라고 말했다.

물가당국은 근원물가가 둔화한 것에 의미를 부여했으나, 2023년 10월 이스라엘과 팔레스타인 간 무력충돌 이후 이어진 불안정한 중동정세로 인해 국제유가 변동성이 크고 기상여건도 불확실하다는 점에서 '2%대 물가' 안착을 예단하기는 어렵다고 지적했다. 다만 황경임 기획재정부(기재부) 물가정책과장은 "석유류 가격이 오르고 있지만 당초 예측한 범위 이내"라며 "하반기로 갈수록 안정화될 것으로 기대한다"고 낙관적인 전망을 내놨다.

김은 '金값', 고환율에 먹거리 물가도 출렁

한편 그야말로 '금값'이 된 마른김의 도매 가격은 1년 만에 80% 치솟아 5월 7일 월평균 1만원을 처음 넘어섰다. 이처럼 김 가격이 고공행진 한 것은 김 수출 수요가 늘고 재고가 평년의 3분의 2 수준으로 감소한 데 따른 것이다. 해양수산부는 김 가격을 안정시키기 위해 5월 10일부터 김 생산시기 이전인 9월 30일까지 한시적으로 마른김 700t(톤)(기본관세 20%)과 조미김 125t(기본관세 8%) 관세를 일정 기간 면제하는 할당관세를 적용하기로 했다. 하지만 김 수입량은 미미한 수준이라 할당관세를 적용해 수입을 늘린다 하더라도 김 가격이 얼마나 내려갈지는 불확실하다는 주장이 제기됐다.

좀처럼 안정될 줄 모르는 고환율도 물가에 큰 영향을 끼쳤다. 4월에는 원/달러 환율이 17개월 만에 최고 수준으로 오르자 수입 원자재 가격 상승으로 가뜩이나 높은 식품 물가가 더 오를 수 있다는 우려가 나왔다. 환율 상승(원화가치 하락) 영향은 식품업계에 전반적으로 미치기 때문이다. 업계 한 관계자는 "우리나라는 원재료 대부분을 수입하니 환율 상승에 식품업계가 다 영향을 받는다"고 말했다. 특히 환율이 오르면 원맥과 원당 등의 수입 가격이 상승하게 된다. 원맥은 밀가루의 원료이며 원당은 설탕의 원료로 라면이나 빵, 과자 등에 들어간다. 통상 식품기업들은 원재료 재고를 품목에 따라 1~2개월 치에서 3~4개월 치를 보유하지만, 고환율이 이보다 길게 지속되면 비용부담이 커질 수밖에 없다.

외식품목 가격도 줄줄이 인상되면서 가정의 달인 5월에 외식부담도 더 커졌다. 4월 28일 한국소비자원의 가격정보 종합포털 '참가격'에 따르면 3월 냉면, 김밥 등

대표 외식품목 8개의 서울지역 평균가격은 1년 전보다 최대 7%대 올랐다. 이와 함께 프랜차이즈 업계도 본격적으로 가격 인상에 나섰다. 외식업체들은 재료비와 인건비 등 제반비용 상승에 따라 메뉴 가격 인상이 불가피하다고 주장했다.

이처럼 정부의 낙관적인 전망과 둔화한 소비자물가 상승률과 달리 외식품목과 식품 가격은 여전히 높은 상승률을 보여 소비자들은 실질적인 물가하락세를 체감하기 어렵다는 반응을 보였다. 일반 소비자의 입장에서는 생활과 밀접한 품목의 가격변동을 더 민감하게 느끼는 만큼 체감물가 상승률은 더 가파를 수밖에 없다. 결국 지표와 체감상 괴리감만 커지고 있는 것이다.

이러한 고물가·고환율 상황에 따라 기준금리를 결정하는 한국은행(한은) 금융통화위원회(금통위)는 5월 23일 기준금리를 3.50%로 동결한다고 발표해 통화긴축 기조를 이어갔다. 2023년 1월 말부터 2024년 5월까지 11차례 연속 '금리 동결' 결정을 내린 것이다. 2024년 1분기까지 소비자물가 상승률이 목표수준(2%)까지 충분히 떨어지지 않은 상태에서 너무 일찍 금리를 내리면 인플레이션뿐만 아니라 환율·가계부채·부동산 불씨도 다시 살아날 수 있다고 판단한 것으로 해석됐다.

여기에 금리 인하에 신중한 미국 연방준비제도(연준, Fed)의 태도도 금통위의 동결 결정에 영향을 미친 것으로 풀이됐다. 원/달러 환율 상승과 외국인 투자자금 유출 등의 위험을 감수하고 한은이 먼저 금리를 내려 역대 최대 수준(2.0%p)인 미국(5.25~5.50%)과의 금리 격차를 벌릴 이유가 없기 때문이다. 국내 경제 전문가들도 대체로 연준이 일러야 9월께, 한은은 이후 10월이나 11월에야 기준금리를 낮추며 통화정책 전환에 나설 수 있을 것으로 예상했다.

논술로 불러오기[예상논제]

- 실질적인 물가지수와 소비자가 실감하는 체감물가 간에 차이가 나는 이유를 설명해 보시오.
- 한국의 고물가 상황이 지속되고 있는 이유에 대해 국제·경제·사회 등 다양한 측면에서 서술해 보시오.

05

2028 대입개편안 확정

교육부가 2023년 12월 27일 2028학년도 대학입시(대입)제도 개편안을 확정해 발표했다. 이에 따라 앞선 10월에 발표한 개편 시안대로 선택과목 없이 공통과목을 치르는 '통합형 수학능력평가(수능)'로 출제되며, 내신 산출방법도 현행 9등급 상대평가에서 5등급 상대평가체제로 바뀐다. 다만 찬반 양론이 팽팽했던 '심화수학(미적분Ⅱ·기하)'이 도입되지 않아 수험생들은 진로와 관계없이 모두 같은 문항의 시험을 치르게 됐다.

국어·수학·탐구 영역 선택과목 없어진다

현행 수능에서 국어·수학 영역은 '공통과목+선택과목' 체제이고, 탐구 영역도 사회·과학 17개 과목 가운데 2개 과목을 택해 치르는 방식이다. 하지만 2024년 기준 중학교 3학년 학생들부터는 대입제도 개편안에 따라 통합사회와 통합과학을 공통으로 치른다. 교육부는 "학생이 어떤 과목을 선택했는지에 따라 발생할 수 있었던 '점수 유불리' 현상을 해소하고, 실질적인 문·이과 통합을 통해 사회·과학 기초소양을 바탕으로 한 융합적 학습을 유도할 수 있을 것"이라고 기대했다.

현재 국어 영역은 공통과목인 독서·문학에서 75%, 선택과목에서 25%가 출제되는데, 선택과목은 '화법과 작문' 또는 '언어와 매체' 가운데 1개를 택하는 방식이다. 그러나 2028학년도 수능부터는 모든 학생이 '화법과 언어', '독서와 작문', '문학'을 출제범위로 하는 공통문항을 풀게 된다. 수학 영역의 경우에도 '대수', '미적분Ⅰ', '확률과 통계'에서 공통으로 출제된다.

탐구 영역 역시 공통과목체제로 바뀌고, 모든 학생이 '사회·과학'을 함께 응시한다. 기존에는 사회 9과목과 과학 8과목 등 17개 과목에서 최대 2과목을 택해서 치렀는데, 앞으로는 통합사회·통합과학을 공통으로 치르게 된 것이다. 교육부의 이러한 개편은 선택과목을 둘러싸고 심화한 '공정성 논란' 때문으로 풀이됐다. 학생들이 진로·적성과 관계없이 높은 표준점수를 받을 수 있는 선택과목에 몰리고, 대학전공과 관계없는 과목을 택하는 부작용을 낳고 있다는 판단 때문이다.

2025년부터는 고교 내신평가 9등급 → 5등급 상대평가 체제로

내신평가도 고교학점제*가 전면 실시되는 2025년부터 1~3학년 전과목에 현행 9등급 상대평가제를 5등급 상대평가제로 개편한다. 학교생활기록부에는 과목별 절대평가(성취평가)와 상대평가 성적을 함께 기재하지만, 대입에서는 상대평가 성적이 활용되므로 사실상 상대평가에 해당한다.

앞서 문재인 정부는 2021년 고교학점제 도입계획을 발표하면서 1학년이 주로

> **고교학점제**
>
> 고등학생도 대학생처럼 진로와 적성에 맞는 과목을 골라 수업하고 일정 수준 이상의 학점을 채우면 졸업할 수 있도록 한 제도다. 일부 공통과목은 필수로 이수해야 하고, 3년간 총 192학점을 이수하면 졸업할 수 있다. 교육부는 고교학점제를 2025년에 전면적으로 시행하기 위해 2023년부터 부분적으로 도입한 바 있다. 학교는 다양한 선택과목들을 개설해 학생들의 자율성을 살리고, 학생들은 진로를 감안해 수업을 선택할 수 있다.

배우는 공통과목은 9등급 상대평가를 실시하고, 2·3학년이 주로 배우는 선택과목은 5등급 절대평가를 실시한다고 밝혔다. 그러나 1학년만 상대평가를 실시할 경우 고1 학생들 사이에서 내신 경쟁과 사교육이 과열되고, 고2·3 학생은 '내신 부풀리기' 때문에 대입 변별력이 떨어질 것이라는 지적이 제기됐다. 이 때문에 교육부는 상대평가 체제를 유지하기로 결정했다.

교육부는 또 상위 4%만 1등급을 받을 수 있는 현행 내신평가제도가 학생 수 감소 속에서 내신 경쟁을 부추긴다고 보고, 내신평가체제를 5등급으로 완화하기로 했다. 이에 따라 2025학년도부터는 1등급은 기존 4%에서 10%로 늘리고, 그 아래 24%는 2등급, 그 아래 32%는 3등급을 받을 수 있도록 했다. 이는 기존 평가체제가 저출생에 따른 학생 수 감소 등을 고려하면 과도한 경쟁을 유발한다는 지적이 계속된 데 따른 조치다.

다만 고등학교 탐구 영역 융합 선택과목 9개와 체육·예술·과학탐구실험·교양 등 일부 과목은 수업방식과 교과목의 특성을 고려해 절대평가만 실시하고, 학생들이 이들 과목에만 쏠리지 않도록 장학지도를 실시할 방침이다. 고교학점제 취지에 맞게 학생들의 선택권을 확대하고, 교과 융합 및 실생활과 연계한 탐구·문제해결 중심 수업을 내실화하기 위해서다. 아울러 지식암기 위주의 오지선다형 평가 대신 사고력·문제해결력 등 미래 역량을 평가할 수 있도록 '논·서술형 내신평가'를 늘리기로 했다. 이 과정에서 내신에 대한 학생과 학부모의 신뢰를 높이기 위해 과목별 성취수준을 표준화하고, 고교 교사의 평가역량 강화를 위한 연수도 2024년부터 집중적으로 실시하기로 했다.

교육부는 2028 수능 개편에 따른 통합사회·통합과학 예시문항을 2024년 중 개발해 공개한다고 밝혔다. 입시와 관련된 가짜뉴스나 사교육을 자극하는 불안 마케팅에도 적극 대응하기로 했다. 교육부는 수능 '이권 카르텔'을 근절하기 위해 수능 관리규정을 제정하고, 국가교육위원회와 함께 수능과 대입 수시·정시 모집시기 조정방안을 협의·검토하는 한편, 대학이 주도하는 '대입전형 운영협의회(가칭)'을 꾸려 제도 개선과제도 검토할 방침이다.

'심화수학' 제외 결정 … "사교육 경감" vs "변별력 우려"

한편 당초 교육부는 대수·미적분 I·확률과 통계를 출제범위로 하는 기존의 수학 영역 외에 자연계열에 진학하려는 학생들이 공부했던 미적분 II·기하를 '심화수학' 선택과목으로 두는 방안도 검토했다. 첨단 분야 인재양성을 위해서는 고등학교에서 미적분과 기하를 공부하고 그 수학능력을 평가할 필요가 있다는 학계의 요구 때문이었다. 다만 심화수학을 선택과목으로 남겨둘 경우 진정한 의미의 문·이과 통합이 이뤄지지 않는다는 지적이 나오기도 했다. 또 반대로 심화수학을 제외하면 수능 최상위권인 의학계열을 중심으로 대입에서 변별력 논란이 일 가능성이 크다는 우려도 제기됐다.

2028 대학입시 수능 수학 출제범위(2024년 기준 중3)

구분	현행	2028학년도 수능
공통과목	수학 I, 수학 II	대수, 미적분 I, 확률과 통계
선택과목	확률과 통계, 미적분, 기하 중 택1	• 선택과목 없음, 심화수학 편성 제외 • 수능 출제범위 제외 내용 – '미적분'에 포함된 수열의 극한, 미분법, 적분법 – '기하'에 포함된 이차곡선, 평면벡터, 공간도형과 공간좌표

자료 / 국가교육위원회

이러한 가운데 교육부는 결국 국가교육위원회*의 권고를 바탕으로 심화수학은 수능에 포함하지 않기로 했다. 따라서 수험생들은 기존에 '문과수학'이라고 불리던 대수, 미적분 I, 확률과 통계만 공부하면 된다. 수능 수학 영역 응시생들이 모두 같은 출제범위의 문항을 풀게 되는 것은 수능 도입 첫해였던 1994학년도 이후 34년 만이다. 교육부는 심화수학 신설로 사교육이 유발되고 학생과

> **국가교육위원회**
> 사회적 합의를 기반으로 한 교육비전과 중장기 정책방향 및 교육제도 개선 등에 관한 국가교육발전계획 수립, 교육정책에 대한 국민의견 수렴·조정 등에 관한 업무를 수행하는 대통령 소속의 행정위원회. 위원장 1명과 상임위원 2명을 포함해 사회 각계를 대표하고 전문성을 가진 총 21명의 위원으로 구성되며, 독립적으로 업무를 수행한다.

학부모의 부담을 가중할 것이라는 우려를 반영했다고 설명했다.

하지만 이공계열에서 필수적으로 쓰이는 미적분과 벡터 등을 학생들이 배우지 않는다면 기초학력이 저하할 수 있다는 우려도 나온다. 대학에서 이공계열 신입생들은 통상 미적분과 벡터를 충분히 알고 있다는 전제로 물리학 등 여러 기초과목을 배우는데, 이러한 수업을 따라가지 못하는 학생이 늘어날 수 있다는 우려. 이 경우 대학 입학 직전이나 대학에 들어가서 사교육을 받아야 하는 상황에 놓일 수도 있다.

킬러문항

상위권 수험생들의 변별력을 확보하기 위해 출제기관이 의도적으로 시험에 출제하는 초고난도 문제다. 대표적으로 정답률이 전체 수험생의 10%가 되지 않는 문제나 공교육 과정을 벗어난 문제 등이 있다. 정부는 이러한 킬러문항이 학생들을 사교육으로 내모는 근본원인이라는 인식하에 '공정수능'을 기치로 내걸고 2024학년도 수능부터 교육과정에서 다루지 않는 내용은 시험에서 배제하기로 했다.

심화수학이 없어지면서 최상위권 변별에 어려움을 겪고, 이로 인해 다른 부담이 생겨날 수 있다는 지적도 제기된다. 변별력 확보를 위해 공통수학에서 초고난도 문항인 '킬러문항*'에 버금가는 문제가 나올 수 있고, 수학이 아닌 국어, 과학 등 다른 과목의 난도가 어려워지는 '풍선 효과'가 생길 수도 있다. 대학별로 고교 때 심화수학 이수 여부나 그 성적 등을 평가기준으로 활용한다면 정시와 내신을 동시에 신경 써야 하는 '이중고'를 겪을 수도 있다.

논술로 불러오기[예상논제]

- 정부의 대입개편안 발표 이후 일각에서 사교육비 부담이 오히려 더 증가할 것이라는 우려가 제기되는 이유를 설명해 보시오.
- 정부가 지속해서 언급하고 있는 '사교육비 경감'을 위한 대책으로 어떤 방안이 있을지 논해 보시오.

06

저출산·고령화

우리나라의 인구감소세가 '중세 유럽의 흑사병'을 능가한다는 외신의 평가가 나올 정도로 악화일로를 걷는 가운데 향후 50년간 우리나라의 총인구가 1,550만명가량 급감해 3,600만명대에 이르고 총인구의 70%를 웃도는 생산연령인구(노동에 종사할 수 있는 만 15~64세 인구)는 절반 밑으로 추락할 것이라는 전망이 나왔다. 통계청은 2023년 12월 14일 이런 내용을 담은 '장래인구추계 : 2022~2072년'을 발표했다. 저출산과 고령화가 노동시장이나 국가 재정뿐 아니라 교육, 국방 등 사회 전반의 위험으로 성큼 다가온 만큼, 분야별 해법 마련의 필요성과 시급성도 커지고 있다.

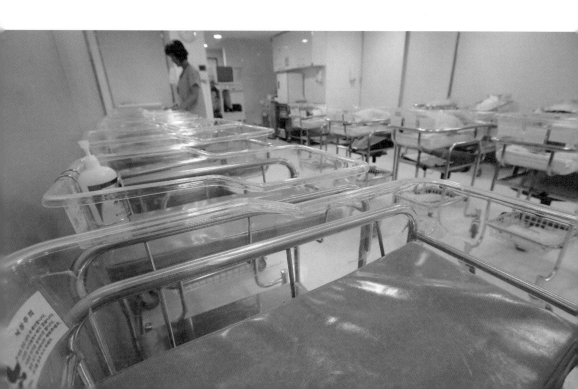

'역대 최악' 출산율에 노인국가 진입 전망까지 … '대한민국 소멸 위기'

합계출산율

인구 1,000명당 태어난 출생아 수를 나타낸 출생율과 달리 가임여성(15~49세) 1명이 평생 낳을 것으로 예상되는 평균 출생아 수를 나타낸 지표다. 연령별 출산율(ASFR)의 총합이며, 출산력 수준을 나타낸다. 합계출산율이 높을수록 한 여성이 출생하는 자녀의 수가 많다는 의미로 해석된다.

우리나라의 저출산 상황이 얼마나 심각한지 보여주는 통계는 넘쳐난다. 우리나라 합계출산율*은 2023년 0.72명으로 경제협력개발기구(OECD) 회원국 중 가장 낮고, 전 세계에서 홍콩(0.77명)에 근소한 차이로 뒤지는 '꼴찌에서 2번째'였다. 또 통계청의 장래인구추계에 따르면 현시점에서 50년가량 지난 2072년에는 2022년 기준 5,167만명이던 총인구가 3,622만명까지 줄어들 전망이다. 이때가 되면 중위연령(전체 인구 중 중간연령)은 63.4세로 전체 인구의 절반 이상이 환갑을 넘는 '노인국가'가 된다.

65세 이상 고령인구 전망

연도	인구 수	비중
2020년	815.2만명	15.7%
2022년	901.8	17.5%
2030년	1,305.6	25.5%
2040년	1,724.5	34.4%
2050년	1,900.4	40.1%
2060년	1,868.3	43.8%
2070년	1,747.3만명	46.4%

자료 / 통계청

실제로 2060년 우리나라는 65세 이상 고령인구가 43.8%에 달할 정도로 노인인구가 가파르게 증가하는 것으로 나타났다. 이러한 수치는 다른 나라와 비교해서도 압도적으로 빠르다. 프랑스, 이탈리아, 독일 등 서구 선진국들은 고령화사회(65세 이상 인구비율 7% 이상)에서 초고령사회(65세 이상 인구비율 20% 이상)로 진입하는 데 각각 154년, 79년, 75년이 걸렸다. 반면 일본은 그 소요기간이 36년으로 고령화 속도가 상대적으로 빨랐다. 그러나 현재 추세로 볼 때 우리나라가 고령화사회에서 초고령사회로 넘어가는 데는 24년이면 충분할 것으로 예측된다. 또 100세 이상의 초고령인구도 2067년에는 12만 6,000명에 달할 것으로 전망됐다.

한편 우리나라의 낮은 출산율을 유럽의 '흑사병'에 비교하는 외신보도도 나왔다. 미국 뉴욕타임스는 2023년 12월 2일 칼럼에서 '한국의 인구가 흑사병 창궐로 인구가 급감했던 14세기 중세 유럽보다 더 빠르게 감소할 수 있다'고 우려했다. 인구학자 데이비드 콜먼 옥스퍼드대 명예교수는 "한국이 심각한 저출산 추세가 지속되면 1호 인구소멸국가가 될 것"이라고 경고하기도 했다.

이러한 저출산·고령화 현상은 국가 생산성 하락과 경제규모 축소로 이어진다. 인구위기가 실존하는 공포가 돼가는 것이다. 한국경제연구원의 보고서에 따르면 저출산으로 생산가능인구가 2022년보다 34.75% 줄면서 2050년 국내총생산(GDP)은 28.38%나 감소할 전망이다. 국민연금이나 국민건강보험 등 사회안전망 역시 직격탄을 맞고 있다. 수급자가 증가하고 기대여명이 늘어나지만, 보험료를 낼 인구는 감소하는 상황이니 지속가능성 확보가 발등의 불로 떨어진 셈이다.

신생아 수가 줄어든 만큼 군입대자 수도 줄어들고 있다. 2006년 54만명이던 군병력(육군 기준)은 2022년 36만 5,000명까지 줄었고, 머지않아 30만명 선도 무너질 것으로 예상된다. 인구감소로 존폐위기에 처하는 학교들도 늘어나고 있다. 초등학교 입학연령인 7세 아동 수는 2023년 약 43만명에서 2033년 약 22만명으로 급감할 것으로 예측됐다. 이에 따라 상당수 초·중·고등학교가 폐교 위기를 피할 수 없게 됐으며, 생존을 위해 다른 대학과의 통합을 도모해야 할 처지의 대학들도 늘고 있다.

'저출산 탈출' 원년 될까 … 정부 대책 주목

이러한 상황을 타개하기 위한 정부의 새로운 저출산 대책은 2024년에 발표할 예정인 '제4차 저출산 고령사회 기본계획(2021~2025년)' 수정안에 담길 것으로 전망됐다. 정부가 밝힌 핵심정책 중 하나는 '난임 지원'이다. 정부는 2024년부터 소득기준을 폐지하고 난임부부 시술비 지원을 확대할 방침인데, 난자동결 혹은 해동 비용도 전향적으로 지원하는 방안을 검토하고 있는 것으로 알려졌다.

육아휴직의 실질적 확대 등 일-가정 양립지원 정책도 나올 것으로 예상됐다. 정부는 육아휴직을 늘려 출산·육아 친화적 환경을 만들기 위해 육아휴직급여의 월 상한액(현재 150만원)을 2배 혹은 최저임금(2024년 206만 740원) 수준으로 끌어올리는 방안에 대한 검토에 나섰다. 육아휴직기간 소득대체율(기존소득 대비 육아휴직급여로 받는 금액의 비율)이 44.6%에 불과해 OECD 하위권에 머물 정도로 낮아 부모들이 육아휴직을 사용하는 데 걸림돌이 되고 있다는 판단에서다.

국회 입법조사처의 2021년 보고서에 따르면 출생아 100명당 육아휴직 사용자 비율은 우리나라가 여성 21.4명, 남성 1.3명으로, 관련 정보가 공개된 OECD 19개 국가 중 가장 적었다. 스웨덴의 경우 16세가 넘어도 고등학교 등에 재학 중이면 학업보조금 용도로 월 1,250크로네(약 15만 3,000원)의 '연장 아동수당'을 지급하고 있고, 독일은 구직 중이면 21세까지, 대학 재학 중이거나 직업훈련을 받고 있으면 25세까지 월 250유로(약 35만 7,000원)를 지급하고 있다. 반면 우리나라는 아동수당의 지급기간이 지나치게 생애 초기에 몰려 있어 그 기간을 늘려야 한다는 지적이 제기돼 왔다.

아울러 저출산의 나락에서 벗어나기 위해서는 다양한 지원책도 중요하지만, 근본적으로 정부 인구정책의 틀을 바꾸거나 사회적으로 총력을 기울일 제도를 도입하는 식의 획기적인 변화가 필요하다는 지적도 나왔다. 보건복지부(복지부) 관계자는 "저출산 해소에 실질적인 도움을 줄 과제를 제시할 계획"이라며 "출산과 양육지원을 비롯해 주거, 일자리, 사교육, 수도권 집중 등 사회경제적으로 구조적인 문제까지 반영할 방침"이라고 말했다.

논의 속도 붙지만 문제는 '재원'

문제는 이를 추진할 재원을 어떻게 마련하느냐에 있다. 저출산 문제를 해소하기 위해 제시된 여러 방안을 실천하는 데 필요한 재정은 무려 10조 9,321억원에 달할 것으로 추정됐다. 그러나 국민 대다수는 저출산 대책의 확대를 반기면서도 그 재원 마련을 위한 증세에는 부정적이다.

한국보건사회연구원이 만 19~49세 남녀 2,000명을 대상으로 2022년 8월 8~25일 실시한 웹 설문조사에서 응답자의 75.1%가 "관련 예산을 늘려야 한다"고 답했지만, 관련 재원을 어떻게 마련할지(중복응답)에 대해서는 13.4%만 "세금을 증액해 마련한다"고 답했다. 반면 가장 많은 80.6%는 "현재 정부예산

> **부모보험**
>
> 가족에게만 전가된 자녀양육 부담의 짐을 사회 전체가 분담하는 방식으로 운영되는 보험을 말한다. 부모보험료를 재정으로 활용해 출산휴가 수당과 육아휴직 급여 등을 지급하고 출산으로 인한 부담을 개인이 아닌 사회 전체가 부담하자는 취지에서 보건복지부가 제시한 방안이다.

을 조정해 저출산 문제에 집중적으로 투자하고 확대해야 한다"고 답했다. 28.1%는 "부모보험* 등 사회보험을 신설해야 한다"고 했다.

저출산고령사회위원회(저고위) 관계자는 "11조원에 가까운 예산을 늘리면 GDP 중 가족예산이 차지하는 비중이 OECD 평균수준으로 올라갈 것"이라며 "문제는 재원을 어떻게 마련할지인데, 국민들이 더 많은 세금을 내길 원치 않는 상황에서 저출산 예산을 확대하려면 정부재원을 조정할 수밖에 없다"고 했다. 저고위에 따르면 우리나라의 GDP 대비 가족예산 지출 비율은 1.56%로 OECD 평균인 2.29%에 한참 못 미친다. 그러나 2023년 '역대급 세수펑크'로 인해 정부예산 조정 방안에 반발하는 의견도 있어 사회적 논의가 필요한 것으로 알려졌다.

논술로 불러오기[예상논제]

- 현재 정부에서 시행하고 있는 인구대책 관련 정책에는 무엇이 있는지 서술해 보시오.
- 초고령사회를 앞둔 시점에서 향후 우리가 직면하게 될 사회적 문제와 그에 대한 대응책에 어떤 것들이 있는지 논의해 보시오.

07

신중동전쟁

팔레스타인 가자지구를 통치하는 민족주의 정당이자 준군사조직인 하마스가 2023년 10월 7일(현지시간) 새벽 이스라엘에 수천발의 로켓을 발사하며 대대적인 공격을 가했다. 이스라엘은 하마스의 로켓 공격을 전쟁으로 규정하고 '피의 보복'에 나섰다. 이번 무력충돌은 성지 알아크사 사원을 둘러싼 갈등 속에 벌어졌던 2021년 5월 이스라엘과 하마스 간 치러진 '11일 전쟁' 이후 최대 규모. 개전 6개월 만에 양측의 사망자가 3만명을 넘어섰고, 불안한 중동정세에 국제유가마저 꿈틀거리며 세계경제에 암운을 드리웠다.

또다시 터진 중동의 화약고 … 끝이 안 보이는 '죽음의 전투'

그간 가자지구*를 괴롭혀온 네타냐후 정권의 강경정책과 빈번한 공습에 대한 보복 차원에서 하마스가 이스라엘을 기습적으로 공격한 지 2024년 6월 기준 8개월을 넘어섰지만, 여전히 양측의 대립이 이어졌다. 하마스가 공격을 가한 2023년 10월 7일은 유대교의 절기 중 하나인 초막절 종료 직후 찾아온 안식일이었다. 하마스 무장대원들은 이날 새벽 키부츠(집단 농업공동체)와 소도시 등에

> **가자지구**
>
> 요르단강 서안지구(West Bank)와 함께 팔레스타인의 자치가 이뤄지는 지역을 말한다. 팔레스타인 남서부, 이집트와 이스라엘 사이에 위치해 있다. 1994년부터 팔레스타인의 자치가 시작됐으며 2006년부터 하마스가 독자적으로 통치하고 있다. 이스라엘은 하마스 집권 이후 자국민 보호라는 명목 하에 가자지구에 대한 엄격한 봉쇄와 통제를 단행해 '세계 최대 지붕 없는 감옥'으로 불렸다.

기습 침입해 약 1,200명의 민간인과 군인, 외국인을 살해하고 240여 명을 인질로 잡아 가자지구로 끌고 갔다. 같은 해 11월 일시 휴전이 성사되면서 110명가량이 풀려났지만, 가자지구 곳곳에는 약 130명의 인질이 남아 있을 것으로 추산됐다.

이에 이스라엘군은 즉시 전투기와 야포, 드론 등을 동원해 하마스 관련 시설 등 1만 1,000여 곳을 타격했고, 가자지구를 포위한 채 10월 말부터 본격적인 지상전에 돌입했다. 특히 이스라엘군이 지상전 개시 전후로 가자지구 전역에 공습수위를 높이면서 한때 가자지구에서는 하루 500명~700명의 사망자가 나오는 참극이 벌어지기도 했다. 가자지구 보건당국은 2024년 4월 29일 기준 최소 3만 4,500여 명의 팔레스타인이 목숨을 잃었으며 사망자 대다수가 여성과 미성년자라고 밝혔다. 이스라엘군이 가자지구 주민에게 최후통첩성 피란경고를 한 뒤 병원과 학교, 난민촌 등 비전투지역과 민간인만을 대상으로 가한 공격에서 뚜렷한 전쟁범죄의 정황이 나타났다는 주장도 잇따랐다.

지상전 견제하려는 '저항의 축' 속속 개입

이번 전쟁에는 이란의 지원을 받는 중동의 무장세력들이 잇따라 개입해 판을 키우는 양상이 나타났다. 서방과 이스라엘은 '이란의 대리 세력(Proxy)'으로, 스스로는 '저항의 축'으로 부르는 하마스의 우호세력 중에는 레바논의 친이란 시아파*인 무장

정파 헤즈볼라가 가장 먼저 전쟁에 개입했다. 헤즈볼라는 개전 직후부터 이스라엘의 북부 국경지대를 공격해왔고, 이스라엘의 가자지구 지상전 전후로 개입 빈도와 강도를 높였다. 또 예멘의 후티 반군도 2023년 10월 말부터 드론과 미사일로 이스라엘의 동부 국경지대를 위협하면서 본격적인 전쟁 개입을 선언했다. 여기에 시리아에서 활동하는 친(親)이란 민병대 '이맘 후세인 여단'도 헤즈볼라를 지원하기 위해 레바논 남부로 이동했다고 이스라엘군이 밝힌 바 있다.

> **시아파**
>
> 현재 전세계 무슬림 인구의 80~90%가 수니파, 나머지 10%정도가 시아파로 분류된다. 이슬람 공동체의 지도자였던 무함마드 사후, 누가 그를 계승하느냐에 대한 교권 문제를 다투는 과정에서 탄생했다. 그중 시아파는 예언자 무함마드의 혈통만이 대리자인 '칼리프'가 될 수 있다는 믿음에 따라 사촌인 알리만을 정통 칼리프로 인정한다. 이란, 이라크, 시리아 등이 대표적인 시아파 국가에 속한다.

그러나 이번 전쟁에 개입하는 무장세력들은 확전보다는 이스라엘의 지상전을 견제하려는 목적이 큰 것으로 분석됐다. 실제로 하스 나스랄라 헤즈볼라 사무총장도 군사개입의 목적이 이스라엘의 가자지구 침공을 멈추기 위해서라고 밝혔다. 후티 반군도 전쟁 개입을 공식화할 당시 "예멘군은 이스라엘의 도발이 멈출 때까지 미사일과 드론 공격을 계속할 것"이라고 강조했다.

'끝장 보복' 예고한 이스라엘 … 장기전 예고

이스라엘은 미국을 비롯한 국제사회의 만류에도 불구하고 가자지구에 전차부대와 지상군을 투입해 본격적인 하마스 소탕에 나섰다. 이스라엘군은 2023년 11월 초 가자지구의 심장부인 가자시티를 포위한 채 본격적인 시가전에 들어갔다. 하지만 특정 타깃을 향해 폭탄을 쏟아부었던 그동안의 전면적 싸움과 달리 지상전에서는 하마스 세력의 은신처를 하나하나 찾아내 제압해야 하는 만큼 전쟁이 장기화할 것이란 예측이 나왔다.

앞선 시가전을 통해 총연장 500km에 이르는 것으로 알려진 지하터널에 은신한 하마스 대원들을 일일이 찾아내야 하므로 적잖은 시간이 소요되고 이 과정에서 병력과 자원의 손실도 불가피했기 때문이다. 시가전이 공격보다 수비에 유리하다는 것을 과거 경험으로 알고 있는 하마스도 거미줄 같은 땅굴을 구축하고 몇 년에 걸쳐 방어준비를 해왔기 때문에 쉽지 않은 싸움이 될 것이라는 관측이 많았다.

인질 문제도 이스라엘군의 지상전 셈법을 복잡하게 하는 요인 중 하나로 꼽혔다. 이스라엘 추산 기습 공격 당시 납치된 인질규모가 240여 명에 달하는 가운데 하마스는 한번에 소수인원만 석방하는 전술을 구사하며 인질들을 협상카드로 내세웠다. 일각에서는 이라크가 이슬람국가(IS)로부터 모술시를 탈환하기 위해 2016~2017년 벌인 것과 같은 '죽음의 전투'를 예상하기도 했다.

국제사회, 중동의 '시아파 맹주' 이란의 선택에 주목

한편 이번 사태를 계기로 중동정세는 갈수록 긴박해지고 있다. 국제사회의 이목은 이스라엘과 하마스의 국지전을 넘어 '제5차 중동전쟁'으로 번질 가능성에 집중됐다. 네타냐후 이스라엘 총리는 2023년 11월 3일 민간인 살상 논란과 인도주의적 비난 속에서도 "인질석방 전까지 가자지구에 휴전은 없다"고 못 박으며 하마스 지휘부 소탕을 위한 가자지구 지상작전 확대를 고수하겠다는 의지를 내비쳤다. 이에 메아리치듯 하마스와 연대하는 주변 중동·아랍권 국가와 무장세력은 거듭 물리적 개입가능성을 시사했다.

특히 헤즈볼라의 근거지인 레바논 남부 국경에 접한 이스라엘 북부지역의 경우 이번 사태가 발발한 직후 헤즈볼라의 산발적인 포격과 침투시도가 지속돼왔다. 이러한 배경에는 중동 내 '시아파 벨트'에서 반(反)이스라엘·반미 세력을 이끄는 중동 시아파 맹주 이란의 존재가 자리 잡고 있다.

하마스를 물밑 지원해온 것으로 알려진 이란은 같은 해 10월 29일 이스라엘을 향해 "시온주의 정권의 범죄가 레드라인을 넘었다"라고 경고장을 날리는 등 아랍 주변

국의 반이스라엘 정서를 지속해서 자극하는 모습을 보였다. 여기에 서방 군사동맹인 북대서양조약기구(NATO, 나토) 회원국이자 러시아–우크라이나 전쟁 국면에서 중재자 역할을 자임했던 튀르키예가 이번 사태에서는 이란과 하마스 등 이슬람세계로 급격하게 기우는 모습이다. 무엇보다 이란이 직접적으로 이번 전쟁에 개입·참전하느냐에 따라 신중동전쟁으로의 확전이 현실화할지 여부가 가려질 것으로 전망됐다.

실제로 2024년 4월 13~14일(현지시간) 이란의 이스라엘 공습에 이어 4월 19일 이스라엘이 이란에 대한 맞대응에 나서면서 한 치 앞을 알 수 없는 중동의 위기가 계속됐다. 그동안 이스라엘은 공격의 주체가 드러나지 않는 이른바 '그림자전쟁'을 통해 이란의 핵시설 등을 타격하거나 요인을 암살해왔고, 이란은 '저항의 축'을 통해 이스라엘과 우회적 무력대치를 해왔다. 때문에 이러한 보복·재보복 공습이 상대국 본토를 향한 전면공격이었다는 점에서 위기를 고조시켰다.

그러나 본토 공격이었음에도 사상자 피해가 거의 없다는 점, 양쪽 모두 보복에 대한 정보를 사전에 미국 등 관련국과 공유했다는 점, 보복을 주고받은 뒤엔 양쪽 다 상황을 악화시킬 수 있는 추가 행동에 나서지 않겠다는 뜻을 분명히 한 점 등을 이유로 '약속대련'이었다는 의혹도 제기됐다. 여기에 "이스라엘이 추진해온 가자지구 최남단 라파에 지상군을 투입하는 작전을 미국이 받아들였고, 이란의 공격에 맞서 대규모 보복타격을 하지 않는 게 조건이었다"며 미국과 이스라엘 간 모종의 '딜'이 있었다는 폭로도 나와 의혹이 커졌다.

논술로 불러오기[예상논제]
- 이스라엘과 팔레스타인이 충돌하게 된 배경이 무엇인지 서술해 보시오.
- 이스라엘–팔레스타인 간 무력충돌 이후 이어지고 있는 불안정한 중동정세가 전 세계에 미친 영향에 대해 설명해 보시오.

08

AI 혁명의 명암

미국 전기차업체 테슬라 생산공장 기가팩토리에서 2021년 제조로봇 때문에 작업자가 부상을 입은 사고를 회사가 2년 동안이나 은폐하고 있었다는 사실이 2023년 12월 언론 보도를 통해 드러났다. 앞선 11월에는 국내에서도 한 농산물 작업장에서 로봇을 점검하던 40대 직원이 머리를 농산물로 오인한 로봇의 집게에 끼여 숨지는 일이 발생했다. 이처럼 기술의 발달과 함께 산업현장에서 로봇이 인간을 대체하는 비중이 높아지면서 로봇에 의한 사고·살인도 늘어나고 있다는 우려가 나온다.

AI·로봇 기술 발전, 진짜 인류의 미래일까

　1987년 '사이보그 경찰'이라는 새로운 히어로를 등장시킨 미국 오리온 영화사 제작 SF액션영화 〈로보캅(RoboCop)〉이 상영됐을 때만 해도 인간을 대체하는 로봇은 공상과 상상의 영역으로 치부됐다. 그러나 2024년 현재 그때의 상상은 이제 현실이 됐다. 2023년 9월 미국 뉴욕경찰(NYPD)은 타임스스퀘어역에서 로봇 제작업체 나이트스코프사가 제작한 K5에 대한 시험운용을 시작했다고 전했다.

　160cm 높이에 바퀴가 장착된 이 로봇은 인권단체의 우려를 감안해 안면인식 기능을 제외한 4개 카메라가 부착돼 주변 행인의 모습과 상황을 전 방향에서 살필 수 있는데, 임대 가격은 시간당 9달러(약 1만 2,000원)로 뉴욕주 서비스 노동자가 받는 최저임금인 15달러(약 2만원)보다 저렴하다. 최저임금보다 낮은 비용으로 자정부터 새벽 6시까지 경비임무를 수행시킬 수 있는 것이다. 인간과 달리 화장실에도 가지 않고, 식사시간이나 휴식시간도 필요 없다.

　로봇의 사전적 정의는 '사전에 정해진 규칙에 따라 스스로 판단해 행동하는 기계'를 말한다. 의미상으로는 기계의 하위 범주를 말하며 스스로 상황을 인식하기 위한 센서, 주어진 명령어를 받아들이고 센서를 통해 받은 정보를 판단할 수 있도록 하는 프로세서, 마지막으로 프로세서에서 나온 신호를 받아 움직이며 구동하는 액추에이터(Actuator)로 이루어진 '작동장치'의 복합체라고 할 수 있다.

　업계에서는 편의상 산업용 로봇과 서비스용 로봇으로 구분한다. 산업용 로봇은 공장 자동화나 협동 로봇 등 제조현장에서 주로 쓰인다. 서비스용 로봇에는 국방, 의료 등 전문서비스 로봇과 가사, 건강, 교육 등 개인서비스 로봇 등이 있다. 최근에는 기계적인 움직임은 없는 인공지능(AI)도 로봇 개념에 포함하고 있다. AI가 탑재된 자율주행차, 드론, 스피커 등이 로봇의 범주에 들어가는 까닭이다. 마이크로소프트에서 개발한 생성형 AI*인 '챗GPT (ChatGPT)'를 드론이나 로봇을 조종하는 데 활용하는 기술이 그것이다.

인간의 피부와 같은 감촉에 인간처럼 촉감을 느낄 수 있는 '인공피부'의 상용화도 머지않은 듯하다. 한국과학기술원 (KAIST, 카이스트)의 기계공학과 김정 교수 연구팀은 단층촬영법을 활용해 인간의 피부구조와 촉각수용기 특징, 구성 방식을 모사해 측정된 촉감신호를 AI 신

> **생성형 인공지능(AI)**
>
> 단순히 콘텐츠의 패턴을 추론·학습해 결과를 도출하는 것을 넘어 텍스트, 오디오, 이미지 등 기존의 콘텐츠를 활용하여 이용자의 요구에 따라 다양한 형태의 창작물을 새롭게 만들어내는 AI 기술을 말한다. AI 기술이 발전함에 따라 일반인도 쉽게 AI를 활용할 수 있다는 기대가 커졌지만, 새롭게 등장한 기술인 만큼 저작권법이나 윤리 문제 등 정립되지 않은 사안들이 많아 지속적인 사회적 논의 및 관련 대책 마련이 필요한 상황이다.

경망으로 처리해 누르기, 두드리기, 쓰다듬기 등 촉각 자극을 종류별로 분류하는 데 성공했다. 이런 인공피부를 AI를 탑재한 인간형 로봇에 적용하면 '인간과 구분할 수 없는 휴머노이드', 즉 안드로이드가 탄생하게 된다.

심지어 테슬라 최고경영자 일론 머스크가 이끄는 뇌신경과학 스타트업 '뉴럴링크'는 뇌에 무선통신이 가능한 전자칩을 심는 기술을 개발 중이다. 현실화하는 경우 뇌파를 디지털 신호로 분석·포착해 컴퓨터 등 외부장치를 제어할 수 있게 된다. 말을 할 수 없는 전신마비 환자가 생각만으로 컴퓨터를 구동해 검색과 의사소통을 하고, 자기 몸에 장착한 외골격 로봇으로 마비된 몸을 움직이게 하는 식이다. 로보캅과 같은 사이보그가 등장할 수도 있다.

새로운 혁명 … 인간의 삶 곳곳에 깊은 영향

이처럼 최근 로봇산업 분야에서는 AI와 융합해 궁극적으로는 인간의 개입을 필요로 하지 않는 '무인화'를 표방하며 기술개발이 빠르고 획기적으로 이뤄지는 추세다. 실제로 로봇을 둘러싼 경제강국들의 공격적인 투자는 각국의 '제조업 부흥 정책'을 빼놓고 설명하기 어렵다. 코로나19 팬데믹 이후 비대면과 자동화가 일반화되면서 국방, 제조, 모빌리티, 물류, 정보통신 등 산업 곳곳에서 로봇 활용이 빠르게 확산됐다. 이러한 가운데 성장이 멈춘 선진국들이 저출산과 고령화에 따른 일손 부족, 인

건비 상승 등의 흐름 속에서 로봇을 제조업을 혁신시킬 핵심기술로 주목하고 있는 것이다.

결국 AI와 같은 기반 기술의 발전은 물리 세계에서 혐오감을 주지 않는 인간적인 외형에 '생성형 AI'를 탑재한 로봇이 인간의 명령을 수행하기 위해 스스로 활동하는 '휴머노이드 로봇'의 출현으로 이어지고 있다. 연구자들은 개인용 컴퓨터, 스마트폰, 인터넷이 우리 사회에 혁명을 일으켰듯이 로봇이 운송, 제조, 공급망 물류, 항공, 노인 돌봄 등 다양한 영역에서 인간 삶의 많은 측면에 깊은 영향을 미칠 것이라고 주장한다. 실제로도 로봇은 이미 산업현장 곳곳에서 반복적이고 위험하며 인간의 노동력이 부족한 작업, 즉 인간이 하기에는 너무 위험하고 (Dangerous), 더럽고(Dirty), 지루하고(Dull), 멍청한(Dumb) 작업(4D)을 대신 수행하고 있다.

윤리 없는 이성 … 맹신은 금물

그러나 그로 인한 문제도 점점 심각해지고 있다. 검색엔진과 유튜브 등의 광고에 생성형 AI 기술을 도입하면서 기존처럼 많은 직원이 필요하지 않게 되자 매출의 상당 부분을 광고에 의존하고 있는 구글이 직원들을 대상으로 대규모 조직개편에 들어갈 예정이라는 관측이 제기됐다. 팬데믹 이후 비용절감을 위해 사람 대신 로봇을 들여 서빙을 하는 중소상공인들도 늘었다. 인천공항 여객터미널에는 청소는 물론이고 질문을 듣고 안내를 하는 등의 다양한 로봇이 여행객들 사이를 누비고 있다. 의료현장이나 산업현장에서 로봇을 보는 일은 이제 놀랄 일도 아니다. 사람이 했던 일을 로봇이 하고 있는 것이다.

그러나 그만큼 사고도 빈번하게 발생하고 있다. 국내 농작물유통센터에서는 로봇이 인간 작업자를 압사시키는 사고가 발생했다. 사고는 2023년 11월 7일 산업용 로봇이 로봇을 점검하던 노동자를 상자로 인식해 작동하면서 발생했다. 그 결과 해당 노동자는 로봇 팔의 'ㄷ' 모양 집게와 컨베이어벨트 사이에 얼굴과 왼쪽 빗장뼈가 짓눌린 상태로 발견됐고, 병원으로 옮겨졌으나 끝내 숨졌다. 이처럼 우리나라에서 산업용 로봇에 의해 사망하는 사고는 매년 평균 3건에 달한다. 테슬라의 생산공장인 기가팩토리에서도 제조로봇이 직원들을 공격해 근로자가 다치는 사고가 다수 발생하고 있다. 그중에는 로봇에게 근로자가 직접적으로 공격당한 사례까지 있는 것으로 알려졌다.

업계 전문가들은 이러한 사건들이 대부분 로봇의 의지로 인한 것이 아닌 단순한 오류와 우연일 뿐이라고 강조한다. 그러나 인간이 입력한 프로그램이 아닌 AI가 스스로 판단한 결과로 작동하는 쪽으로 개발되고 있는 상황에서 AI가 인간을 해치려는 의지를 갖게 될 경우에 대한 경고도 나온다. '딥러닝(Deep Learning, 기계학습)' 개념을 처음 고안해 '딥러닝의 대부'로 불리는 제프리 힌턴 캐나다 토론토대학 교수가 "AI가 '살인로봇(Killer Robots)'으로 변할 날이 두렵다"며 10년간 몸담았던 구글에 사표를 낸 것도 같은 맥락에서 이해할 수 있다. 프란치스코 교황도 2024년 신년사에서 "인간의 생존을 위협하고 공동의 터전을 위험에 빠뜨릴 수 있는 것들을 포함해 다양한 선택지가 인간의 손에 쥐어져 있다"며 AI 규제에 대한 국제협력을 강조했다.

논술로 불러오기[예상논제]

- 향후 챗GPT를 비롯한 생성형 AI가 생활영역 전반에 활용될 경우 나타나게 될 변화에 대해 논의해 보시오.
- 윤리 문제, 저작권 침해 문제 외에 AI로 야기될 수 있는 문제점을 IT업계 측면(업계 양극화, 데이터 유출, AI 만능주의 등)에서 서술해 보시오.

09

교권침해

2023년 7월 18일 서울 서초구 서이초등학교에서 한 젊은 교사가 교내에서 스스로 목숨을 끊은 채 발견됐다. 같은 해 8월 31일과 9월 1일 경기 고양과 전북 군산에서도 두 명의 초등교사가 또 목숨을 끊었다. 서이초 교사의 사망 49일째였던 9월 4일에는 중학교 교장 출신인 제주도교육청 과장이 숨진 채 발견됐다. 9월 7일에도 대전에 이어 청주에서도 비보가 들려왔다. 심지어 2021년 경기도 의정부시 호원초등학교의 4~5년차 초임교사이자 5학년 담임교사 두 명이 6개월 간격으로 사망한 것도 언론을 통해 나중에서야 알려졌다.

6년간 교사 100여 명 사망 ··· 초등교사 절반 이상

2023년 7월 30일 국회 교육위원회(교육위) 소속 정경희 국민의힘 의원실이 전국 17개 시·도 교육청에서 취합한 교육부 자료에 따르면 2018년 1월 1일부터 2023년 6월 30일까지 공립 초·중·고 교원 100명이 스스로 목숨을 끊은 것으로 밝혀졌다. 지역별로 보면 경기가 22명으로 가장 많았고, 서울(13명), 부산(9명), 경북(8명), 충남(7명) 등으로 나타났다. 연령별로는 가장 열정적이어야 할 20~30대 교사가 전체 사망자의 38%를 차지했으며, 학교급별로 보면 초등학교 교사가 57명으로 가장 많았다. 그 외 고등학교는 28명, 중학교는 15명으로 나타났다.

교육계에서는 이러한 슬픈 현실이 현재 교사들이 겪고 있는 '3중고'를 반영한 것이라고 분석했다. 조성철 한국교원단체총연합회(교총) 대변인은 "최근 교사들은 학생에게 매까지 맞는 교권, 존중받지 못하는 교육 풍토, 실질임금은 점차 감소하는데 희생만을 강요당하는 사회분위기에 무기력해진 상태"라고 지적했다. 이어 "교사를 극단적 선택으로 모는 건 학생지도의 어려움과 학부모의 과도한 민원이 급증한 탓"이라고 강조했다.

교육부에 따르면 교권침해는 코로나19가 유행한 2020년과 2021년을 제외하고 거의 매년 2,500건 정도 발생하는 것으로 알려졌다. 교육부 관계자는 "학교 교권보호위원회가 열려 심의된 건수만 고려된 것이라 교권보호위원회가 열리지 않은 사례까지 고려하면 실제 발생 건수는 더욱 많을 것"이라고 설명했다.

학생 지도하면 '아동학대' 고발 ··· 도 넘은 학부모 갑질

교사들은 학교현장을 어렵게 하는 요인 중 1순위로 학부모의 악성민원과 무분별한 아동학대 신고를 꼽았다. 충북도내 한 교사는 자신의 자녀를 사랑해주지 않는다는 얼토당토않은 억지를 부리며 수업 중 교실에 난입한 제자의 아버지로부터 학생들이 보는 앞에서 심한 폭언과 함께 폭행위협을 당했다. 또한 해당 학부모는 이후에도 자신이 저지른 행위는 빼놓은 채 학교와 교육청에 지속적으로 이른바 '폭탄 민원'을 넣으며 괴롭힘을 이어갔다.

학부모의 악성민원은 이뿐만이 아니다. 도벽이 있는 학생을 가르치자 "촌지를 주지 않아 그러냐"며 학부모가 학교에 민원을 제기하거나, 학부모가 교사에게 사적으로 "술을 마시자"거나 "돈을 빌려 달라"고 연락하는 경우도 있었다. 심지어 아파서 조퇴를 하고 병원에 간 교사에게 학부모가 밤늦게 술을 마시고 전화를 해 조퇴를 했다고 따지는가 하면 쉬는 시간에 학부모와 공적인 사유로 문자를 주고받는 일을 가지고 '근무 중 딴짓을 했다'며 시비를 걸어오는 일도 비일비재했다. 심지어 교사가 낀 반지를 문제삼아 아이들이 상처를 입을 수 있다며 학교에 민원을 넣은 경우도 있었다고 교사들은 설명했다.

교권침해 주요 유형

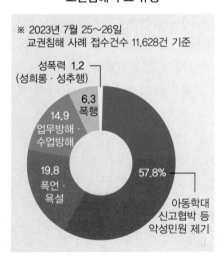

※ 2023년 7월 25~26일
교권침해 사례 접수건수 11,628건 기준

성폭력 1.2 (성희롱·성추행)
6.3 폭행
14.9 업무방해·수업방해
19.8 폭언·욕설
57.8% 아동학대 신고협박 등 악성민원 제기

자료 / 한국교원단체총연합회

특히 학부모가 교사를 괴롭히는 흔한 형태 중 하나는 아동학대 신고 협박이다. 한 교사는 자녀 진학에 지장이 생길 것을 우려한 학부모로부터 학교생활기록부(학생부)의 '지각' 기록을 지워줄 것을 요구받았다 거절했는데, 이후 또다시 지각한 그 학생에게 "내일은 일찍 등교하라"고 했던 말을 아동학대로 신고하겠다는 협박을 받았다. 정당한 교육활동에 대한 사과요구를 거부한 다른 교사는 결국 아동학대로 신고를 당했고, 한 달여 간 각종 조사로 지옥 같은 시간을 보낸 뒤 결국 무혐의 처분을 받기도 했다. 또 어느 고등학교 교사는 학생부에 '불성실하다'는 내용을 썼다가 학부모로부터 민사소송을 당하기도 했다.

이렇게 교사들의 피해가 이어졌지만 일선 학교 교사들은 학부모 갑질 등 교권침해에도 속수무책으로 당할 수밖에 없었고, 조사·소송·재판 등 일련의 과정이 오로지 교사 개인의 책임하에 이루어졌다. 교장·교감은 물론이고 관할 교육청 역시 교사를 지원해주지 않았을 뿐 아니라 일단 소송이 진행되면 진위 여부를 따지기도 전에 직위해제·정직 등의 처분을 내려 교사를 이중으로 힘들게 만들었다.

민감한 학생부 기록 … 모든 책임은 교사에게만

교사들은 학생부 기록에 대한 학부모들의 갑질이 증가한 데는 '학생부에 학교폭력(학폭) 가해사실을 기록하는 방안'이 도입됐기 때문이라고 입을 모았다. 학폭 가해사실의 학생부 기록은 2011년 12월 대구에서 한 중학생이 집단괴롭힘으로 자살하는 사건이 발생한 이후 처음 도입됐다. 학생부 기록내용은 초등학교와 중학교는 졸업 후 5년, 고등학교는 졸업 후 10년간 보존해 대입 자료로 활용할 수 있도록 했다. 이 같은 엄벌주의 학폭 원칙을 수립한 장본인이 당시 이명박 정부에서 교육과학기술부 장관을 지낸 현 이주호 사회부총리 겸 교육부 장관이었다.

이후 박근혜·문재인 정부를 거치며 학생의 인권보호를 위해 교육적 해결을 우선해야 한다는 여론이 우세해지면서 학폭 가해자의 학생부 기재기간이 2년으로 단축(2013)됐고, 반성하면 졸업과 동시에 삭제할 수 있으며, 이어서 서면사과, 접근금지 등 교내 선도형 조치를 받은 가해자에 한해 학생부 기재를 유보(2019)할 수 있도록 변경됐다. 그러나 공직 후보자들의 자녀 학폭사건이 잇달아 도마에 오르면서 정부는 2023년 4월에 발표한 '학교폭력 근절 종합대책'에 학폭 가해자의 처분기록 반영을 명시하고 중대한 학폭사건 가해기록의 경우 보존기간을 기존 2년에서 최대 4년으로 늘린다는 내용을 담았다.

전국 초·중·고교 교사들 "교권 법안 의결하라"

교사들은 잇따른 교사 사망사건의 원인으로 학부모의 악성민원과 업무과중으로 인한 스트레스를 지목하며 진상규명을 요구하는 동시에 교사들의 열정이 아동학대 무고로 악용되는 아동학대처벌법의 개정과 무분별한 아동학대 신고에 대한 교원 면책권을 포함하는 초·중등교육법 개정을 요구했다.

2023년 9월 13일에는 한국교원단체총연합회, 교사노동조합연맹, 전국교직원노동조합, 새로운학교네트워크, 실천교육교사모임, 좋은교사운동 등 169개 교원 단체·

노조가 기자회견을 열고 ▲ 교육위 법안 심사 소위에서 논의 중이던 '교권회복 4법*(초·중등교육법, 유아교육법, 교원지위법, 교육기본법 개정안)'의 조속한 통과 ▲ 분리학생 지원 인력·재원 마련 법안 개정 ▲ 교권보호제도 뒷받침을 위한 예산 확보 ▲ 무분별한 아동학대 신고로부터 교원을 보호할 아동복지법과 아동학대처벌법 개정 등을 요구했다.

이에 같은 달 21일 열린 국회 본회의에서 교권회복 4법이 통과됐다. 개정안에 따라 교원이 아동학대로 신고돼도 마땅한 사유가 없는 한 직위해제 처분을 금지하며, 교장은 교육활동 침해행위를 축소·은폐할 수 없게 됐다. 또한 교육지원청이 교권침해 조치업무를 전담한다는 내용과 부모 등 보호자가 학교의 정당한 교육활동에 협조하고 존중해야 한다는 점 등도 포함됐다. 그러나 개정된 법안이 현장에 안착하기까지 시간이 다소 소요되는 만큼 교육당국이 교권보호 종합대책을 마련하는 등 후속조치에 힘써야 한다는 지적도 나왔다.

논술로 불러오기[예상논제]

- 서이초 교사 사망사건 이후 교권침해에 관한 사회적 논란이 커지면서 2012년 제정된 학생인권조례가 문제점으로 언급된 이유를 설명해 보시오.
- 현재 교권이 추락하게 된 원인과 교권을 보호하기 위한 정책으로 어떤 방안이 있을지 서술해 보시오.

10

이상동기범죄 🔍

2023년 7월 21일 발생한 서울 신림역 흉기난동 사건에 이어 8월 3일 분당 서현역에서도 비슷한 사건이 발생하면서 이상동기범죄에 대한 사회적 불안감이 높아졌다. 여기에 유사한 유형의 사건이 추가로 발생하거나 온라인상에 살인을 예고하는 글이 잇따라 게재돼 혼란이 이어졌다.

잇단 흉악범죄에 정부·지자체 협력해 대응 강화

다수의 사상자가 나온 신림역 사건과 서현역 사건의 충격이 채 가시지 않은 가운데 전국 곳곳에서 비슷한 흉악범죄가 또다시 발생했다. 거리에서 일면식 없는 시민을 흉기로 위협하거나 술에 취해 옆자리 이용객들을 대상으로 흉기를 휘둘러 사망자가 발생하는가 하면 지하철 내에서 발생한 소란을 두고 흉기난동으로 오인해 승객들이 대피하는 상황이 벌어지기도 했다. 경찰이 같은 해 8월 4일부터 18일까지 보름간 범죄 우려가 큰 다중밀집장소를 중심으로 특별치안활동을 실시한 결과 흉기 관련 범죄 227건을 적발해 이중 46명을 특수상해, 살인미수 등 혐의로 구속했다.

이처럼 연이은 강력범죄로 국민불안이 고조되자 행정안전부(행안부)는 연석회의를 열어 이상동기범죄*와 관련된 치안상황을 보고 받는 한편 대응방안을 지방자치단체(지자체)에 설명하고 협조를 구했다. 이에 지자체는 폐쇄회로TV(CCTV) 추가 설치, 이상동기범죄 대응 태스크포스(TF) 구성, 방범용품 지원 사업, 관계기관과 업무협약 체결 등을 통해 치안활동 및 대응체계를 강화하며 총력을 다했다. 경찰 역시 순찰과 실시간 모니터링 등을 체계화해 대응역량을 높이기로 했다. 시민·지자체와의 협조를 통해 순찰을 강화하고, 다중밀집장소와 인근 우범지역을 중심으로 특별치안활동을 전개했으며, 차량순찰이 불가능한 구간은 도

이상동기범죄

범행동기가 뚜렷하게 드러나지 않거나 일반적이지 않은 동기를 가지고 벌이는 범죄를 지칭하는 용어다. 흔히 '묻지마 범죄'라는 말로 표현돼왔으나 전문가들은 이러한 명칭이 범죄원인 파악과 예방대책 마련을 어렵게 한다고 지적했다. 이에 2022년 1월 경찰이 '이상동기범죄'라는 공식용어를 발표하고 관련 범죄 분석 및 통계 수집, 대응책 마련 등에 나서면서 사용되기 시작했다. 이상동기범죄를 저지르는 피의자들은 대부분 개인적 실패의 원인을 사회나 불특정 다수에게 전가해 자신의 범죄를 합리화하는 것으로 알려졌다.

보나 드론 순찰을 병행해 활동을 강화하겠다는 계획을 밝혔다.

검찰도 잇따르는 불특정 다수를 대상으로 한 흉기난동범죄를 '공중에 대한 테러범죄'로 규정하며 관련 사건을 철저히 수사하겠다고 밝혔다. 또 일반인에 대한 안전을 침해·위협하는 '공중협박 행위'를 테러 차원으로 가중처벌할 수 있는 법령 개정이 이뤄질 수 있도록 법무부에 요청하기로 했다. 아울러 온라인으로 살인 등 강력범죄를 예고한 피의자는 원칙적으로 정식 기소하라는 방침을 일선 검찰청에 지시했다.

대검찰청 관계자는 "살인예고범죄는 사회적 불안을 야기하고 치안·행정력의 낭비를 초래해 정작 필요한 범죄 대응에 경찰력이 투입될 수 없게 만든다"며 "재발 방지를 위해 엄정대응할 필요가 있다"고 설명했다. 특히 살인예고범죄 피의자 중 상당수를 차지하는 소년범에 대해서도 기소유예 처분을 지양하겠다고 밝혔다

전문가들, "고위험군 선별·개입할 수 있어야"

전문가들은 이상동기범죄를 예방하기 위한 방안을 제시하면서 '고위험군'을 사전에 선별해 강력하게 개입할 수 있는 장치를 마련하는 게 최우선이라고 조언했다. 김도우 경남대학교 경찰학과 교수는 "묻지마 범죄로 불리는 무동기·이상동기범죄를 저지른 사람은 대부분 사회에 강한 불만이 있다는 게 공통점"이라고 설명했다. 이 때문에 지역사회에서 과도하게 폭력적인 성향과 분노를 드러내는 등 정신건강에 어려움을 겪는 사람을 지속적으로 관찰하고 면담해 이들이 극단적 범행을 저지르는 상황에 이르지 않도록 관리가 필요하다는 것이다.

사전에 이상징후를 포착해 공권력이 적극개입하고 더 큰 범죄로 확대되지 않도록 조치해야 한다는 목소리도 나왔다. 이건수 백석대학교 경찰행정학과 교수는 "112신고가 들어왔을 때 출동으로 끝날 게 아니라 적극적으로 수사하고 범죄이력을 확인해 입건하는 조치가 필요하다"며 "특히 정신건강 고위험군에 대해서는 입원과 치료, 교정이 다 이뤄질 수 있는 시스템을 마련해야 한다"고 강조했다.

다만 처벌수위를 높이는 데 대해서는 효과가 크지 않을 것이라는 쪽으로 전문가들의 의견이 기울었다. 가석방 없는 종신형 등 엄벌주의가 정치권에서 대안으로 제시되기도 했지만, 이상동기범죄를 저지르는 피의자들의 특성을 고려하면 처벌수위가 높다고 해서 이들이 범행을 포기하지는 않는다는 것이다. 특히 온라인에 살해예고 글을 올리는 게시자의 경우 '잠재적 위험군'으로 보고 적극적으로 추적·검거해 강력처벌해야 한다고 강조했다.

경찰조직법 개정안 국회 발의 ··· 이상동기범죄 통계화 집중관리 추진

한편 이상동기범죄의 체계적 대응을 위해 경찰이 범죄유형, 특이점 등을 구체적 통계로 관리하는 방안이 추진됐다. 그동안에는 이상동기범죄와 관련한 정부의 공식 통계가 없어 원인 분석과 대책 수립에 한계가 있었다. 12월 17일 국회 등에 따르면 더불어민주당 강병원 의원은 이러한 내용을 골자로 하는 '국가경찰과 자치경찰의 조직 및 운영에 관한 법률 일부개정법률안'을 대표 발의했다.

개정안은 이상동기범죄에 관한 연구·분석 및 체계적 대응을 위해 경찰청장이 범죄동기 유형을 포함한 범죄 통계자료를 작성해 공개해야 한다고 규정했다. 통계에는 범죄발생·검거 현황, 범죄계획성 및 범행도구 사용 현황, 전과 및 정신질환 현황, 보복·가정불화·사회에 대한 불만 등 범죄동기 현황, 마약류 상용 여부 현황 등을 포함하도록 했다. 또한 행안부에 관계 중앙행정기관의 장, 시·도지사, 교육감 등으로 구성되는 '범죄예방정책협의체'를 둘 수 있게 했다. 협의체는 범죄동기 유형별 예방책 수립, 예방책에 대한 관계 중앙행정기관, 지자체 및 시·도교육청의 협력과 역할 조정 등을 논의하는 역할을 한다.

강 의원은 제안 이유에서 "미국과 일본은 이러한 유형의 범죄 관련 통계를 수집해 범죄의 동기를 분석·관리하고 있고, 특히 일본은 범죄의 원인을 사회적 고립과 경제적 빈곤 등으로 보고 체계적 대응책을 수립해 오고 있다"면서 국내에서도 이런 노력이 필요하다고 강조했다.

또 앞선 11월에는 서울시 자치경찰위원회(자경위)가 잇따른 강력범죄로부터 시민 스스로 생명과 안전을 지킬 수 있도록 '이상동기범죄 대응 행동요령'을 자치구와 경찰서를 통해 배포했다. 서울 자경위는 이상동기범죄 발생 시 신속한 행동으로 안전을 확보할 수 있도록 지자체 최초로 시민행동요령을 마련했다는 점에서 의미가 있다고 설명했다. 이른바 '다다다'로 불리는 행동요령은 '달린다 → 피한다 → 신고한다'의 3단계로 구성돼 있다. 1단계는 빠르게 현장에서 벗어나기 위해 달리기, 2단계는 달리기 어려우면 주변의 안전한 장소로 피하기, 3단계는 안전이 확보되면 112나 119에 전화 또는 문자로 신고하기다. 이런 행동요령이 불가능한 경우 대처방안으로 가구나 소지품 등을 활용한 방어, 소화기 분사, 뜨거운 음료 뿌리기 등의 방법을 제시했다.

논술로 불러오기[예상논제]

- 이상동기범죄의 유형을 분류하고 범죄 유형, 특이점 등을 구체적인 수치로 통계화하여 관리해야 하는 이유를 설명해 보시오.
- 이상동기범죄를 예방하기 위한 방안으로 어떤 것이 있을지 논의해 보시오.

PART 02

이슈
토론

01 출산 · 양육비 지원

02 소형원전 건설

03 재경기숙사

04 선거 전 신용사면

05 간병비 급여화

06 주4일제

07 노란봉투법

08 일본산 수산물 수입

09 결혼자금 증여세 면제

10 의무경찰 재도입

01

출산·양육비 지원

한국의 저출산·고령화 문제가 외신에서도 주목할 만큼 심각한 상황에 접어든 가운데 국민권익위원회가 저출생 문제 해결을 위한 재정투입 방안에 대한 설문조사를 진행한다고 밝혔습니다. 그간 정부에서 추진해 온 여러 저출산 관련 정책의 효과가 낮았다는 비판이 있는 만큼 설문조사를 통해 정책 수혜자에 대한 직접지원 방안의 효과성을 당사자에게 확인하고 재정투입에 대한 동의 여부 등을 점검하겠다는 것인데요. 다만 해당 설문에 제시된 지원금이 '1억원'이라는 점에서 재정 확보 문제가 얽혀 있고, 또 현금성 출산 지원이 출산율에 주는 효과가 미미하다는 의견도 적지 않아 논쟁이 분분할 것으로 관측됐습니다. 출산·양육비 지원에 관한 찬반 의견을 살펴보도록 하겠습니다.

국민권익위원회(권익위)가 출생·양육 지원금 1억원을 직접 지원하는 것에 대한 대국민설문조사를 진행했다. 조사는 2024년 4월 17일부터 26일까지 진행됐다. 권익위는 "2006~2021년 동안 저출산 대책으로 약 280조원의 재정이 투입되었음에도 출산율은 여전히 감소 추세"라 지적하고, "그동안 정부의 저출산 대책이 유사 사업 중첩·중복 내지, 시설 건립·관리비 등 간접지원에 치중되어 있기 때문이라는 의견도 있다"며 "산모(또는 출생아)를 수혜자로 지정하고 출산·양육 지원금 직접지원을 확대하는 제도개선의 필요성에 대해 국민 여러분의 의견을 구한다"고 설명했다.

구체적인 설문문항은 ▲ 사기업(부영그룹)의 출산지원금 1억원 사례와 같이 정부가 파격적인 현금을 지원해준다면 출산에 동기부여가 되는지 ▲ 1억원을 지급할 경우 연간 약 23조원의 재정이 투입될 것으로 예상되는데 동의하는지 ▲ 출산·양육

지원금 지급을 위해 다른 유사 목적의 예산을 활용하는 것에 대해 어떻게 생각하는지 등으로 구성됐다. 다만 권익위는 이번 설문조사가 "소관 부처에 정책제안 여부를 판단하기 위한 국민의견 수렴과정"일 뿐이라며 "정책 채택 여부와는 무관하다"고 선을 그었다.

이번 조사로 정부가 부영그룹 출산지원금 사례를 정책에 차용하는 방향으로 나아갈지 관심이 모였다. 앞서 부영그룹이 출산한 직원들에게 지원금 1억원씩(최대 2회)을 지급하는 파격적인 정책을 내놓자 기획재정부는 출산지원금 전액에 비과세하도록 소득세법 개정을 추진하기로 한 바 있다. 직원이 기업의 지원 혜택을 온전하게 누릴 수 있게 하려는 취지다.

부영그룹은 2021년 이후 태어난 70명의 직원자녀 1인당 1억원씩, 총 70억원을 지급했다. 이때 직원들의 세 부담을 줄이기 위해 세율이 낮은 '증여' 방식을 택했다(1억원 증여 시 세율 10%). 더 나아가 부영그룹 측은 '출산장려금 기부 면세제도'를 제안하기도 했다. 2021년 1월 1일 이후 출생아에게 개인 및 법인이 3년간 1억원 이내로 기부할 경우 지원받은 금액을 면세해주자는 것이다. 기부자에게도 기부금액만큼 소득·법인세 세액공제 혜택을 주는 방안도 덧붙였다. 그 외 인천시도 인천에서 태어나는 아동에게 18세까지 1억원을 지급하는 '1억 플러스 아이드림' 사업을 추진하고 있고, 충북 영동군도 1월부터 '1억 성장 프로젝트'를 시행하고 있는 것으로 알려졌다. 한편 산모·출생아에게 현금 1억원을 직접 지급할 경우 2023년 출생아 수 기준으로 연간 약 23조원의 예산이 투입될 것으로 전망됐다.

출산·양육비 지원 찬성
"직접적이고 효과적인 정책"

코로나19 때 재난지원금이 그랬던 것처럼 극한의 상황에서는 산발적이고 간접적인 지원보다 즉각적이고 직접적인 경제지원이 더 큰 효과를 가져올 수 있다. 지금 우리 사회의 저출산 문제는 장기적인 계획으로 천천히 개선해나가야 하는 단계가 아니다. 주거난, 고용불안, 노후빈곤에 대한 사회정책이 자리잡기까지는 긴 시간이 필요하다. 그러나 이미 세계 최저의 출산율을 찍은 우리 사회는 당장의 효과가 절실하다.

2005년 '저출산·고령사회 기본법'을 제정할 때 출산을 망설이는 가장 큰 이유로 자녀 보육비·교육비 부담이 꼽혔다. 통계청이 2023년 12월 발표한 '한국의 사회동향 2030'에서도 20~30대가 결혼과 출산을 꺼리는 가장 주된 이유로 '경제적 여건'을 꼽았다. 결국 출산의 가장 큰 걸림돌은 경제적 어려움인 셈이다. 또한 워킹맘 지원강화, 신생아 특례대출, 고운맘카드와 난임부부 시술비 지원 등 다양한 저출산 정책이 존재하지만, 워킹맘이 아닌 여성도 있고 난임부부가 아닌 경우도 있듯이 각자 처한 여건과 환경에 따라 혜택을 누리지 못할 수도 있다. 그런 의미에서 출산·양육비 1억원 지원은 출산과 육아, 돌봄 과정에서 들어가는 경제적 요소를 해결해줌으로써 청년들의 부담을 덜어주는 확실한 정책이 될 것이다. 폴란드도 둘째 자녀를 낳으면 매달 17만원씩 18년 동안 지급하고 있다.

 출산동기 부여
- 육아휴직 시 돈에 대한 압박이 줄어들 수 있다.
- 출산동기를 높이는 데 효과적일 것이다.

출산·양육비 지원 반대
"육아, 돈만이 문제 아냐"

2024년 2월 베이징 정책연구기관은 1인당 국내총생산(GDP) 대비 18세까지 자녀 1명을 키우는 데 들어가는 비용이 가장 높은 나라로 우리나라를 선정했다. 양육비가 한화로 3억원 이상이 필요하다는 것이다. 결국 '나라가 키워줄 테니 일단 낳아라'라는 방식은 통하기 어렵다. 또한 우리나라 저출산은 단순히 양육비 부담 때문만이 아니다. 지나친 경쟁사회 속에서 높은 집값, 불안정한 직장 등 경제적 문제 외에 가정에서의 성평등 문제, 가부장적인 가족문화 등 사회·문화적인 문제가 복합적으로 얽혀 있기 때문이다. 이런 문제의 해결이 없다면 출산율은 고사하고 결혼율부터 걱정해야 할 것이다.

1억원을 받는다 해도 현실은 육아휴직을 마음대로 쓸 수도 없다. 민주노총 민주노동연구원의 연구에 따르면 '남녀 모두 육아휴직 신청은 가능하지만 부담을 느끼거나 눈치가 보인다'는 답변이 응답자의 50.1%로 절반이 넘었다. 인사고과, 승진 등 직장생활에 불이익을 받을 수 있기 때문이다. 세계에서도 손꼽히는 긴 노동시간도 문제다. 아이와 함께할 시간이 절대적 부족한 것이다. 아이는 돈으로만 키울 수 없다. 근로여건이 개선되지 않으면 1억원이 출산율 증가로 이어질 일은 거의 없다. 또한 당장 역대급 세수결손이 예정돼 있는 상황에서 예산은 어떻게 조달할 것인지에 대한 우려도 크다.

 실질적인 해결책 안 돼
- 현시점에서는 출산율보다 낮은 결혼율을 더 걱정해야 한다.
- 지원금을 노린 출산이 생길 수도 있다.

02

소형원전 건설

정부가 국내 중소·중견 원전 수출기업의 해외 원전사업에 '수출보증보험'을 신설하고, 2024년도 예산안에 250억원을 신규 편성하는 등 친원전 정책 기조를 보이면서 현대건설, 대우건설, DL이앤씨 등 대형건설사들이 차세대 원전인 소형모듈원자로(SMR) 시장 선도를 위해 각축전을 벌이고 있습니다. 한 건설업계 관계자에 따르면 "SMR은 세계 원전시장 지각변동의 핵이라고 불릴 만큼 탄소중립에도 큰 역할을 할 것으로 기대된다"면서 "건설사들이 SMR사업을 통해 기존 플랜트사업과 연계하는 등 신성장 동력으로 육성 중"인 것으로 알려졌는데요. 하지만 소형원전이라고 해도 방사능 유출 우려를 완전히 종식시키기는 어려운 만큼 소형원전 건설에 대한 찬반 논쟁이 팽팽한 상황입니다.

윤석열 대통령은 2024년 2월 22일 경남 창원에서 14번째 민생토론회를 갖고 "정부는 원전산업 정상화를 넘어 올해를 원전 재도약 원년으로 만들기 위해 전폭 지원을 펼치겠다"고 밝혔다. 총선을 47일 앞둔 상황에서 문재인 정부의 '탈원전 정책'이 "세계 일류의 원전기술을 사장시키고 기업과 민생을 위기와 도탄에 빠뜨렸다"고 비판하며, 원전 생태계 복원을 위해 대대적 지원에 나서겠다고 강조한 것이다. 이어 경남과 창원을 '소형모듈원전(SMR) 클러스터'로 만들겠다면서 "원전산업이 계속 발전할 수 있도록 SMR을 포함한 원전산업지원특별법을 제정하겠다"고 밝혔다.

윤 대통령이 언급한 원전산업지원특별법에는 ▲ 3조 3,000억원 규모 원전 일감 제공 ▲ 1조원 규모 특별금융 지원 ▲ 5년간 4조원 이상 원자력 연구개발(R&D) 예산 투입 ▲ 원전산업지원특별법 제정 ▲ 2050년 중장기 원전 로드맵 수립 ▲ 각종 세제 혜택 등의 내용이 담겼다. 특히 2028년 개발을 목표로 한 한국형 SMR인 'i-SMR' 개발 가속화를 위해 예산을 전년 대비 9배 증액하고, '공장에서 원전을 만들어 수출하는 시대'에 대비하기 위해 SMR 위탁생산시장 선점을 위한 전략에 박차를 가하겠다고 밝혔다.

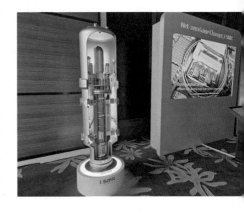

SMR이라고 하는 이 소형원전은 단일 용기에 냉각재 펌프를 비롯한 원자로, 증기발생기, 가압기 등 주요 기기를 모두 담아 일체화시킨 원자로다. 전기출력 300MW 이하의 전략생산이 가능한데, 후쿠시마 원전사고 이후 대형원전에 대한 우려가 커지면서 글로벌 SMR 시장이 확대되는 추세다. 그동안 원자력발전은 막대한 피해가 발생하는 대형원전 사고와 높은 개발비용 때문에 태양열·조력·풍력·지열 등 다른 재생에너지에 비해 주목받지 못했지만, 국제에너지기구(IEA)는 글로벌 전력생산량의 약 10%를 차지하고 있는 원자력이 SMR 발전소 확대에 따라 더욱 증가할 것이라고 밝혔다. 4·10 총선을 앞두고 여당이 SMR을 핵심공약으로 내세운 근거이기도 하다.

한편 '챗GPT의 아버지' 샘 올트먼 오픈AI 최고경영자(CEO)가 상장을 추진한 소형원전 개발 스타트업 '오클로'의 주가가 뉴욕증시 데뷔 첫날인 5월 10일 전날보다 53.65%나 떨어졌다. 전날 18.23달러였던 주가는 이날 15.5달러로 거래를 시작했지만, 마감시간 기준 8.45달러에 그쳤다. 오클로는 SMR 관련 스타트업으로서 15MW급의 소형원전을 개발하고 있는데, 현재 가동 중인 원전은 없으며 2027년 첫 가동을 목표로 하고 있다.

소형원전 건설 찬성
"차세대 에너지원의 출발"

대기업들이 한국전력에 내는 1년 치 전기요금의 경우 삼성전자는 2조 5,000억원, SK하이닉스는 1조 2,000억원을 초과한다. 안정적이고 충분한 전력의 뒷받침 없이는 반도체산업이 발전할 수 없다는 의미다. 자동차, 조선, 화학 등 중화학산업은 물론이고 데이터산업 역시 전력비용이 산업의 경쟁력을 좌우한다. 따라서 핵심산업에서 경쟁력을 유지하고 약진하기 위해서는 비용단가가 적게 드는 전력을 더 많이 생산할 필요가 있다. 그렇다고 탄소발생을 억제하자는 글로벌 추세에 역행할 수도 없다. 결국 이런 조건에 부응하는 전력은 현재로서는 사실상 원자력이 유일하다.

SMR은 규모가 작고 공기만으로 냉각이 가능해 산업단지나 도시 인근에 건설할 수 있다. 따라서 송전시설 건설비용을 크게 아낄 수 있다. 또한 방사능 유출 등 사고확률도 대형원전 대비 1만분의 1 정도여서 재앙적 원전사고도 피할 수 있다. 때문에 국제원자력기구(IAEA)도 SMR에 대해서는 일반 원전과 다른 규제를 적용할 것을 권고한다. 미국은 2020년 뉴스케일파워에 SMR 설립을 허가하면서 '원전 230m 안에 비상대피구역 마련' 정도의 조건만 달았을 정도다. 그런 의미에서 기존 대형원전처럼 20~30km 안에 거주하는 주민들에게 사전동의를 받아야 하는 규제는 미래로 가는 데 방해물일 뿐이다.

 미래 에너지원될 것
- 건설비를 절약할 수 있고 건설기간 단축도 가능하다.
- 가까운 곳에 전력이 필요한 만큼만 지으면 된다.

소형원전 건설 반대
"한반도를 원전 실험장으로?"

원전이 대형화된 이유는 규모가 클수록 경제적 효율이 높기 때문이다. 원전의 규모가 작아질수록 건설단가는 높아진다는 말이다. SMR은 대량 제작 및 조립을 통해 건설기간 및 비용을 최소화할 수 있다고 자랑하지만 실제 수십 내지 수백기를 건설해야 경제성을 확보할 수 있다. 결국 소형이 소형이 아닌 셈이다. 또한 우리 정부와 경제계에서는 "뉴스케일파워의 SMR이 설계인증을 획득하고 아이다호주 국립연구소 내에 발전소 건설을 확정했다"고 하지만, 실제 미국 에너지부의 승인은 어디까지나 '조건부'이고, 이때 건설하게 되는 SMR도 실험형 시설이며, 원전부지 확정도 못한 상태다. 심지어 미국 내 첫 SMR사업으로 주목받던 뉴스케일파워의 유타발전소 프로젝트는 2023년 11월 비용 문제로 중단됐다.

최근 주목받는 SMR용 소듐냉각고속로(SFR) 또한 냉각을 위해 사용되는 소듐이 공기와 수분에 노출됐을 때 폭발과 화재의 위험성이 크다는 리스크를 해결하지 못한 상태다. 무엇보다 SMR이 규모가 작다고는 하지만 엄연히 원전이다. 이 분야에서 가장 앞선 미국에서도 실제 상용화는 2030년을 목표로 한다. 따라서 불안전한 위험시설을 우리나라에 선제적으로, 그것도 대도시 외곽이나 산업단지와 200m 정도의 이격거리에 건설한다는 것은 합리적이지 않다.

 작아도 원전
- 미국에서도 실패한 사업을 굳이 한국에서 다시 도전할 필요가 없다.
- 작아도 원전은 원전이므로 누출 사고는 피할 수 없는 문제다.

03

재경기숙사

재경기숙사는 서울 소재 대학에 다니고 있는 각 지역 출신 학생들의 주거비용 부담 해소를 돕기 위해 지역자치단체별로 예산을 들여 운영하고 있는 기숙사입니다. 기숙사마다 상이하긴 하지만 한 달 평균 12~15만원만 지불하면 되기 때문에 월세나 타 공공 기숙사보다도 훨씬 저렴한 비용으로 주거 문제를 해결할 수 있어 대학생들의 관심이 높습니다. 하지만 인구감소로 인한 지역소멸 문제가 지속해서 제기되고 있는 상황에서 지자체가 나서서 학사·학숙이라는 관급 기숙사를 지어주며 청년들의 지방이탈을 부채질하고 있다는 비판도 있는데요. 재경기숙사 운영에 관한 찬반 논란을 살펴보겠습니다.

'남명(南冥)'은 조선 전기의 성리학자로서 영남학파의 거두인 조식(曺植)의 호이자 경상남도가 경남지역의 인재육성에 보탬이 되고자 수도권에서 대학을 다니는 경남의 학생들을 대상으로 운영하고 있는 재경기숙사(남명학사)의 이름이다. 경남도는 설립배경을 '대학생들의 높은 주거비용과 열악한 주거환경 개선에 대한 필요성이 대두되면서 이용료가 저렴하면서도 양질의 주거서비스를 제공해 경제적 어려움으로 학업에 애로를 겪는 경상남도 대학생을 지원하기 위해'라고 밝혔다. 현재 경상남도는 1998년 3월에 준공한 창원관과 2018년에 준공한 서울관, 두 곳을 운영하고 있다.

이처럼 광역자치단체 또는 지방자치단체(지자체)에서 지원하는 대학생 기숙사인 재경기숙사는 관내 출신 학생들의 주거 문제를 지원하는 제도로서 현재 경기, 강원, 충북, 전북, 전남, 광주, 제주, 경남, 충남 등 지자체에서 시행 중이다. 가격도 저렴한 편이다. 월 납부비용은 10만~20만원 선으로 하루 세 번 급식도 제공한다. 또한 학사 내 체력단련실, 독서실, 커뮤니티룸 등도 구비되어 있어 별도의 비용 없이 이용할 수 있다.

일반적으로 재경기숙사 입사는 대부분 정시가 끝나는 12월 말부터 다음 해 1월 중순 사이에 공고하며, 1월 초부터 2월 초 사이 일정이 마감된다. 입사신청은 개별 학사 홈페이지에서 하고, 관련 서류를 제출하면 완료되며, 합격자는 지원자의 소득분위, 학교 성적 등을 종합적으로 평가해 선발된다.

대표적인 재경기숙사로는 경기푸른미래관(도봉), 강원학사(관악, 도봉), 충남서울학사(구로), 충북학사(영등포, 중랑), 전라북도 서울장학숙(서초), 광주·전남 남도학숙(동작, 은평), 제주탐라영재관(강서), 경남 남명학사 서울관(강남) 등이 있다. 이외에도 강화장학관, 경산학사, 광양학사, 영덕학사, 영양학사, 영천학사, 제천학사, 청송학사, 청주학사 등 지역의 이름을 딴 지자체 운영 기숙사가 수도권에서만 모두 28개가 운영 중이다. 문제는 정부가 교육자유·도심융합·문화 등 4대 특구를 만들어 새로운 '지방시대'를 열겠다고 밝힌 지역균형발전 종합계획과 반대되는 정책이라는 점이다. 정부는 소멸위기에 처한 지방을 살리자는데, 지자체는 재경기숙사로 지역 인구감소의 핵심층인 청년층의 이탈을 부추기고 있다는 지적이 나온다.

재경기숙사 운영 찬성
"지역인재 육성사업을 위해 필요"

우리나라 입시전쟁의 한켠에는 신입생들의 주거 마련 문제도 있다. 대학들이 수도권과 대도시에 쏠려 있기 때문이다. 따라서 원서접수 1순위로 꼽히는 곳은 기숙사 여부이지만, '2022년 10월 대학정보공시 분석 결과'에 따르면 전국 413개 대학 기숙사 평균수용률은 일반대 23.1%, 전문대 17.1%에 불과하다. 특히 수도권 대학의 경우 기숙사 평균수용률은 일반대 18.4%, 전문대 7.8%로 입소경쟁이 굉장히 치열한 상황이다. 그러다 보니 대학 근처 원룸이나 하숙 비용은 부르는 게 값인 수준이다. 운 좋게 거처를 구해도 식비까지 더해지면 개인의 경제적 부담은 늘어날 수밖에 없다. 옛날처럼 소 팔아서는 한 학기 주거비용도 해결하지 못한다.

수도권에 몰려 있는 대학들을 하루아침에 지방으로 분산시킬 수는 없다. 그러나 상경 대학생 1명을 위해 소요되는 막대한 비용은 학생뿐만 아니라 지역에 사는 부모에게도 고스란히 고통이다. 경제적으로 부담스러워 출산마저 기피하는 현실에서 지자체가 운영하는 재경기숙사는 교육에 부수적으로 들어가는 비용을 지자체가 일정 부담한다는 데 의의가 있다. 또한 도움을 받은 청년들을 졸업 후 지역으로 돌아오게 하는 원동력이 될 것이며, 이는 결과적으로 지역경제를 살리는 길이 될 것이다.

 청년들을 위한 현실적 지원
- 고물가시대 청년들의 주거부담을 덜어주는 현실적인 지원이다.
- 도움을 받으면 청년들도 훗날 지역에 배풀 것이다.

재경기숙사 운영 반대
"청년들의 서울행 부추기는 것"

행정안전부가 소멸위기 지자체라고 판단한 '인구감소지역' 시·군이 89개에 달한다. 저출산 자체가 국가적 재앙이지만, 지방에서는 인구를 수도권으로 빼앗기는 사회적 이동도 심각하다. 핵심은 청년인구 급감이다. 이들이 지역을 이탈하는 것은 진학과 취업을 위해서다. 다닐 만한 상급학교와 일자리가 부족하기 때문이다. '인구소멸 → 지역경제 침체 → 지방 소멸위기'의 악순환에서 벗어나려면 무조건 일정 인구를 유지해야 한다. 심각한 저출산에 급속한 고령화까지 겹치는 현실에서 그 목적이 진학이더라도 청년층 상경은 지역경제에 큰 타격일 수밖에 없다. 그런 때에 재경기숙사는 지자체가 가뜩이나 부족한 행정비용을 들여 스스로 청년층을 지역 밖으로 밀어내고 있는 것과 다르지 않다.

재경기숙사를 운영하고 있는 군위, 영양, 영덕, 청송 등은 대부분 인구감소를 걱정하는 지자체다. 진학을 위한 기숙사라고는 하지만 그 예산으로 지역대학 학생에게 장학금을 주는 게 지역발전에 훨씬 도움이 될 수 있다. 무엇보다 과거에는 수도권 대학으로의 진학을 두고 개천에서 용 났다고 했다. 그러나 일자리가 없는 개천으로 돌아올 용은 없다. 당장 눈앞의 어려움을 도와주기보다 돌아올 수 있도록 유수의 기업을 유치하는 게 더 중요하다.

지방공동화를 부추기는 것
- 일자리가 없는 지방에 청년들이 돌아올 이유가 없다.
- 지방분권과 지방대 육성에 역행하는 지원일 뿐이다.

04

선거 전 신용사면 🔍

정부가 4·10 총선을 앞두고 또다시 '신용사면'에 나섰습니다. 2,000만원 이하 채무 연체자 가운데 2024년 5월까지 연체액을 전액 상환한 이들의 연체기록을 삭제해주겠다고 한 것입니다. 정부는 엄중한 경제상황을 고려해 불가피하게 대출을 연장한 이후 금융거래와 경제활동에 불이익을 겪는 사람들을 대상으로 적극적인 신용회복 지원이 필요하다고 밝혔습니다. 하지만 총선을 앞두고 나온 조치였던 만큼 선심성 정책이라는 비판도 적지 않았는데요. 이처럼 선거철마다 빈번하게 되풀이되고 있는 신용사면을 둘러싼 찬반 논쟁에 대해 알아보겠습니다.

2024년 1월 15일 금융위원회(금융위)는 모든 금융업권의 협회·중앙회와 한국신용정보원, 12개 신용정보회사가 '서민·소상공인 신용회복 지원을 위한 금융권 공동협약'을 체결했다고 발표했다. 협약은 소액을 연체했다가 모두 상환한 차주들의 연체이력을 사실상 삭제해주는 이른바 '신용사면'을 골자로 한다. 코로나19 이후에 발생한 연체기록을 소액에 한해 신용점수 반영에서 빼준다는 것이다. 또한 신용정보원과 신용정보회사는 해당 정보를 신용평가에 활용할 수 없게 기술적으로 제한을 걸어두고, 금융회사들은 타사 정보를 삭제하는 한편 자사 정보의 활용도 최소화할 계획이다.

통상 금융사들은 연체액이 100만원을 초과하고 90일 이상 연체가 지속했을 때 '신용불량자'로 분류해 신용평가사(CB) 등에 연체정보를 공유한다. 이렇게 공유한 연체이력은 돈을 갚아도 최장 5년간 유지돼 신용점수에 반영되고, 연체이력 공유로 신용점수가 떨어지면 대출이나 신용카드 발급에서 불이익을 받는다. 이번에 추진한 신용회복 지원은 금융사 간 연체이력 공유를 제한하고 이미 공유된 연체이력까지 지워 신용평가·여신심사에서 연체기록을 최대한 반영하지 않기로 해 신용점수가 올라가는 효과가 있다.

금융위 발표에 따르면 이번 신용사면의 대상은 2021년 9월 1일부터 2024년 1월 31일까지 2,000만원 이하를 연체한 개인과 개인사업자로 이들이 2024년 5월 31일까지 연체액을 모두 상환한 경우다. 이 조치가 시행되면 290만명 중 250만명의 신용점수가 평균 39점 올라갈 것으로 관측됐다. 이에 따라 대환대출 등을 통해 저금리 대출전환이 가능할 전망이다.

하지만 신용사면 결정이 당정회의 직후 속전속결로 이뤄진 것 자체가 금융사의 상황을 고려하지 않은, 당국 일방주도의 정책추진이라는 비판이 나온다. 2023년 말 윤석열 대통령의 '은행 종노릇' 발언 이후 일방적으로 발표된 은행권의 2조원 규모 '민생금융 지원' 방안과 맞물려 입으로는 자유시장경제를 강조하면서 실제로는 금융기관의 인사와 자금운용에 직접 개입(관치금융)하고 있다는 것이다. 여기에 최근 1,400만명에 달하는 개미투자자들을 겨냥한 선심성 정책까지 내놓으면서 그동안 건전재정을 내세우며 복지 예산과 R&D 예산을 대폭 삭감한 정부가 총선이 코앞으로 다가오자 '돈 퍼주기' 정부로 돌변했다는 비판이 일었다. 이에 대해 정부는 어려움에 부닥친 서민·소상공인의 상황을 감안, 숙고해 내린 결정이라고 해명했다.

선거 전 신용사면 찬성
"현대판 주홍글씨 안 돼"

이른바 '신용불량자'가 되면 최장 5년까지 기록이 남기 때문에 차주가 상환을 마쳤다고 하더라도 신용카드 사용과 대출 이용 등 금융거래를 하는 데 어려움을 겪는다. 현대판 '주홍글씨'인 것이다. 따라서 연체기록을 삭제하면 취약층은 신용카드를 정상발급받거나 신용대출을 받을 때 도움을 받을 수 있다. 은행권 대환대출을 통해 기존 대출을 저금리대출로 바꿀 기회도 생긴다. 연체이력 때문에 제도권 금융사에서 돈을 빌리지 못해 불법 사금융 수렁으로 빠지는 것을 막는 효과도 기대할 수 있다.

신용사면은 과거에도 여러 차례 있었다. 국제통화기금(IMF) 외환위기를 겪은 2000·2001년, 박근혜 정부 시절인 2013년, 코로나19가 극심했던 2021년에도 신용사면이 있었다. 이번 조치는 2021년 사면과 비슷하다. 당시에도 2020년 1월부터 2021년 8월까지 발생한 2,000만원 이하 연체에 대해 2021년 말까지 전액 상환한 개인과 개인사업자 230만명의 연체기록을 삭제했다. 그 결과 개인 평균 신용점수(NICE 기준)가 24점 올랐고, 개인사업자 평균 신용등급은 0.5등급 상승했다. 최근에도 장기 저성장이 계속되면서 경제 취약층의 어려움이 지속되고 있는 만큼 취약계층의 저신용 족쇄를 풀어줄 필요가 있다. 즉, 신용사면은 선거를 앞둔 선심성 정책이라고 볼 수 없다.

👍 자립지원의 차원에서 제공하는 것
- 신용사면은 밥을 주기보다 쌀을 살 수 있도록 돕는 방법이다.
- 코로나19로 인한 경기불황 여파는 아직 끝나지 않았다.

선거 전 신용사면 반대
"저신용자 은행권 유입돼"

물론 신용불량자가 되면 이후 대출을 받을 때 금리부담이 늘어나고, 신규대출도 어려워진다. 그러나 이는 금융부실을 예방하고 신용사회로 가기 위해 필요한 장치다. 규정·관행을 무시하고 연체기록을 없애면 차후에 신용이 불량한 사람들이 대출시장에 진입하는 것을 거를 방법이 없다. 카드사도 마찬가지다. 이번 조치로 그동안 카드사 대출·발급이 어려웠던 40만명이 구제될 전망이다. 이는 저신용자의 특성을 고려하지 않고 고객에 대한 객관적 평가를 어렵게 만들어 카드업계에 연체율 증가 등 리스크 관리 부담으로 이어질 수 있다. 일반적으로 카드사 대출상품 이용자는 이른바 '급전창구'로 접근하는 경우가 많기 때문이다.

금융위는 이러한 조치로 신용점수가 상승하는 만큼 대환대출 등을 통해 저금리대출로 전환할 수 있을 것으로 기대한다지만, 제1금융권 대출 갈아타기 가능성은 희박하다. 고금리 장기화와 불황으로 연체자가 꾸준히 늘어나며 신용점수 900점대에도 은행권 대출문턱을 넘기 힘들어졌기 때문이다. 무엇보다 신용사면은 상환기일을 어겼을 때 받는 불이익을 면제하는 셈인 데다, 악조건 속에서도 제때 빚을 갚은 사람에 대한 역차별 소지도 있다. 또한 주식·부동산 등 투자를 이유로 빚을 낸 차주를 가려낼 수도 없다.

👎 정부의 지나친 개입일 뿐
- 금융권 재원을 정부가 맘대로 할 수 있는 권한이 있는지 의문이다.
- 신용사면을 반복하면 돈을 제때 갚지 않아도 된다는 인식이 자리잡을 수도 있다.

05

간병비 급여화

고령인구가 증가하면서 그에 따른 간병비 부담도 커지고 있습니다. 최근에는 '간병파산'이라는 신조어가 등장할 정도로 간병비 문제가 심각한 사회적 문제로 떠오르고 있는데요. 특히 우리나라의 경우 저출산 문제와 초고령화 사회로의 진입이 가시화된 만큼 간병인 구인난 역시 심화하고 있는 상황입니다. 이와 더불어 현재 우리나라에서는 간병보험이 적용되지 않아 환자나 가족들이 월평균 300만원 이상을 부담하고 있는 것으로 알려져 있습니다. 다만 간병비 급여화는 의료와 돌봄의 중간 지점에 있는 데다 비용 문제, 직종 간 이해관계 등 여러 이슈가 얽혀 있어 단기간에 해결되기는 어려울 것으로 보입니다. 간병비 급여화에 대한 찬반 의견을 살펴보도록 하겠습니다.

2023년 12월 21일 정부는 당 · 정 협의를 통해 국가가 중심이 돼 책임진다면서 '간병 걱정 없는 나라'를 만들겠다는 비전하에 환자의 치료 전(全) 단계에서 간병서비스 지원체계를 구축하는 '국민 간병 부담 경감방안'을 확정 · 발표했다. 핵심은 수술 후 입원하는 급성기 병원부터 요양병원, 퇴원 후 재택까지 환자의 치료 전(全) 단계별로 간병서비스 지원체계를 구축한다는 계획이다.

먼저 개편되는 간호 · 간병 통합서비스는 중증 수술환자, 치매 · 섬망 환자 등 중증도와 간병요구도가 높은 환자들을 위한 중증환자 전담병실을 도입, 간호사 1명이 환자 4명, 간호조무사 1명이 환자 8명을 담당하는 것이 골자다. 아울러 퇴원 후 가정에 의료 · 간호 · 돌봄 서비스를 제공하기 위해 간병인력 공급기관 관리기준 마련 및 등록제 도입으로 서비스 품질을 높이겠다고 밝혔다. 또한 복지용구(보조기기) 지원을 확대하고 간병·돌봄 로봇을 개발해 복지와 경제 간 선순환 구조도 창출한다는 목표도 제시했다. 요양병원 간병지원의 경우 2024년 7월부터 2025년 12월까지 10개 병원을 대상으로 1차 시범사업을 실시한 후 단계적 시범사업을 거쳐 2027년 1월(차기 정부)부터 본 사업으로 전환한다는 계획이다.

이는 모두 '요양병원 간병비 급여화'를 위한 초석이다. 요양병원 간병비 급여화는 요양병원에서 일하는 간병인의 급여를 장기요양보험을 적용해 요양병원 입원환자의 부담을 줄여주자는 방안이다. 즉, 요양병원에서의 간병비를 국민건강보험에 적용시키겠다는 것이다. 현재 국내 요양병원은 간병비가 비급여 항목에조차 포함돼 있지 않아 간병비용을 환자에게서 받을 수 없는 실정이다.

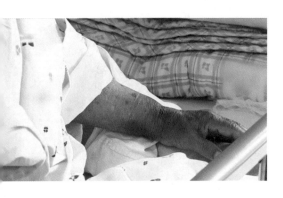

이는 요양보호사가 수가화돼 있는 요양시설과 비교되는 점이다. 노인장기요양보험법 제23조, 26조에 따르면 요양병원 간병비는 장기요양보험 수급자가 병원을 이용하는 경우 이를 특별현금급여로 지급하도록 돼 있지만 하위 법령이 없어 이마저도 유명무실한 법령으로 남아 있다. 이 때문에 요양병원 간병비 급여화는 요양병원계의 오랜 요구였고, 윤석열 대통령의 대선공약이었으며, 야당인 더불어민주당의 2024년 총선공약 1호이기도 했다. 그러나 요양병원 간병인 급여가 장기요양보험 적용대상이 되면 상대적으로 인건비가 높은 요양사를 고용해야 하는 데다 의료시설이 아닌 요양원은 생존의 위협을 받게 되는 등 반대하는 쪽의 주장도 거세 그동안 수차례 지연돼왔다.

간병비 급여화 찬성

"개인의 간병파산 막아야"

우리나라에서 간병이 필요한 환자에게 의료 혹은 돌봄의 형태로 지출되는 공적 재원은 국민건강보험과 장기요양보험으로 전자는 요양병원에 근무하는 의사나 간호사의 임금, 입원료 등에, 후자는 요양보호사 자격을 소지한 사람이 간병이 필요한 환자를 돌보는 일을 수행하는 경우 지급된다. 따라서 입원환자를 돌보는 간병인의 급여는 오직 환자와 가족의 몫이다. 실제로 요양병원의 경우 간병인을 혼자 쓰면 한 달 간병비가 450만원, 간병인을 여럿이 나눠 써도 100만원을 훌쩍 넘는다. '간병파산'이라는 말이 유행하는 이유다.

문제는 개인의 사적 간병비 부담이 지속적으로 증가하고 있다는 것이다. 간병 도우미에 지급한 비용의 전년 대비 증가율도 2020년 2.7%에서 2022년 9.3%로 가파르게 상승하고 있다. 2023년에는 약 10조원을 상회할 것으로 추정됐다. 또한 특별한 경쟁력을 가질 수 없는 요양병원은 (간병)비용을 낮춰 경쟁할 수밖에 없는 구조다. 이는 질 낮은 간병서비스를 낳는 악순환을 부른다. 이런 만큼 국민은 절반 넘게 간병비 국가책임제를 찬성(2023년 5월 조사, 57.6% 찬성)하고 있다. 미국, 영국, 대만, 일본 등에서도 이미 간병인 급여를 국가가 부담하고 있다.

 간병지원 역시 국가책임

- 간병 문제로 인해 고통받는 사람이 없어야 한다.
- 간병비 급여화는 질 좋은 간병서비스를 제공하기 위한 첫걸음이다.

간병비 급여화 반대

"현대판 고려장 부추겨"

현재 우리나라의 간병인은 (요양)병원에서 개인적으로 구하는 데다가 대부분이 요양보호사가 아닌 무자격자다. 간병인 급여 역시 현금영수증 같은 지출증빙이 이루어지지 않는다. 이 때문에 간병비 급여화에 따라 소득신고와 세금납부가 이루어지면 실질적으로 과거보다 간병인의 가처분소득이 감소한다. 현재의 간병인들이 제도권으로 들어오기보다는 이탈할 가능성이 커지는 것이다. 결국 간병인을 구하는 게 어려워질 수밖에 없다.

수도권 병원에 환자쏠림이 심각한 상황에서 시범사업을 수도권의 유명 대학병원의 병동으로 제한한다는 것도 문제다. 간호계가 300병상 이상 급성기 병원에 대해 전면확대를 요구해온 것과 달리 발표에 따르면 환자 쏠림 문제마저 시장에 맡긴 셈이다. 실효성 역시 의문이다. 정부가 언론을 통해 간병비 부담 완화를 위해 제도를 만들었다고 하지만, 대상 병원이 고작 10개 병원에 예산은 고작 85억원인 데다가 더 중요한 점은 구체적인 내용이 하나도 없기 때문이다. 무엇보다 우리나라 노인들은 10명 중 7명은 집에서 노후를 보내고 싶어 한다. 그러나 간병비에 대한 개인부담이 줄면 늙고 병든 경우 너 나 없이 요양병원으로 내몰릴 가능성이 더 커질 수밖에 없다.

전형적인 포퓰리즘 정책

- 늙고 병들면 모두 요양병원으로 가야 하는 것인지 의문이다.
- 구체적인 내용이 없는 허울뿐인 말잔치에 불과하다.

06

주4일제 🔍

우리나라는 전 세계에서도 손에 꼽힐 정도로 근로시간이 많은 것으로 알려져 있습니다. 장시간 근로 탈피 흐름에 맞춰 주52시간 등 제도적 변화와 고용형태 다변화 등을 통해 지속적으로 감소하는 추세이긴 하지만 여전히 주요국과 비교하면 우리나라의 근로시간이 월등히 많은데요. 이에 따라 노동계를 중심으로 '주4일제 도입' 등 추가적인 제도 개편을 요구하는 목소리가 높아지고 있습니다. 정부 역시 장시간 노동 해소를 위한 근로시간 개편의 필요성을 인지하고 노사정 사회적 대화를 추진하고는 있지만 각자의 입장이 달라 논의는 지지부진한 상황입니다. 근로시간 단축을 위한 주4일제 도입과 관련해 찬반 의견을 살펴보겠습니다.

2023년 12월 국내 최대 단일노조인 현대자동차 노동조합의 새 지부장에 '주4일 근무제' 전면 도입을 공약으로 내건 후보(문용문)가 당선되면서 근무시간 단축 문제가 산업계의 뜨거운 감자로 재부상했다. 문 지부장은 우선 2024년 전주·아산 공장에 금요일 근무시간을 현재 8시간에서 4시간으로 줄이는 안을 시범시행한 뒤 2025년부터 완전한 주4일제를 도입하는 방안을 사측과 협의할 방침이다.

삼성전자와 SK그룹, 카카오 등 대기업들은 이미 주4.5일제에 해당하는 유연근무제를 일부 도입하고 있다. 앞서 2023년 11월 임금단체협약을 마무리한 포스코 노사도 격주 4일제를 도입하겠다는 내용을 합의안에 담았다. 삼성전자도 같은 해 6월부터 '쉬는 금요일', 월급날인 21일이 있는 주의 금요일을 쉴 수 있게 하는 '월중휴무제'를 신설했다. SK하이닉스 역시 같은 해 4월부터 '행복한 금요일' 제도를 시행하고, 2주 동안 80시간 이상 일하면 휴가를 따로 내지 않고 한 달에 한 번 금요일에 쉴 수 있도록 했으며, SK텔레콤의 경우에도 이와 유사한 제도를 시행하고 있다. 카카오는 매월 1회씩 주4일제를 시행 중이다.

주4일제는 표준 근로시간을 주 40시간에서 주 32시간으로 줄여 일주일 동안 4일을 일하는 제도로서 중요한 것은 기업·사업장 영업 단축이 아닌 노동자의 업무시간 단축이 핵심이며 근로시간을 단축하면서도 임금을 그대로 유지하고자 한다는 것이다. 현재 우리나라는 근로기준법에 따라 일주일에 40시간 일하는 '주40시간제'를 시행하고 있다. 우리나라 표준 근로시간은 1953년 주 48시간으로 시작해 36년이 지난 1989년 주44시간으로 바뀌었다가 다시 10여 년이 지난 후에야 논의를 시작해, 2011년 마침내 주40시간제로 정착했다.

이처럼 최근 IT기업과 대기업을 중심으로 주4일제가 정착하는 데는 기술의 고도화로 과거와 같이 투입하는 노동의 양과 시간이 생산량과 비례하던 시기가 지나고, 창의성이 생산성을 좌우하게 된 데 있다. 여기에 코로나19 팬데믹을 겪으며 재택근무, 비대면·원격 회의, 워케이션(일과 휴가의 합성어로 휴가지 근무를 의미) 등 새로운 근무형태를 반강제적으로 경험했던 것도 주4일 근무제의 문턱을 낮췄다는 평가가 나온다. 한편 한국리서치가 2021년 10월 18세 이상 1,000명을 대상으로 주4일 근무제 도입에 대한 의견을 묻자 찬성이 51%, 반대는 41%로 집계된 바 있다.

주4일제 시행 찬성
"직장과 가정의 양립을 위해 필요해"

경제협력개발기구(OECD) 통계자료에 따르면 우리나라의 연간 노동시간은 2008년 2,228시간에서 2020년 1,908시간까지 약 320시간이나 단축됐다. 그럼에도 불구하고 우리나라는 여전히 OECD 회원국 중 가장 많이 일하는 국가 중 하나다. 그나마도 공기업과 대기업을 제외하면 OECD 최하위국이다. 그러나 노동환경이 변화된 만큼 근로형태도 변해야 한다. 4차 산업혁명과 기술의 발전으로 사람의 업무가 자동화·로봇·AI로 대체되며 더 오랜 시간 일할 필요가 없어지고 있다. 저출산·고령화로 노동인구가 줄어들어드는 것도 고려해야 한다. 현재 여성, 청년, 노인의 적절한 노동시장 투입이 필요하지만, 실업률은 계속해서 증가하는 상황이다. 주4일제는 이러한 불균형 해소를 위한 새로운 시도이기도 하다.

현대는 노동시간과 생산성이 비례하지 않는 시대다. 일과 생활의 양립(워라밸, Work Life Balance)을 통해 개인과 가정을 위한 시간을 제공하고 노동자의 건강권과 쉴 권리를 보호하는 것이 오히려 생산성 증대로 연결될 수 있는 선순환적인 변화이기 때문이다. 이를 위해서는 무엇보다 '임금 삭감을 하지 않는 것', 즉 '동일노동 동일임금'의 원칙이 지켜져야 한다. 그래야만 불필요하게 사용되던 시간을 제대로 사용하게 하는 동기가 되기 때문이다.

 불균형 해소·능률증가
- '많이 일하는 나라'라는 이미지에서 이제 벗어날 필요가 있다.
- 건강과 여유가 있어야 일도 할 수 있다.

주4일제 시행 반대
"획일적 조정 불가능해"

1998년 사회당 출신 리오넬 조스팽 총리 때 주35시간으로 근로시간을 줄였던 프랑스의 경우 법 시행 후 정부조사 결과 주35시간 제도가 고용창출 없이 사회·경제적으로 부정적 효과를 끼쳤다고 결론지었다. 그러나 한번 만들어진 법을 되돌리기 힘들어서 시행과정에서 보완하는 방법으로 대책을 꾸린 탓에 그 여파가 현재까지 이어지고 있다. 더욱이 경쟁국에 비해 우리 기업의 생산성은 매우 떨어진다. 이런 상황에서 주40시간제가 겨우 안착돼 가고 있는 중인데 일률적으로 근로시간을 줄이면 기업의 국제경쟁력을 저하시키고, 그 피해는 결국 국민에게 돌아갈 것이다. 근로시간을 줄일 것이 아니라 근로시간 유연화 같은 생산성을 제고할 수 있는 제도적 개선을 적극적으로 추진해 나가야 할 필요가 있다.

또한 대기업들의 주4일제 도입은 경기침체와 아울러 워라밸보다 생존이 더 급한 중소기업 종사자들에게 상대적 박탈감을 키울 수 있다. 결국 중소기업 기피현상은 더 커질 것이다. 짧은 근무시간으로 인한 업무 압박감 증대, 생산성 하락과 급여 삭감 가능성 등의 문제점도 고려하지 않을 수 없다. 무엇보다 노동집약적 산업의 경우 여전히 근로시간이 생산성에 직접적인 영향을 미치는 만큼 획일적으로 강제로 조정해서는 안 된다.

 제도 도입은 시기상조
- 생산성이 증대된다는 보장이 없다.
- 너도 나도 대기업만 가려고 하는 상황에서 주4일제까지 시행되면 중소기업 기피현상이 더 심해질 수 있다.

07

노란봉투법

노란봉투법이 2015년에 첫 발의된 이후 8년 만에 국회를 통과했지만 윤석열 대통령이 재의요구권(거부권)을 행사해 21대 정기국회 마지막 본회의에서 결국 부결되면서 폐기 수순을 밟게 됐습니다. 4·10 총선에서 여당이 참패하며 윤석열 정부가 추진하던 근로시간 개편 등 노동개혁의 불확실성이 커진 가운데, 노동계에서는 거부권으로 인해 폐기된 '노란봉투법' 재추진과 근로기준법 적용 확대 등을 요구하는 목소리가 커질 것으로 전망됐는데요. 이에 22대 국회에서 노란봉투법이 재추진될지 귀추가 주목되고 있습니다.

2023년 11월 9일 '노란봉투법(노동조합 및 노동관계 조정법 2·3조 개정안)'이 국회를 통과했다. 2015년에 최초 발의돼 발의와 폐기를 반복한 지 8년 만이다. 표결 결과는 재석 174명 중 찬성 173명, 기권 1명이었으며, 이원욱 더불어민주당 의원이 기권표를 던졌고 국민의힘은 표결에 참석하지 않았다. 당초 국민의힘은 노란봉투법에 대해 무제한 토론(필리버스터)에 나선다

고 예고했으나, 상정 직후 필리버스터를 실시하지 않기로 결정하고 곧바로 퇴장해버렸다.

앞서 국민의힘 법제사법위원회(법사위) 소속 의원들은 헌법재판소(헌재)에 노란봉투법 본회의 직회부 요구안에 대한 권한쟁의 심판을 청구했다. 법사위에서 쟁점 법안으로 논의되고 있는 상황에서 야당이 일방적으로 직회부 요구안건을 처리해 법사

위원들의 법률안 심사권을 침해했다는 것이다. 그러나 10월 26일 헌재가 권한쟁의 사건을 만장일치로 기각하면서 입법제지에 제동이 걸렸다. 표결 직전에는 '민주당과 정의당 등이 표결로 노란봉투법을 의결하면 윤석열 대통령에게 거부권 행사를 건의 하겠다'는 뜻도 밝혔다. 이미 윤 대통령은 민주당 주도로 통과된 간호법 제정안과 양 곡관리법 개정안 등에 거부권을 행사한 바 있었다.

월급을 현금으로 받던 시절 노란봉투는 월급의 상징이었다. 그런데 지난 2014년 경제적 어려움에 처한 쌍용자동차 노조원들을 돕기 위한 캠페인을 통해 재조명됐다. 당시 쌍용자동차 노조원들은 2009년 벌인 77일간의 파업에 대해 사측이 손해배상 소송(손배소)을 제기하면서 2013년 법원으로부터 약 47억원(사측에 약 33억원, 경 찰에 약 14억원)을 배상하라는 판결을 받았다. 이러한 보도가 나가자 한 독자가 시사 주간지 편집국에 4만 7,000원을 보내며 '이렇게 10만명만 모아도 노조원들을 도울 수 있다'고 전했다는 소식이 전해지면서 쌍용자동차 노조원들을 돕기 위한 시민사회 의 '노란봉투 캠페인'이 시작됐다.

노란봉투 캠페인은 이후 시민사회와 진보정당들을 중심으로 일명 '노란봉투법' 추 진운동으로 이어졌다. 노란봉투법은 노동조합의 정당한 쟁의행위에 대한 기업의 무 분별한 손해배상 청구를 제한하는 것을 골자로 한다. 기업의 손배소와 가압류가 노 동자를 압박하는 수단으로 악용된다는 지적에 따라 노동쟁의 과정에서 일어난 폭력 이나 파괴로 인한 손해를 제외한 노동자들의 쟁의행위에 대해 손해배상이나 가압류 를 제한하자는 것이다. 최근 폐기된 개정안에는 적용대상을 하청과 특수고용노동자, 프리랜서, 플랫폼 노동자 등에도 확대한다는 내용이 담겼다.

노란봉투법 찬성
"노동자의 권리 보장해야"

그동안 기업들은 힘 있는 노동조합은 건드리지 않고 힘없는 노동자 개인에게 손배소와 가압류를 협박의 수단으로 써왔다. 손배소와 가압류를 통해 노조의 결속을 위축·약화시키고 더 나아가 노조를 파괴할 수 있는 유력한 수단으로 보편화시켰다. 정규직 노동자들은 거대노조에 소속돼 상대적으로 보호를 받는데 반해, 하청노동자들은 저임금·고강도 노동이라는 열악한 근무환경에 내몰릴 뿐 아니라 노조활동마저 법의 테두리 안에서 보장받지 못했던 것이다.

노란봉투법은 기본적으로 '손배폭탄 방지법'이다. 과도하고 무분별한 손해배상 소송으로 노조활동이 위축되는 것을 막고, 하청노동자들의 노동3권(단결권, 단체교섭권, 단체행동권)을 보장하기 위한 것이다. 사측은 이윤을 독점하고 사회적 책임을 방기하고 있다. 이런 탐욕을 제어하기 위한 최소한의 제도적 장치이며, 권리도 없이 방치된 비정규직 노동자의 권리를 보장하기 위한 시급한 민생현안인 것이다. 노란봉투법이 '사측의 재산권 보장을 위협한다'는 재계의 주장은 '노동권은 당연히 재산권을 침해하는 것을 용인할 수 있다'는 의미가 된다. 게다가 현재 법 체계는 합법적인 파업을 하기 어려운 구조다. 모든 파업이 불법이 될 수 있는 상황에서 '합법파업을 해라'는 주장은 상식적이지 않다.

👍 손배폭탄 방지 위해 필요
- 약한 개인을 공격하는 사측의 손배해상 비용 폭탄을 막기 위한 것이다.
- 우리나라에서는 합법적인 파업이 불가능에 가깝다.

노란봉투법 반대
"산업현장 대혼란 올 수 있어"

사용자의 범위가 확대돼 하청업체가 원청 사용자를 대상으로 교섭을 요구하면 결국 기업활동을 영위할 수 없게 된다. 이렇게 되면 투자 결정과 같은 경영상 판단도 쟁의행위 대상이 될 수 있다는 것이다. 노란봉투법이 시행되면 사측은 폭력과 파괴로 인한 직접적 손해에만 배상 등을 청구할 수 있다. 이는 파업으로 인해 부수적인 피해를 입는 다른 노동자들의 권리를 침해할 뿐 아니라 기업이 손해배상 청구로 불법파업에 제동을 걸 수 없게 해 재산권 침해의 소지가 있다. 노동자의 권리는 중요하다. 그러나 사용자의 재산권도 중요하다.

근본적으로 노란봉투법은 불법적 파업에도 면죄부를 주는 것이다. 불법행위자가 피해를 배상하는 것은 법질서의 기본원칙인데, 노란봉투법은 오히려 불법행위자를 보호하고 피해자인 사용자에게만 피해를 감내하도록 하는 부당한 결과를 초래해 우리 경제질서를 심각하게 훼손할 것이다. 또한 불법파업의 피해는 다른 협력업체의 폐업으로까지 이어져 많은 노동자가 일자리를 잃게 된다. 어떤 노동쟁의로도 다른 노동자의 권리를 짓밟아서는 안 된다. 결국 노란봉투법은 노사관계를 파탄 내고, 산업생태계를 뿌리째 흔들어 미래세대의 일자리까지 위협하는 악법이 될 가능성이 크다.

👎 불법파업 조장하는 법안
- 법안이 통과·시행되면 노사관계가 무너지는 건 불 보듯 뻔하다.
- 노동자의 불법파업으로 인한 사측의 손해를 보상해야 할 책임이 사라지게 된다.

08

일본산 수산물 수입

일본 정부가 후쿠시마 원자력발전소 오염수 방류를 개시한 이후 일본산 수산물 수입과 관련한 우리 국민의 우려가 급증했습니다. 특히 국내 소비자들은 안전성이 검증됐다고 하더라도 오염수 방류로 인한 영향이 어디까지 미칠지 단기간 내에 파악할 수 없고, 원산지 표시 위반 문제가 계속되고 있는 만큼 일본산 수산물을 신뢰하기 힘들다는 의견을 보였습니다. 정부는 일본산 수산물에 대한 국민들의 우려를 인지하고 있으며, 후쿠시마 오염수 방류와 일본산 수산물 수입규제 조치는 별개의 문제라고 선을 그었습니다. 그러나 중국이나 러시아와 달리 우리나라의 경우 후쿠시마현 인근 8개 현에 대한 수산물에 대해서만 수입금지 조치를 유지하고 있어 전면금지 조치를 해야 한다는 주장이 계속 제기되고 있는 상황입니다.

2023년 8월 24일 일본 도쿄전력이 오염수 해양방류를 개시하자 과거 일본산 수산물의 최대 시장이었던 중국은 즉각적으로 일본산 수산물 수입을 전면 중단했다. 같은 해 10월 2차 방류 후에는 중국에 이어 러시아까지 일본산 수산물 수입을 금지했다. 특히 러시아는 연방 수의식물위생감독국의 발표를 통해 일본산 수산물의 안전성에 대한 필요정보가 러시아 당국에 제공되고 이에 대한 분석을 마칠 때까지 수입금지 조치를 유지할 것이라며 일본에게 필요한 정보제공을 국가 차원에서 요구했다.

이와는 반대로 미국은 중국의 수입금지 조치를 '경제전쟁'의 일부라고 비난하고 즉시 주일미군에게 제공할 일본산 수산물을 대량 구매한다면서 우선적으로 가리비 1만 t(톤)을 구매하기로 했다. 적대적인 미중관계를 반영하듯 원전 오염수 방류와 수산물에 비판적인 중국을 겨냥한 조치로 보였다.

한편 일본 정부는 중국 대체시장을 확보하기 위해 베트남 수도 하노이에서 가리비 등 일본산 수산물을 홍보하는 행사를 개최하는 등 안전성 홍보와 대체시장 마련에 적극적으로 움직였다. 또한 가리비 조달에 차질이 빚고 있는 대중국 수산업자들 역시 동남아시아로 가공공장을 이전하는 방안을 검토하고 있다.

이런 가운데 우리나라는 공식적으로 원전사고 이후 지난 2013년 9월부터 후쿠시마를 비롯한 인근 8개 현의 모든 수산물 수입을 금지해오고 있다. 그러나 2023년 10월 12일 후쿠시마에서 생산된 수산물을 가공한 수산물 가공품이 별다른 규제 없이 국내에 수입·유통되고 있었던 것으로 드러났다. 심지어 후쿠시마산 수산물 유통과 관련해 정부가 '후쿠시마산 수산물 원산지 표기를 일본산으로 바꿔 표기하라는 지시'를 내린 것도 확인됐다.

식품의약품안전처는 후쿠시마를 포함한 인근 8개현에서 생산된 수산물 가공품 수입과 관련해 "계속 허용해왔고, 앞으로 기존 기준을 바꿀 계획은 없다"며 "방사능 검사를 통해 식품안전성을 지키고 있다"고 언급했다. 실제 정부가 일본 후쿠시마현에서 생산된 수산물 가공품에 대한 수입을 2023년 3분기 중 지속적으로 허가해온 것으로 확인됐다. 특히 후쿠시마 원전 오염수 방류가 시작된 8월 24일에도 총 1.2t가량의 후쿠시마산 수산물 가공품이 국내 방사능 검사를 통과했다. 이런 정부 입장과 달리 국민들은 여전히 일본산 수산물 수입에 부정적이다. 여론조사꽃의 조사(9월 1~2일)에 따르면 10명 중 8명 정도가 일본산 수산물 수입 전면금지에 "찬성"하는 것으로 나타났다.

일본산 수산물 수입 찬성

"과학적 검사 믿어도 돼"

우리나라가 원전사고 후 일본 8개현으로부터의 수산물을 전면 수입금지하면서 한일관계는 악화됐다. IAEA도 문제 없다고 하는데 과학적 근거도 없이 실시한 수입금지는 오히려 우리나라의 수산물 안전관리에 대한 부정적인 영향만 미쳤고, 그 결과 수입금지 조치 이후 국내산 수산물 판매가 줄었다. 과거 광우병에 대한 불안이 커지면서 미국산 소고기 수입 반대 시위가 전 국민적으로 있었다. 그러나 일부 제한은 있었지만 미국산 소고기는 수입됐고, 국내에서 광우병에 걸린 환자는 한 명도 보고되지 않았다. 철저한 공급관리로 식품안전 관리가 가능하다는 말이다. 따라서 일본산 수산물만 금지하는 것은 공평하지 않다.

역사적인 한일관계와 수산물 수입은 별개의 문제다. 바다에는 물리적 국경이 없고, 물고기는 회유성을 띤다. 우리나라 해역에 살던 물고기가 일본 해역으로 갈 수 있고 그 반대일 수도 있다. 일본에서 오염된 어류가 우리나라 해역으로 들어올 수 있는 만큼 일본산 수입을 막는다고 해서 우리가 일본 해역에서 살던 물고기를 먹지 않는다고 장담할 수 없는 것이다. 오히려 철저한 안전관리와 검사를 통해 문제 수산물을 걸러내는 시스템을 보완·확충함으로써 수산물 전체에 대한 국민의 불안을 불식시켜야 한다.

 과학적으로 검증된 결과, 안전해
- 과학적 결과로 검증된 만큼 믿고 수입해도 된다.
- 과거 한일관계의 역사와 수산물 수입은 별개의 문제다.

일본산 수산물 수입 반대

"오죽하면 원산지 속여"

후쿠시마 원전사고 이후 일본산 수산물에 대한 국민의 불신이 최고조에 달하고 있다. 10명 중 8명이 일본산 수산물을 금지시켜야 한다고 할 정도다. 정부는 "안전하다", "아무 문제없다"면서 국민의 목소리를 '괴담'으로 치부했으나, 원산지 표기를 일본산으로 바꿔 표기된 사례가 여러 차례 적발됐다. 2023년 상반기에만 일본산 수산물이 국내산으로 둔갑한 사례가 61건이나 적발됐다. 금액으로는 따지면 1억 9,114만원에 이른다. 이 가운데는 우리 국민이 즐겨 먹는 고등어, 명태, 대구 등의 수산물이 대거 포함돼 있다. 안전관리나 관리감독에 구멍이 있다는 의미다.

수산물 소비가 줄어들어 어민들의 생계가 위협받는다고 하지만 이런 우려는 정부가 일본산 수산물에 대한 우려를 괴담으로 몰고, 시장이 일본산을 국내산으로 속여 파는 것 때문이다. 또한 광우병 사태 당시 미국산 소고기에 대한 불안이 커졌으나 수입 이후 국내 광우병 환자는 없었다며 일본산 수산물도 과한 불안이라고 한다. 하지만 우리가 광우병으로부터 안전했던 이유는 '소의 연령 30개월 미만'이란 기준을 세웠기 때문이다. 방사능은 미량이라고 해서 안전하다고는 누구도 장담할 수 없다. 국민의 안전은 타협할 수 있는 게 아니다.

 원산지 표기도 바꾸니 불안해
- 국민들의 우려를 '단순 괴담'으로 치부하는 정부의 발표를 신뢰할 수 없다.
- 원산지 표기를 바꿔서 파는 사례가 있어 더더욱 믿음이 가지 않는다.

09

결혼자금 증여세 면제

정부가 저출산 · 비혼 문제를 해결하기 위해 결혼자금에 한해 증여세 공제한도를 확대하는 방안을 발표한 이후 이에 대한 논란이 이어졌습니다. 정부가 내놓은 정책이 오히려 부의 대물림을 강화하고 부모로부터 증여받을 재산이 없는 청년들은 차별을 받게 된다는 주장이 제기된 것인데요. 또 증여세 공제한도 확대는 상속 · 증여세 개편의 틀 안에서 논의해야 할 사안이므로 결혼 · 출산 장려정책으로 보기 어렵다는 분석도 나왔습니다. 결혼자금 증여세 면제에 관한 찬반 논란에 대해 알아보겠습니다.

　기획재정부(기재부)는 2023년 8월 27일 양가에서 1억 5,000만원씩, 모두 3억원까지 증여세 없이 결혼자금 지원이 가능하도록 결혼자금에 한해 증여세 공제한도 상향 조정을 담은 '2023년 세법 개정안'을 발표했다. 부모, 조부모 등 직계존속으로부터 혼인신고 전 · 후 각 2년, 총 4년 이내에 재산을 증여받는 경우 기본공제 5,000만원(10년간)에 더해 1억원을 추가로 공제해주는 방식이다. 신랑, 신부 모두 과거 10년간 증여받은 재산이 없다면 총 3억원을 세금 없이 증여받을 수 있는 셈이다.

　현행법하에서는 같은 조건의 경우 1,000만원씩 총 2,000만원의 증여세를 내야 하지만 개정안이 시행되면 모두 면제되는 것이다. 추경호 전 부총리 겸 기획재정부 장관은 브리핑에서 "전세자금 마련 등 청년들의 결혼 관련 경제적 부담을 덜어드리고자 한다"고 취지를 설명했다. 증여받은 결혼자금을 반드시 주택 마련에 써야 하는 것도 아니다. 증여재산이 용도에 맞게 쓰였는지 확인하기 어렵다는 점 등을 고려해 용도제한규정을 두지 않기로 했다. 공제대상기간을 4년으로 잡은 것도 청약 · 대출 등으로 실제 결혼과 혼인신고일, 전셋집 마련 시기 등이 다른 사례가 많다는 점을 고려했다는 설명이다.

증여받은 재산이 공제한도 이하라면 증여 사실을 세무당국에 신고하지 않아도 된다. 원칙적으로는 신고의무가 있지만, 추후 국세청이 증여 사실을 알게 돼도 공제범위 내 금액에는 가산세를 부과하지 않으므로 불이익이 없다. 다만 현금이 아닌 부동산, 주식, 가상자산 등을 증여받는다면 세법에 따라 가액을 평가한 뒤 공제를 적용한다. 재혼할 때도 똑같이 결혼자금 증여공제 혜택을 받을 수 있다. 그러나 증여세 탈루를 목적으로 위장결혼을 반복할 경우 세무조사를 거쳐 세금을 추징하고, 비싼 값에 자녀의 물건을 사주거나 싼값에 파는 등의 방식으로 증여세를 탈루하려다 세무조사에서 적발된 경우에도 결혼자금 공제를 인정하지 않는다.

증여재산 공제한도

구분	현행	개정
배우자	6억원	(좌동)
직계존속 → 직계비속	5,000만원 (미성년자 2,000만원)	5,000만원 (미성년자 2,000만원) + 혼인공제 1억원
직계비속 → 직계존속	5,000만원	(좌동)
기타 친족	1,000만원	(좌동)

이 같은 조치로 정부는 비혼·저출산 문제 개선과 소비진작 효과를 기대했다. 그러나 일각에서는 부의 대물림을 가속할 것이라는 비판과 미래대비 차원에서 세제지원을 강화한다는 정부 의도와 달리 결혼장려 효과가 미미할 것이란 지적도 나온다. 법안을 심사하는 야당에서는 증여세 공제확대 조건을 '결혼'이 아닌 '출산'으로 해야 한다는 의견도 제기됐다.

결혼자금 증여세 면제 찬성

"비혼·저출산 문제 해결"

기재부에 따르면 2014년 1월 대비 2023년 6월 기준 소비자물가는 18.6% 상승했다. 같은 기간 1인당 명목국민총소득은 37.3%, 주택가격은 14.5% 각각 올랐다. 기재부가 예로 제시한 한 결혼정보업체 조사에 따르면 2023년 평균 결혼비용은 3억 3,000만원(신혼집 마련 2억 8,000만원, 혼수 2,000만원 등)이었다. 병역의 의무까지 있는 우리나라 20~30대 청년이 결혼적령기 내에 스스로 마련하기에 어려운 금액이다.

그런데 우리나라는 경제협력개발기구(OECD) 회원국 중 증여세 부담이 높고 다른 국가와 비교했을 때 공제규모도 크지 않다. 증여세가 있는 OECD 24개국 중 우리나라의 자녀 증여재산 공제한도는 하위 다섯 번째다. 일본도 결혼자금 용도 증여재산을 1억원까지 공제해주고 있다. 대부분의 청년은 부모의 지원을 받아 결혼하는 게 현실이다. 그런데 이 과정에서 증여가 있음에도 신고를 하는 경우는 거의 없다. 국세청도 이를 모를 리 없지만 일일이 과세하지 않는다. 과세 사각지대인 셈인데, 이번 조치를 통해 제도권 내로 흡수했다고 볼 수 있다. 즉, 음성적으로 이뤄지던 결혼자금 증여를 투명화하고 제도화했다는 점에서 의미가 있다.

결혼장려를 위한 조치
- 부모가 자식에게 결혼자금 지원 목적으로 재산을 물려주는 것이니 문제되지 않는다.
- 물가도 올랐으니 공제한도도 올라야 한다.

결혼자금 증여세 면제 반대

"양극화만 부추겨"

통계청 발표에 따르면 우리나라는 부동산 등 자산불평등이 갈수록 심해지고 있으며 매년 역대 최고 격차를 경신하고 있다. 저·고소득층 간 소득격차도 갈수록 악화되는 추세다. 우리나라 상위 1% 부자가 보유한 재산 총합은 2023년 1,161조 8,000억원으로 전체 가구가 보유한 재산의 35.9%를 차지하고 있다. 즉, 99%의 국민이 나머지 64.1%를 나눠 가지고 있는 것이다. 실제로 증여할 수 있는 저축성 금융자산을 2억원 이상 보유한 가구는 상위 13.2%며 하위 86.8%는 애초에 자녀의 결혼으로 증여세를 낼 가능성이 없기 때문에 공제확대 혜택에서 제외된다. 결혼자금에 대한 증여세 기준의 상향조정은 결국 소위 있는 사람들만을 위한 혜택일 수밖에 없는 것이다. 결혼지원의 탈을 쓴 부의 대물림 지원 정책이라는 비판이 나오는 이유다.

무엇보다 저출산 대책이라고 할 수 없다. 세 부담 때문에 결혼을 하지 않거나 못 하는 게 아니며, 결혼한다고 아이를 반드시 낳는 것도 아닌 만큼 그 때문에 저출산 문제가 불거진 것이 아니다. 또한 경제규모가 커졌다지만 5,000만원으로 확대됐던 2014년부터 2022년까지 국내총생산(GDP)은 38%, 1인당 GDP는 37% 올랐을 뿐이다.

고소득층만 가능한 부모찬스
- 증여세 때문에 결혼을 못 하는 것이 아니다.
- 물려줄 재산이 없는 부모들의 상대적 박탈감이 더 커질 수 있다.

10

의무경찰 재도입

2023년 들어 흉기난동 등 이상동기범죄가 잇달아 발생하면서 안전에 대한 우려가 커지자 정부가 이러한 치안 문제에 대응하기 위해 폐지됐던 의무경찰제도를 재도입하는 방안을 검토하겠다고 밝혔습니다. 의무경찰제는 병역의 의무를 이행하는 동시에 경찰력을 보강하여 치안 유지에 기여할 수 있어 제도의 필요성이 다시 부각된 것인데요. 하지만 의무경찰제도가 폐지된 데는 여러 이유가 있었던 만큼 재도입 추진에 신중해야 한다는 의견도 있습니다. 의무경찰 재도입에 관한 찬반 논란에 대해 알아보겠습니다.

2023년 8월 23일 오전 정부서울청사에서 한덕수 국무총리가 '이상동기범죄 재발 방지를 위한 국무총리 담화문'을 발표하고 "치안업무를 경찰업무의 최우선 순위로 두겠다"라면서 '신림역 흉기난동' 등 최근 불거진 이상동기범죄에 대한 예방대책으로 "의무경찰(의경)제도의 재도입을 적극 검토하겠다"고 밝혔다. 담화발표에 배석한 윤희근 경찰청장 또한 "7,500~8,000명 정도 인력을 순차적으로 채용해 운영하는 방안을 관계 부처와 협의하겠다. 대략 7~9개월 정도가 소요될 것으로 생각한다"며 구체적인 계획을 밝히기도 했다.

의무경찰제도는 1982년 12월 31일부터 도입된 지원제로서 신설과 함께 치안·시위 현장에서 경찰 및 전투경찰(전경)을 보조했다. 그러나 2007년 노무현 정부의 '국방개혁 2020'의 일환으로 전투·의무경찰의 폐지방침이 정해지고, 2011년 이명박 정부 시절 국가인권위원회가 열악한 근무환경과 인권침해를 이유로 제도폐지를 권고한 데 이어, 2016년 박근혜 정부 국방부가 단계적 의경 폐지계획을 결정·발표한 이후 문재인 정부가 그 계획에 따라 더 이상의 모집 없이 폐지 수순을 밟다가 2023년 5월 마지막 복무자가 전역하면서 완전히 폐지됐다.

한때 3만 5,000명으로 경찰조직의 3분의 1을 차지하는 거대한 규모였던 의무경찰은 대한민국 경찰청에 소속된 준군사조직으로 병역의무의 기간 동안 군에 입대하는 대신 경찰 치안업무를 보조함으로써 병역을 대체했다. 경찰공무원의 업무를 보조하지만, 의무경찰의 경우 방범순찰(민생치안) 외의 직접적인 수사나 용의자 체포의 권한이 없었다. 따라서 범죄가 우려되는 지역에서의 순찰은 주로 초동조치를 위해서라기보다는 범죄예방에 그 목적을 뒀다.

한편 한 총리의 의경 재도입 발언 이후 '저출생 탓에 병역자원도 감소하는 상황에서 경찰관이 아닌 의경을 투입해 치안공백을 메우려고 한다'는 등의 비판이 제기됐다. 또한 과거 의경이 강력사건이 아닌 경비업무에 주로 투입됐고, 수사나 체포의 권한이 없는 만큼 흉악범죄 관련 업무를 맡을 때 의경의 안전을 담보할 수 없다는 쓴소리도 이어졌다. 결국 정부는 국무조정실을 통

해 "현 경찰인력 배치를 대폭 조정해 현장 중심으로 재배치하고, 경찰의 최우선 업무를 치안활동에 주력하도록 할 계획"으로 의무경찰 재도입 검토 건에 대해서는 "이러한 조치에도 국민의 생명과 안전 확보 차원에서 추가적인 보강이 필요하다면 폐지된 의무경찰제도의 재도입도 검토하겠다는 취지"였다며 총리 발언 하루 만에 물러섰다.

의무경찰 재도입 찬성
"인력난 해소에 도움돼"

무고한 시민을 대상으로 한 이상동기범죄(묻지마 범죄)가 곳곳에서 발생해 국민의 불안이 고조되고 있다. 정부에는 가용 수단과 재원을 최대한 사용하고, 동원가능한 모든 제도를 이용해 예방하고 대응해나가야 하는 책임이 있다. 그러나 방법용 CCTV 확충 등 기반시설을 갖춰나가는 데는 막대한 예산이 필요할 뿐 아니라 하루아침에 갖추기도 어렵다. 순찰 및 즉시 대응 경찰을 더 배치하는 것이 가장 효과적인데, 기존 인력으로는 한계가 있다.

그런 의미에서 의경제도는 이미 시행해본 경험도 있는 데다가 병역법의 전환복무규정과 의무경찰대법에 따라 의무경찰대 설치와 의경모집은 별도의 법률 개정 없이 가능한 만큼 신속하게 위기에 대응할 수 있다. 또한 의경이 예방 차원의 순찰업무를 보조하고, 교통과 일반 보안업무를 맡아주면 이쪽에 배치된 정규(직업) 경찰관을 이상동기범죄 등 흉악범죄 대응업무로 돌려 활용할 수 있다. 안전한 치안. 양질의 경찰서비스도 국방만큼이나 중요한 국가적 가치다. 따라서 의경도 현역 군인만큼 국가에 기여하고 그에 따른 긍지도 느낄 수 있다. 의경 근무자에게 경찰관 채용에 가산점을 준다면 좋은 경찰요원을 미리 확보해두는 효과까지 기대할 수 있다.

👍 **즉각적인 범죄대응 위해 필요**
- 지금 즉시 가장 빠르게 실현 가능한 방안이다.
- 양질의 경찰서비스도 중요한 국가적 가치 중 하나다.

의무경찰 재도입 반대
"헐값에 치안공백을 메꾸나?"

의경이 폐지된 가장 큰 이유는 인구감소로 병력자원이 부족하기 때문이다. 현재 병력규모를 유지하려면 연 26만명이 필요한데, 2025년 기준으로 군 입대가 가능한 20세 이상 남성은 22만명에 불과하다. 4만명이나 모자라는 셈이다. 이런 상황에서 8,000명 규모로 의경을 도입하게 되면 가뜩이나 북한과의 관계가 얼어붙어 있는 지금 국방에 큰 구멍이 생긴다는 의미다. 본래 의경은 경비업무에 주로 투입됐다. 그러나 과거 정권이 법적 근거도 없이 시위진압에 동원해 국방의 의무를 훼손했다. 또한 군 복무대상자를 의경으로 소집해 치안에 활용하는 것은 병역의무라는 본연의 일 외의 다른 일을 시키는 것으로서 국제노동기구(ILO)가 제한한 강제노역에 해당한다. 또한 흉악범죄와 관련한 업무를 맡게 되면 의경의 안전도 장담할 수 없다.

갈수록 흉포화되고 있는 범죄예방을 위해서는 단순히 치안현장에 투입되는 경찰인원만 늘리는 것보다 업무조정과 함께 전문인력을 보강해야 한다는 지적이다. 의경이 아니라 전문훈련을 받은 경찰력을 충원해야 하는 것이다. 무엇보다 병역자원 운용 등에 관한 국방부 등 정부 내 의견조율도 없이 중대한 정책변경을 불쑥 내놓은 것은 국정혼선이라고 할 수밖에 없다.

👎 **강제노역 논란에 안전도 보장 못해**
- 병력자원도 부족한 상황에서 의경을 소집하면 국방능력에 차질이 빚어질 수 있다.
- 체포 권한도 없는 의경들의 안전을 장담할 수 없다.

PART 03

꼭 알아야 하는
분야별 상식

01

정치·법률·사회

간접민주정치(間接民主政治)

국민이 선거를 통해 대표자를 선출하여 간접적으로 정치에 참여하는 것

고대 아테네에서는 시민들이 직접 정치에 참여하는 직접민주정치 제도를 따랐지만 인구가 증가하고 국가의 범위가 커짐에 따라 이러한 직접민주정치는 현실적으로 불가능해졌다. 따라서 이를 대신하여 국민들은 투표를 통해 자신의 의견을 대표할 수 있는 대표자를 선출하고, 이들을 통해 정치에 간접적으로 참여하는 제도인 간접민주정치를 발달시키게 되었다. 이러한 간접민주정치의 형태로는 의원내각제와 대통령제가 있다.

> **상식 더하기**
>
> **의원내각제**
> 정부의 성립과 존속이 의회의 신임에 의존하는 정부 형태
>
> **대통령제**
> 의회로부터 독립한 대통령을 중심으로 행정권을 행사하는 정부 형태

국가의 3요소
국민·영토·주권

국가가 존립하기 위해서는 국민(사람)과 영토, 주권 (정부)이라는 3가지 요소가 있어야 한다. 그중 주권은 국가의 의사를 결정할 수 있는 권력을 말한다.

국민의 4대 의무
근로의 의무, 납세의 의무, 국방의 의무, 교육의 의무

대한민국 헌법은 납세 · 국방 · 교육 · 근로 · 재산권 행사 · 환경보전의 의무를 6가지 의무로 규정한다. 그중 근로의 의무, 납세의 의무, 국방의 의무, 교육의 의무를 '국민의 4대 의무'라고 한다.

게티즈버그 연설(Gettysburg Address)
미국의 16대 대통령 링컨이 남북전쟁 중 펜실베이니아주 게티즈버그에서 했던 짧은 연설

남북전쟁 중이던 1863년 11월 19일, 당시 미국의 대통령이던 링컨은 펜실베이니아주 게티즈버그에서 열린 죽은 장병들을 위한 추도식에서 짤막한 연설을 했다. "국민의, 국민에 의한, 국민을 위한 정부는 지상에서 소멸하지 않을 것이다"라는 것이 핵심이다. 이 연설은 미국 역사상 가장 많이 인용된 연설 중 하나이자, 가장 위대한 연설로 꼽힌다.

> **상식 더하기**
>
> **남북전쟁**
> 1861~1865년 미국에서 노예제도의 존폐를 둘러싸고 벌어진 전쟁이다. 북부가 승리하여 미국 전역에서 노예제가 폐지되었으며, 산업의 발전을 가져오기도 했다.

국적

한 국가의 구성원이 되는 자격이나 신분

우리나라의 국적법은 '속인주의'를 원칙으로 '속지주의'를 보충하고 있으며 '부모양계혈통주의'를 표방한다. 출생에 의해 국적을 취득하는 국적 취득 방식으로는 속인주의와 속지주의가 있다. 부모의 국적에 따라 자녀의 국적이 결정되는 것이 속인주의, 부모의 국적과 관계없이 자기가 출생한 지역에 따라 국적이 결정되는 것이 속지주의다.

> **상식 더하기**
>
> **인지**
> 혼인 외에 출생한 자녀에 대하여 친아버지나 친어머니가 자기 자식임을 인정함으로써 법률상 친자관계가 되는 것
>
> **귀화**
> 다른 나라의 국적을 취득하여 그 국가의 국민이 되는 일
>
> **국적회복**
> 국적을 잃었던 자가 다시 국적을 얻는 일

민주선거의 4대 기본 원칙

보통·평등·직접·비밀선거

- **보통선거** : 만 18세 이상 국민은 성별·재산·종교·교육에 관계없이 동등한 선거권을 주는 제도 ↔ 제한선거
- **평등선거** : 모든 유권자에게 한 표씩 주고, 그 한 표의 가치를 평등하게 인정하는 제도 ↔ 차등선거
- **직접선거** : 선거권자가 대리인을 거치지 않고 자신이 직접 투표 장소에 나가 투표하는 제도 ↔ 간접선거
- **비밀선거** : 누구에게 투표했는지 알 수 없게 하는 제도 ↔ 공개선거

엽관주의(Spoils System)

선거로 정권을 잡은 사람 또는 정당이 관직을 지배하는 인사관행

'엽관주의(Spoils System)'는 "전리품은 승자의 것이다"라고 한 미국 상원의원 윌리엄 마시의 말에서 유래한 것으로, 당시 관직을 선거에서 이긴 정당 혹은 사람의 '전리품'이라 여기게 되면서 이루어진 인사관행을 말한다. 19세기 미국의 공무원 인사제도는 엽관주의에 따라 선거를 통해 집권한 정당에 의해 이루어졌는데, 정당에 대한 기여나 당선자(인사권자)와의 개인적 관계에 의해 관직을 운용하게 됨에 따라 행정능률이 저하되고 행정질서가 교란되는 각종 문제가 발생하면서 실적주의가 대두하게 되었다. 우리나라의 경우는 엽관주의를 지양하고 정권교체에 따른 국가작용의 혼란을 예방하여 일관성 있는 공무수행의 독자성을 유지하기 위해 헌법과 법률에 따라 공무원의 신분이 보장되는 직업공무원제도를 채택하고 있다.

캐스팅보트(Casting Vote)

투표 결과 찬성과 반대가 같은 수일 때 의장의 재결권

합의체의 의결에서 가부동수인 경우에 의장이 가지는 결정권이다. 또 양대 당파의 세력이 거의 비슷하여 제3당이 비록 소수일지라도 의결의 가부를 좌우할 경우 "제3당이 캐스팅보트를 쥐고 있다"고 말하기도 한다. 우리나라 국회에서는 가부동수인 경우 헌법 제49조에 따라 부결된 것으로 본다.

마타도어(Matador)
근거 없는 정치적 비방

근거 없는 사실을 조작하여 상대편을 혼란에 빠뜨려 그 내부를 교란하기 위해 하는 흑색선전(黑色宣傳)의 의미로 정치권에서 널리 쓰이는 말이다. 마지막에 소의 정수리를 찔러 죽이는 투우사(Bullfighter)를 뜻하는 스페인어 'Matador(마타도르)'를 영어식으로 읽은 것이다.

언더독 효과(Underdog Effect)
약세 후보가 유권자들의 동정을 받아 지지도가 올라가는 경향

개싸움 중에 밑에 깔린 개(Underdog)가 이기기를 바라는 마음과 절대 강자에 대한 견제심리가 발동하게 되는 현상에서 생긴 표현으로 선거철에 유권자들이 지지율이 낮은 후보에게 동정표를 주는 현상을 말한다. 여론조사 전문가들은 밴드왜건 효과와 언더독 효과가 동시에 나타나기 때문에 여론조사 발표가 선거 결과에 미치는 영향은 중립적이라고 본다.

상식 더하기

밴드왜건 효과(Band Wagon Effect)
서커스 행렬을 선도하는 악대 마차를 밴드왜건이라 하는데, 사람들이 무의식적으로 이곳에 몰려들면서 군중이 점점 증가하는 현상에서 생긴 표현이다. 선거에서 특정 유력 후보의 지지율이 높은 경우 그 후보자를 지지하지 않던 유권자들까지 덩달아 지지하게 되는 현상을 의미한다.

그레이보트(Grey Vote)
노년층이 선거를 좌우하게 되는 경향

전 세계적으로 노령화 추세가 지속되고 청년층에 비해 노년층의 투표참여율이 높기에 자연스럽게 노년층의 이해관계가 선거 결과에 반영되는 경향이 커지는 것을 말한다. 2016년 영국이 유럽연합(EU) 탈퇴 여부를 묻는 국민투표를 실시한 결과 브렉시트에 대해 노년층은 우호적이었던 반면 청년층 대다수는 반대했다. 그러나 노년층의 높은 투표율로 브렉시트가 결정되었고, 그로 인한 미래의 책임은 청년층의 몫이 되었다는 데서 그레이보트라는 단어가 나타났다.

브래들리 효과(Bradley Effect)
인종편견적인 시각을 감추기 위한 거짓 진술 때문에 예측과 실제 선거 결과가 달라지는 현상

여론조사 때는 흑인 등 유색인종 후보를 지지한다고 했던 백인들이 정작 투표에서는 백인 후보를 선택하기 때문에 발생하는 현상이다. 1982년 미국 캘리포니아 주지사 선거에서 민주당 후보였던 흑인 토머스 브래들리가 여론조사와 출구조사에서 공화당 백인 후보에 앞섰지만 실제 선거 결과에서는 브래들리가 패했다. 전문가들은 이 원인으로 백인 일부가 인종편견에 대한 시각을 감추기 위해 투표 전 여론조사에서는 흑인 후보를 지지한다고 거짓 진술을 했기 때문이라고 분석했다.

로그롤링(Log-rolling)

정치인끼리 담합하여 이권을 챙기는 행위

정치세력이 이익을 위해 경쟁세력의 요구를 수용하거나 암묵적으로 동의하는 정치적 행위를 의미하며 '보트트랜딩(Vote-tranding)'이라고도 한다. 원래는 '통나무 굴리기'라는 뜻으로 두 사람이 통나무 위에 올라가 굴리면서 목적지까지 운반하되, 떨어지지 않도록 보조를 맞춘다는 말에서 유래한 것이다. 두 개의 경쟁세력이 적극적으로 담합을 하거나 아니면 묵시적으로 동조하는 것을 의미한다.

석패율제도

한 후보자가 지역구와 비례대표에 동시에 출마하는 것을 허용하고 중복 출마자들 중에서 가장 높은 득표율로 낙선한 후보를 비례대표로 뽑는 제도

정당의 비례대표 명부 중 특정 번호에 지역구 후보 3~4명을 올려놓고 같이 등재된 중복 출마자들 중에서 일단 지역구에서 당선된 사람은 제외한 뒤 남은 사람들 중 석패율(지역구에서 낙선한 후보자의 득표수를 그 지역구 당선자의 득표수로 나눈 비율)이 가장 높은 사람을 비례대표로 당선되게 하는 것이다.

> **상식 더하기**
>
> **비례대표제**
> 정당의 총 득표수에 비례하여 의석수를 부여하는 선거제도이다. 한 표의 가치를 평등하게 취급한다는 점에서 선거권의 평등을 보장하고 정당정치 확립에 유리하다. 또한 소수 의견을 존중하며 다양한 여론을 반영한다는 장점이 있다.

게리맨더링(Gerrymandering)
집권당에 유리하게 한 기형적이고 불공평한 선거구 획정

1812년 미국 매사추세츠 주지사 게리가 당시 공화당 후보에게 유리하도록 선거구를 재조정하였는데 그 모양이 마치 그리스 신화에 나오는 괴물인 샐러맨더와 비슷하다고 한 데서 유래한 말이다. 이는 특정 정당이나 후보자에게 유리하도록 선거구를 인위적으로 획정하는 것을 의미하는데 우리나라에서는 이를 방지하기 위해 선거구 법정주의를 채택하고 있다.

섀도 캐비닛(Shadow Cabinet)
정권 획득 전 미리 조직해두는 예비 내각

'그림자 내각'이란 뜻으로 19세기 이래 영국에서 시행되어온 제도이다. 야당이 정권 획득에 대비하여 총리와 각료로 예정된 멤버를 미리 준비해두는 것이다. 정권을 잡기 전 미리 각료 후보를 조직해두고 정권을 획득하면 그 멤버들이 국정을 운영하며 미리 수립한 정책을 추진하게 된다.

> **상식 더하기**
>
> **키친 캐비닛(Kitchen Cabinet)**
> 미국의 7대 대통령인 앤드류 잭슨(Andrew Jackson)이 참모진과의 불화로 자문이 필요할 때 자신의 지인들을 식사에 초대해 국정을 논의한 것에서 유래한 단어로, 대통령과 함께 식사를 하거나 식사에 초대될 정도로 가까운 지인이나 친구들을 말한다. 이들의 존재는 대통령과 사적인 이해관계나 정치적 관계를 떠나 수평적인 관계에서 대화를 하므로 여론을 전달하는 통로 역할을 하고, 대통령은 국정운영에 대한 충고를 들을 수 있다는 장점이 있다.

포퓰리즘(Populism)

정책의 옳고 그름보다 자신의 인기를 먼저 따지는 정치인의 대중영합주의

대중의 인기를 얻으려는 목적으로 정책의 현실성이나 가치판단, 옳고 그름 등 본래의 목적을 외면하는 정치형태로 '민중주의'라고도 한다. 1870년대 러시아의 브나로드(Vnarod) 운동에서 비롯된 정치적 이데올로기였으나 현대에서의 포퓰리즘은 일반 대중, 저소득계층, 중소기업 등의 지지를 확보하기 위해 본래의 목적을 외면하는 지나친 대중화를 의미한다.

사전투표제

선거 당일 투표를 할 수 없는 유권자가 미리 설치된 투표소에서 투표하는 제도

2013년 재·보궐선거에서 처음 도입되어 투표 참여율을 높이는 데 기여하고 있다. 부재자 신고 없이 간단한 신분 확인을 거쳐 미리 설치된 투표소에 가서 투표할 수 있다. 유권자는 자신의 선거구뿐만 아니라 다른 지역의 투표소에서도 투표를 할 수 있어 편리하다.

상식 더하기

보궐선거

지역구 국회의원·지방의회의원, 지방자치단체장 및 교육감의 임기 개시 후에 사퇴·사망·피선거권 상실 등으로 신분을 상실하여 궐원 또는 궐위가 발생한 경우에 실시하는 선거를 말한다. 임기 개시 후에 발생한 사퇴·사망 등으로 인해 실시하는 선거라는 점에서 재선거와 구별된다. 보궐선거의 선거일은 연 1회 4월의 첫 번째 수요일로 법정화되어 있다. 단, 임기 만료에 의한 지방 선거, 국회의원 선거 및 대통령 선거, 지방자치단체장 선거가 있는 때에는 선거일에 동시 실시한다. 비례대표 국회의원, 비례대표 지방의회의원의 궐원 시에는 보궐선거를 실시하지 않고 의석을 승계한다.

레임덕(Lame Duck)
임기 말 권력 누수 현상

'절름발이 오리'라는 뜻으로, 대통령의 임기 만료를 앞두고 대통령의 권위가 크게 떨어져 명령이 제대로 시행되지 않음으로써 국정운영에 차질이 생기는 일종의 권력 누수 현상이다. 레임덕이 발생하기 쉬운 경우는 중임이나 연임 등의 제한으로 인해 다시 동일한 지위에 오르지 못하게 될 경우, 임기 만료가 얼마 남지 않은 경우, 집권당이 의회에서 다수 의석을 얻지 못한 경우 등이 있다.

기본권(基本權)
인간다운 생활을 영위하기 위해 헌법이 보장하는 국민의 기본적인 권리

인간다운 생활을 영위하기 위해 헌법이 보장하는 국민의 기본적인 권리이다. 본질은 천부인권사상이며, 천부인권으로서의 기본권을 성문화한 것으로 미국의 버지니아주 권리장전, 독립선언, 프랑스 인권선언이 있다. 우리나라의 경우 헌법 제10조부터 국민의 기본권에 대해 규정하고 있다. 이를 내용에 따라 분류하면 인간의 존엄과 가치, 행복추구권, 평등권, 자유권, 사회권, 청구권, 참정권 등의 기본적 권리와 납세·국방·교육·근로의 기본적 의무로 나눌 수 있다.

> **상식 더하기**
> **천부인권사상**
> 인간은 태어나면서부터 남에게 침해받지 않을 자유롭고 평등한 기본적 권리를 가진다는 사상

필리버스터(Filibuster)

국회에서 의사진행을 합법적으로 방해하는 행위

의회 내에서 긴 발언을 통해 의사진행을 합법적으로 방해하는 행위를 말하는 것으로 고대 로마 원로원에서 카토가 율리우스 카이사르의 입안정책을 막는 데 사용한 것에서 유래했다. 우리나라는 1964년 당시 국회의원 김대중이 김준연 의원의 구속동의안 통과를 막기 위해 5시간 19분 동안 연설을 진행한 것이 최초이다. 필리버스터는 박정희 정권 시절 금지되었다가 2012년에 국회선진화법이 도입되면서 부활했다.

독트린(Doctrine)

공식적으로 표방하는 정책적 원칙

어원은 라틴어 'Doctrina'이다. 종교의 교리나 교의를 뜻하는 말로 정치나 학문 등의 '주의'나 '신조'를 나타내는 뜻으로 쓰이거나, 국가 노선의 기본 지침으로 대내외에 천명될 경우에도 사용된다.

> **상식 더하기**
>
> **역대 미국 대통령들의 독트린**
> ① 먼로 독트린
>   1823년 유럽 열강으로 하여금 더 이상 미 대륙을 식민지화하거나 미 대륙에 있는 주권 국가에 대한 간섭을 거부하는 내용
> ② 트루먼 독트린
>   1947년 공산주의 확대를 저지하기 위해 자유와 독립의 유지에 노력하며, 소수의 정부지배를 거부하는 의사를 가진 나라에 대하여 군사적·경제적 원조를 제공한다는 내용
> ③ 닉슨 독트린
>   1969년 발표한 고립주의 외교정책으로 강대국의 핵에 의한 위협의 경우를 제외하고는 내란이나 침략에 대하여 아시아 각국이 스스로 협력하여 그에 대처하여야 할 것 등의 내용

성문법과 불문법

- **성문법** : 문서의 형식으로 표현되고 일정한 절차에 따라 제정·공포된 법이다. 헌법, 법률, 명령, 자치법규(조례와 규칙), 조약 등이 있으며 현재 대부분의 국가는 법체계의 많은 부분이 성문법화되어 있다.

- **불문법** : 성문법과 달리 문서의 형식으로 표현되지 않고 일정한 제정·공포 절차 없이 존재하는 법이다. 관습법이나 판례법, 조리 등이 이에 속하며 영미법계에서는 주된 법원(法源)이 되나 대륙법계에서는 보충적 법원으로 보는 것이 일반적이다.

▲ 세계 최초의 성문법, 함무라비 법전

신의성실의 원칙

권리의 행사와 의무의 이행은 신의에 좇아 성실히 해야 한다는 원칙

사법 및 공법에 적용되는 일반원칙으로서 권리의 행사와 의무의 이행에 관한 적정성의 판단기준이자 법률행위의 해석원리이다. 법의 흠결이 있는 경우에 이를 보충하기 위한 수단으로 적용해야 하는 것으로 강행규범에 반해서는 안 된다. 신의나 성실의 구체적인 내용은 시간이나 장소에 따라 변하는 것이므로 결국 그 사회의 일반적인 관념에 따라 결정되는 것이다. 이러한 신의칙으로부터 권리남용금지의 원칙, 실효의 원칙, 사정변경의 원칙 등이 파생된다.

세계 3대 법전

- **함무라비 법전** : 1901년 발견된 함무라비 법전은 함무라비 왕(재위 기원전 1792~기원전 1750)이 제정한 고대 바빌로니아의 성문법이다. "눈에는 눈, 이에는 이"라는 탈리오 법칙을 담고 있다. 거의 원형대로 발견되었으며 현재는 프랑스 루브르 박물관에 소장되어 있다.

- **로마법대전** : 동로마제국의 유스티니아누스 1세(유스티니아누스 대제)가 편찬한 법전으로, 시민법대전 또는 유스티니아누스 법전(Justinian's Code)이라고 불린다. 전(全) 로마법의 총결산이자 로마법 계수의 출발점이라고 할 수 있다. 또한 유럽 각국의 법전 편찬, 특히 민법전 편찬에 큰 영향을 주기도 했다.

- **나폴레옹 법전** : 나폴레옹이 편찬한 프랑스의 민법전으로 1804년 3월 21일 2,281조의 법조문을 담고 공포되었다. 나폴레옹 법전은 민법전의 별명(別名)으로 주요 내용은 법 앞에서의 평등, 신앙의 자유, 개인의 소유권 등을 옹호하는 혁명정신을 담고 있다. 간결한 문체와 잘 정리된 시민법 원리로 훗날 제정된 각국 민법전의 모범이 되었다.

무죄추정의 원칙
의심스러울 때는 피고인에게 유리하게 판결하라는 원칙

형사법에서 피고에게 죄가 있다는 사실을 논증해야 할 의무는 원칙적으로 검사가 부담하도록 한다. 다시 말해 요증사실의 존재 유무에 대하여 증명이 불충분할 경우에 불이익을 받는 것은 결코 피고가 될 수 없으며 검사가 피고의 죄를 입증하지 못하는 한 모든 피고는 무죄로 추정되고, 피고 측에서 자신의 유죄 아님을 증명할 의무는 없다는 것이다.

기본소득제도
모든 개인에게 조건 없이 지급하는 소득

프랑스의 경제학자 앙드레 고르는 〈경제이성비판〉에서 현 사회의 부의 분배 문제에 대한 대안으로 사회의 모든 개인에게 조건 없이 지급하는 기본소득을 주장했다. 기본소득은 조건이나 제한을 두지 않고 지급된다는 점에서 기존의 사회보장제도와 다르다. 가구 단위가 아니라 개인 단위로 지급되며 노동요구나 노동의사와 무관하게 자산이나 다른 소득의 심사 없이 보장하는 것이다. 핀란드가 기본소득제도를 실험적으로 실시하면서 뜨거운 관심사로 떠올랐고, 그 후에 캐나다의 온타리오주 역시 기본소득제 실험을 시행한 바 있다. 우리나라에서도 일부 학자들에 의해 연구가 진행되는 가운데 서울시가 2023년부터 음의 소득세(Negative Income Tax) 개념에 기초한 '안심소득제(Safety Income)' 시범사업을 시행하고 있다.

헌법재판소의 권한

• 탄핵심판

국회로부터 탄핵소추를 받은 자가 있을 경우, 헌법재판소 재판관 6인 이상의 찬성으로 탄핵이 결정된다. 탄핵 결정의 효력은 공직으로부터 파면에 그치나 이로 인해 민·형사상의 책임이 면제되지는 않는다.

• 위헌법률심사

위헌법률심사 제청이 있을 때, 국회에서 제정된 법률이 헌법에 위배되는지 여부를 심판한다. 헌법재판소 재판관 6인 이상이 찬성하면 위헌으로 결정되며, 그 법률은 효력을 상실한다.

• 정당해산심판

정당의 목적이나 활동이 민주적 기본질서에 위배되어 정부가 그 정당의 해산을 제소한 경우 헌법재판소는 재판관 6인 이상의 찬성으로 해당 정당의 해산을 결정할 수 있다.

• 권한쟁의심판

국가기관 상호 간 또는 국가기관과 지방자치단체 간, 지방자치단체 상호 간에 헌법적 권한과 의무의 범위 및 내용에 관하여 다툼이 생긴 경우 이를 심판한다.

• 헌법소원심판

위법한 공권력 발동으로 헌법에 보장된 자유와 권리를 침해당한 국민이 권리를 구제받기 위하여 헌법재판소에 헌법소원을 제기하는 경우 헌법재판소는 이에 대한 심판을 한다.

법 적용의 원칙

- **상위법 우선의 원칙**

  실정법상 상위의 법규는 하위의 법규보다 우월하며, 상위의 법규에 위배되는 하위의 법규는 정상적인 효력이 발생하지 않는다는 원칙이다.

- **특별법 우선의 원칙**

  특정한 사람, 사물, 행위 또는 지역에 국한되는 특별법이 일반법보다 우선적으로 적용된다는 원칙이다.

- **신법 우선의 원칙**

  새로운 법령이 제정 또는 개정되어 법령 간에 충돌이 생겼을 때, 신법이 구법에 우선하여 적용된다는 원칙이다.

- **법률불소급의 원칙**

  새롭게 제정 또는 개정된 법률은 그 법률이 효력을 가지기 이전에 발생한 사실에 대해 소급하여 적용할 수 없다는 원칙으로, 기득권의 존중 또는 법적 안정성을 반영한 것이며 특히 형법에서 강조된다.

> **상식 더하기**
>
> **신법과 구법**
> 동일한 사항에 관하여 신법이 제정되었을 때 구법의 규정에 저촉되는 경우 신법의 효력발생과 동시에 구법의 효력이 상실되는 것이 원칙이다. 다만, 구법의 적용으로 인한 행위가 존속하는 경우 신법과의 관계를 규정하는 것을 경과규정이라고 하며 일반적으로 부칙에서 이를 규정한다.

깨진 유리창 이론(Broken Window Theory)

사소한 것들을 방치하면 더 큰 범죄나 사회문제로 이어진다는 범죄심리학 이론

미국의 범죄학자가 1982년 〈깨진 유리창〉이라는 글에 처음으로 소개했다. 만일 길거리에 있는 상점에 어떤 이가 돌을 던져 유리창이 깨졌을 때 귀찮거나 어떠한 이유에서 이를 방치해두면 그 다음부터는 '해도 된다'라는 생각에 훨씬 더 큰 피해를 조장하는 결과를 가져온다는 것이다.

이해충돌방지법

공직자가 직위를 통해 얻는 사적 이익을 방지하는 법안

공직자가 자신의 직위를 이용해 사적 이익을 얻는 것을 방지하기 위한 내용을 담은 법안이다. 2013년 처음 발의된 뒤 국회에서 8년간 계류했다. 이후 LH(한국토지주택공사) 현·직원들의 부동산 투기사태로 법 추진이 급물살을 탔고 2021년 4월 29일 국회를 통과했다. 법안이 공포된 이후 준비기간을 거쳐 2022년 5월 19일부터 시행되고 있다. 첫 발의 당시 고위공직자의 범위가 모호하다는 이유로 부정청탁금지법 일부분만 통과돼 김영란법이라고 불리는 법률로 제정됐다. 법의 대상이 되는 범위는 국회의원을 포함한 공무원, 공공기관 임직원, 국공립학교 임직원 등 200만명이다.

아노미 현상(Anomie Phenomenon)

사회적인 규범이나 가치관이 붕괴됨에 따라서 느끼게 되는 혼돈과 무규제 상태

프랑스 사회학자 에밀 뒤르켐(E. Durkheim)의 저서인 〈사회 분업론〉(1893)과 〈자살론〉(1897)에서 사용된 개념으로, 구성원들의 행위를 통제하는 공통의 가치나 규범이 사라져 구성원들이 겪게 되는 혼돈을 말한다.

젠트리피케이션(Gentrification)

낙후된 구도심 지역이 활성화되어 중산층 이상의 계층이 유입됨으로써 기존의 저소득층 원주민을 대체하는 현상

지주계급 또는 신사계급을 뜻하는 '젠트리(Gentry)'에서 파생된 용어로, 1964년 영국의 사회학자 루스 글라스(Ruth Glass)가 처음 사용했다. 런던 서부에 위치한 첼시와 햄프스테드 등 하층계급 주거지역이 중산층 이상의 계층 유입으로 인하여 고급 주거지역으로 탈바꿈했다. 이 때문에 기존의 하층계급 주민은 치솟은 주거비용을 감당하지 못하여 결과적으로 살던 곳에서 쫓겨나게 되었다. 이로 인해 지역 전체의 구성과 성격이 변한 것에서 유래했다. 우리나라에서는 서촌, 해방촌, 경리단길, 성수동 서울숲길 등이 대표적이다.

CSR(Corporate Social Responsibility)

기업의 사회적 책임

기업이 경제적 책임이나 법적인 책임을 지는 것 외에도 폭넓고 적극적으로 사회적 책임을 수행해야 하는 것을 말한다. 기업이 벌어들인 수익의 일부를 사회에 환원함으로써 사회적인 역할을 분담하고, 사회발전에 기여해야 하는 공공의 의무를 강조하는 것이다.

상식 더하기

CSV(Creating Shared Value)

CSV는 창립 초기부터 사회와 함께 공유할 가치를 창출하는 것을 기업 본연의 책무로 재정립해야 한다고 보는 것이다. 소비자들은 단순히 제품 자체만을 구입하는 것이 아니라 제품이 담고 있는 의미도 중요하게 생각하므로, 기업이 공익적 이슈 등을 사회적 가치로 담는 것은 큰 경쟁력이 된다.

고령사회(高齡社會, Aged Society)

65세 이상의 인구가 전체 인구의 14% 이상을 차지하는 사회

우리나라는 세계에서 가장 빠르게 고령화가 진행 중이다. 2000년에 65세 이상 고령인구가 전체 인구의 7%인 '고령화사회'에 진입했고, 2017년 기준으로 국내 총 인구 중에서 65세 이상 인구가 차지하는 비율이 14%를 넘어 '고령사회'에 진입했다. 고령화 속도가 빠르다는 일본은 고령인구의 비율이 7%를 넘는 고령화사회에서 14% 이상인 고령사회로 진입하는 데 24년이 걸렸다고 한다. 현재 우리나라는 일본보다 6년이 빠른 17년 만에 고령사회로 접어들었으며, 2025년에는 초고령사회에 진입할 것으로 예측되고 있다.

베버리지 보고서(Beveridge Report)

사회보장에 관한 문제를 조사·연구한 보고서

영국의 경제학자이며 사회보장제도·완전고용제도의 주창자인 윌리엄 헨리 베버리지가 정부의 위촉을 받아 사회보장에 관한 문제를 조사하여 작성한 것이다. 그는 이 보고서에서 국민의 최저생활 보장을 목적으로 5대악(결핍, 질병, 무지, 불결, 나태)의 퇴치를 주장하였으며 사회보장제도상의 원칙도 제시했다.

> **상식 더하기**
>
> **사회보장제도상의 6원칙**
> 1. 포괄성의 원칙(Principle of The Comprehensiveness)
> 2. 급여적절성의 원칙(Principle of The Benefit Adequacy)
> 3. 정액갹출의 원칙(Principle of The Flat Rate Contribution)
> 4. 정액급여의 원칙(Principle of The Flat Rate benefit)
> 5. 행정통일의 원리(Principle of The Administrative Uniformity)
> 6. 피보험자분류의 원칙(Principle of The Classification)

유리천장(Glass Ceiling)

직장 내에서 여성들의 승진 등 고위직 진출을 막는 보이지 않는 장벽

충분한 능력이 있는 여성에게 비공개적으로 승진의 최상한선을 두거나 승진 자체를 막는 상황을 비유적으로 표현한 말이다. 겉으로 보기에는 사회에서의 성별로 인한 차별이 많이 완화된 것 같지만 실제로는 존재하고 있다는 것이다. 투명한 유리처럼 보이지 않는 장벽이 있다고 해서 생긴 말이다.

잊힐 권리(Right to be Forgotten)

인터넷상에 기록되고 검색되는 개인정보에 대한 삭제를 요구할 수 있는 권리

모바일 서비스가 발전하면서 이용자의 정보가 이곳저곳에 기록되고 손쉽게 검색되기 때문에 시간이 지난후 이렇게 기록돼 있던 정보가 자신에게 불리한 정보로 돌아와 고통받는 사람들이 늘고 있다. 개인정보라고 하면 흔히 이름, 이메일, 주민등록번호, 주소 등의 정보만 생각하기 쉽지만 인터넷상에 등록한 글, 사진등도 개인저작물에 포함되는 개인정보이므로 중요하다고 볼 수 있다. 이러한 개인정보를 개인이 삭제하고 싶어도 기업이 보관하고 있어 문제가 되고 있는데, 이를 해결하기 위해 개인정보의 삭제를 요청할 수 있도록 하여 개인정보에 대한 자기통제권을 강화하자는 것이 잊힐 권리의 핵심이다.

메디치 효과(Medici Effect)

서로 다른 이질적인 분야들이 결합할 때 각 요소가 지니는 에너지의 합보다 더 큰 에너지를 분출하여 창조적이고 혁신적인 시너지를 창출하는 현상

▲ 피렌체에 있는 메디치가 성당

15세기 중세 이탈리아 피렌체의 메디치 가문에서 유래한 용어이다. 당시 메디치 가문은 문학, 철학, 과학 등여러 분야의 전문가를 후원했는데 이 과정에서 자연스럽게 각 분야가 서로 융합돼 큰 시너지를 일으켰다고 한다.

인구보너스 & 인구오너스(Demographic Bonus & Demographic Onus)

총인구 중에서 생산연령인구의 비중이 높아지는 것(인구보너스), 생산연령인구의 비중이 낮아지는 것(인구오너스)

- **인구보너스** : 전체 인구에서 생산연령인구(15~64세)의 비중이 증가하여 노동력이 증가하고, 경제성장이 활성화되는 것
- **인구오너스** : 전체 인구에서 생산연령인구의 비중이 줄어들며 경제성장이 지체되는 것

스프롤 현상(Sprawl Phenomena)

도시의 급격한 팽창으로 대도시의 교외가 무질서·무계획적으로 발전하는 현상

급격한 경제성장과 발전으로 무계획적으로 주택과 공장, 도로가 건설되고 이로 인해 환경오염, 교통난 심화 등 여러 문제들이 발생했다. 국제적으로도 스프롤 현상이 심각하게 진행 중이며 특히 뉴욕, 로스앤젤레스, 홍콩 등은 매우 심각한 수준이다.

베르테르 효과(Werther Effect)

유명인의 자살 보도 후에 일반인들의 자살이 늘어나는 것처럼 개인의 자살이 사회에 전염되는 현상

괴테의 소설 〈젊은 베르테르의 슬픔〉에는 주인공 베르테르가 총으로 자살하는 내용이 등장하는데, 이 책을 읽은 젊은이들이 책의 내용을 모방하여 권총자살을 하는 현상이 나타나면서 이와 같은 용어가 생겼다.

매슬로우의 동기이론(Maslow's Motivation Theory)

인간의 욕구는 타고난 것이라 하며 욕구를 강도와 중요성에 따라 5단계로 분류한 아브라함 매슬로우(Abraham H. Maslow)의 이론

하위 단계에서 상위 단계로 계층적으로 배열되어 하위 단계의 욕구가 충족되면 그 다음 단계의 욕구가 발생한다는 것이다. 매슬로우에 따르면 욕구는 행동을 일으키는 동기요인이며 인간의 욕구는 그 충족도에 따라 낮은 단계에서부터 높은 단계로 성장해간다.

상식 더하기

매슬로우 욕구 5단계

- 1단계 : 생리적 욕구 → 먹고 자는 것, 종족 보존 등 최하위 단계의 욕구
- 2단계 : 안전에 대한 욕구 → 추위·질병·위험 등으로부터 자신을 보호하는 욕구
- 3단계 : 애정과 소속에 대한 욕구 → 가정을 이루거나 친구를 사귀는 등 어떤 조직이나 단체에 소속되어 애정을 주고받는 욕구
- 4단계 : 자기존중의 욕구 → 소속단체의 구성원으로 명예나 권력을 누리려는 욕구
- 5단계 : 자아실현의 욕구 → 자신의 재능과 잠재력을 충분히 발휘하여 자기가 이룰 수 있는 모든 것을 성취하려는 최고 수준의 욕구

사회적 폭포 효과

사람들이 판단을 내릴 때 타인의 생각과 행동에 의존하려는 경향

하버드대학교의 캐스 선스타인 교수가 자신의 저서 〈루머〉에서 근거 없는 소문이 확산되는 것을 설명하면서 이러한 표현을 사용했다. 자신의 주변에 있는 사람들이 어떠한 루머를 사실이라고 신뢰하면 자신 역시 신뢰하게 되고, 특히 그 내용이 자신이 잘 알지 못하는 것일수록 더 신뢰하게 되는 현상으로 '가짜뉴스'의 문제를 설명할 수 있다.

공황장애(Panic Disorder)

특별한 이유 없이 갑작스럽게 가슴 두근거림, 어지럽고 쓰러질 것 같은 느낌, 가슴 통증이나 불편감, 공포 등을 겪는 질환

갑작스러운 공포감 등의 증상을 호소하는 질환으로 그 정도가 보통 10분 안에 최고조에 달한다. 발작은 20~30분 지속되지만 1시간을 넘기는 경우는 거의 없다. 신경전달물질체계 이상과 같은 신경생물학적 원인과 부모 상실이나 분리·불안 등 심각한 정신적 스트레스 등이 복합적으로 작용해 나타나는 것으로 알려졌다. 최근 연예인을 비롯해 많은 사람들이 공황장애를 호소하며 병원을 찾는 사례가 급증하고 있다.

애드호크라시(Adhocracy)

당면 과제를 해결하기 위해 다양한 전문적 기술을 가진 사람들로 구성된 임시적 조직구조

전통적 관료제의 구조와는 달리 융통성·적응성·혁신성을 지닌 구조이다. 미래학자인 앨빈 토플러가 〈미래의 충격〉에서 관료제와 대비되는 개념으로 확립했다. 제2차 세계대전에서 투입되었던 기동타격대 애드호크라시에서 유래한 것으로, 당시 애드호크라시라는 특수부대가 그러했듯 임무가 부여될 때마다 구성하여 활동하고 기능별로 유연하게 분화시켜 직무를 수행한다는 것이다.

사회계약설(社會契約說)

국가의 성립을 국민들의 합의에서 비롯된 것으로 보는 이론

- **홉스** : 자연 상태는 '만인에 대한 만인의 투쟁'이라고 보았기 때문에 모든 권리를 군주에게 위임함으로써 국가가 평화롭게 유지될 수 있다는 이론으로, 군주주권론을 주장했다.
- **로크** : 입헌군주제를 옹호하였고, 대표자에게 권리를 일부 양도한 후 국민은 국가에 대한 저항권을 가지게 하자는 주장을 했다.
- **루소** : 자연 상태를 행복한 상태로 보았으나 사적소유에 의해 권리가 박탈당할 우려가 있어 이를 보호하기 위해 계약이 필요하다고 주장했다.

바나나 현상(BANANA Syndrome ; Build Absolutely Nothing Anywhere Near Anybody Syndrome)

자신의 거주지역에 환경오염시설 건립을 반대하는 지역이기주의 현상

자신들이 살고 있는 지역에 혐오시설을 건립하는 것을 반대하는 님비(NIMBY) 현상, 경제적 이익이나 편의성을 높이는 시설의 유치를 요구하는 핌피(PIMFY) 현상 등을 넘어 각종 환경오염시설의 건립 자체를 반대하는 것을 바나나(BANANA) 현상이라 부른다. 공공정신의 약화가 빚어낸 극단적인 지역이기주의 현상으로 볼 수 있다.

02

경제·경영·금융

인앱결제(In-app Purchase)
앱마켓 운영업체가 자체 개발한 내부결제 시스템

구글과 애플 등의 앱마켓 운영업체가 자체 개발한 내부결제 시스템이다. 자사 앱 안에서 유료 앱이나 콘텐츠를 각국의 신용카드, 각종 간편결제, 이통사 소액결제 등으로 결제하는 것을 말한다. 2020년 9월, 구글은 2021년 10월부터 구글플레이에서 유통되는 모든 디지털 콘텐츠 앱에 인앱결제 방식을 의무화한다고 발표했다. 이에 모바일 서비스 및 콘텐츠를 제공하는 사업자들의 수수료 부담(15~30% 지급)이 커지면서 관련 콘텐츠의 판매 가격과 소비자 이용료 인상이 불가피해지자 거센 반발을 받았다. 비판이 이어지자 결국 구글은 인앱결제 강제적용 시점을 연기해 2022년 4월 1일부터 본격 시행했다.

분식회계

회사의 실적을 좋게 보이게 하기 위해 회사의 장부를 조작하는 것

'분식(粉飾)'은 실속 없이 겉만을 보기 좋게 꾸민다는 뜻이며, 분식회계는 회사의 실적을 좋게 보이게 하기 위해 회사의 장부를 조작하는 것을 말한다. 분식회계 수법 역시 여러 가지여서 아직 창고에 쌓여 있는 재고의 가치를 장부에 과대 계상하는 수법, 팔지도 않은 물품의 매출전표를 끊어 매출 채권을 부풀리는 방법, 매출 채권의 대손 충당금을 고의로 적게 쌓아 이익을 부풀리는 수법 등이 주로 이용된다.

리쇼어링(Reshoring)

싼 인건비나 판매시장을 찾아 해외로 진출했던 기업들이 본국으로 회귀하는 것

각종 세제혜택과 규제완화 등을 실시하며 해외에 나가 있는 자국기업들을 불러들이는 정책을 말한다. 2008년의 세계 금융위기로 침체된 경제를 회복시키기 위해 각국이 적극적인 리쇼어링 정책을 추진하면서 포드, 인텔 등이 본국으로 회귀했다. 특히 미국의 경우 리쇼어링을 통해 35만여 개에 달하는 일자리를 창출했다고 한다.

> **상식 더하기**
>
> **오프쇼어링(Off-shoring)**
> 기업들이 생산 비용 등을 아끼기 위해 업무의 일부 또는 전부를 인건비 등이 저렴한 해외로 이전시키는 현상으로 아웃소싱의 한 유형이다.

리셀테크
한정판 상품으로 수익을 창출하는 재테크

명품이나 운동화 등 한정판 상품을 구입한 후 이를 되팔아 수익을 창출하는 형태의 재테크를 말한다. 다시 되판다는 뜻의 리셀(Resell)과 재테크의 합성어다. 여기서 한정판은 특정 기간, 특정 수량만 판매하는 제품뿐만 아니라 희소성이 있는 상품을 포함하는 개념이다. 높은 수익률에 비해 초기 투자비용이 적어서 진입장벽이 낮고, 손해비용도 적다는 장점 때문에 주로 MZ세대를 중심으로 유행하고 있다. 이들은 신상품도 구입하는 순간 중고제품이 된다는 인식이 있어 신상품에 집착하지 않고 중고제품을 합리적인 가격에 구매하는 소비형태를 보인다.

보호무역주의
자국의 경제적 이익과 산업의 보호를 위해 무역 수출입에 정부가 관여하는 것

국가가 특정 산업을 육성하고 싶으나 국제 경쟁력이 떨어져 조치를 취하지 않으면 자연히 도태될 우려가 있는 경우, 해당 산업이 경쟁력을 갖도록 여러 방법을 취하는 것을 말한다. 보호무역을 시행하는 방법으로는 수입 경쟁 물품에 강한 관세를 매기거나 수입량을 제한하는 방식, 수입업체에 페널티를 가하는 방식 등이 있다. 보호무역주의가 출현하면 수출입국 사이에 무역마찰이 발생하게 되고 무역량은 축소하는 경향이 있다.

빅스텝(Big Step)

기준금리를 한번에 0.5%p 인상하는 것

금리를 한꺼번에 많이 올리는 경제정책을 뜻하는 경제용어로 국내 언론에서 미국 연방준비제도(Fed, 연준)가 물가를 조정하기 위해 기준금리를 인상하는 정책을 시행할 때 주로 사용한다. 경제에 미치는 영향을 최소화하기 위해 통상적으로 기준금리는 0.25%포인트(p)씩 올리거나 내리는 것(베이비스텝)이 일반적이나 인플레이션(물가 상승) 등의 우려가 커질 때는 이보다 큰 폭으로 금리를 올린다. 이를 빅스텝이라고 하는데, 보통 0.50%p 이상 올릴 때를 말한다. 또한 기준금리를 한번에 0.75%p 인상하는 것은 자이언트스텝, 1%p 인상하는 것은 울트라스텝이라고 한다.

기후금융

국제적으로 기후변화 대응을 위해 금융서비스를 제공하는 것

온실가스 감축과 기후변화에 대응하여 기업과 사회의 탄소배출 경감을 유도하고 저탄소 경제에 기여하는 대출과 투자, 금융상품 등을 제공하는 것을 가리킨다. 공기·수질·토양 등 기타 환경오염 방지를 지원하는 녹색금융과 지속가능 금융보다 좁은 의미를 지니고 있다. 주요 20개국(G20)을 중심으로 구성된 금융안정위원회(FSB)는 금융회사가 대출 평가 시 기후변화 리스크를 반영할 수 있도록 기업의 기후변화 정보공시 의무 제도화를 추진하고 있다.

솔로 이코노미(SOLO Economy)
1인 가구의 소비문화가 반영된 경제 현상

저성장, 이혼율 증가, 고령화, 결혼 기피 현상 등으로 사회의 모습이 변하면서 1인 가구가 우리나라의 대표적인 가구 형태가 되었다. 통계청에 따르면 1인 가구는 전체의 약 34.5%(2022년 기준)를 차지한다. 1인 가구의 증가로 인해 소비문화도 급격하게 변하고 있는데 이러한 현상을 솔로 이코노미라 한다. 1인 가구의 소비는 가족을 위한 소비가 아닌 자신을 위한 소비가 주축을 이루고, 주거비나 사교육비에 대한 부담이 상대적으로 적다는 것이 특징이다. 이러한 추세에 맞춰 유통업계 역시 1인 가구의 소비 키워드인 '솔로(SOLO)'에 맞춘 유통 전략을 적극 추진하고 있다.

상식 더하기

SOLO(솔로)

Self	1인 가구는 대부분 혼자 하는 활동이 많기 때문에 가족에 대한 지출이 적고 취미생활이나 자기계발에 대한 지출이 크다.
Online	1인 가구 소비자는 무게가 많이 나가거나 혼자 들기 어려운 부피의 제품들을 주로 온라인으로 구매하는 소비경향이 있다.
Low-price	할인된 가격을 추구하여 세일기간에 맞춰 구매한다. 가격대가 저렴하면서도 효율성을 추구하는 1인 가구의 특성이라고 할 수 있다.
One-stop	혼자 소비하기에 적당한 양을 간편하게 소비하려는 1인 가구의 소비성향이 반영되어 편의점은 연매출이 지속적으로 성장하고 있고 식품업계는 1인 가구를 겨냥한 가정간편식을 쏟아내면서 간편식 매출이 급증하고 있다.

공유경제

소유의 개념에서 벗어나 물품 등을 서로 대여 및 차용해 쓰는 것으로 인식하는 경제활동

2008년 하버드대학교의 로렌스 레식 교수가 그의 저서 〈리믹스〉에서 이 용어를 사용하면서 부각됐다. 한 번 생산된 제품을 여럿이 공유해 쓰는 협업소비를 기본으로 하여 자동차나 빈방 등 활용도가 떨어지는 물품이나 부동산을 다른 사람과 함께 공유함으로써 자원 활용을 극대화하는 경제활동을 의미한다. 현대사회에 맞춘 합리적인 소비를 하자는 인식에서 시작되었고, 스마트폰의 발달이 활성화에 기여하면서 보편적인 개념으로 발전하였다. 모바일 차량공유 서비스인 '우버', 집을 공유하는 '에어비앤비', 카셰어링 서비스인 '쏘카' 등이 대표적인 사례다.

ESG

환경(Environment), 사회(Social), 지배구조(Governance)

기업의 비재무적 요소인 환경(Environment), 사회(Social), 지배구조(Governance)의 머리글자로 무디스가 고안한 투자가치와 성장가능성의 지속가능 여부를 알려주는 새로운 투자기준이다. 기업이 환경보호에 앞장서는지, 사회적 약자에 대한 지원 및 사회공헌 활동을 활발히 하는지, 법과 윤리를 철저히 준수하는 윤리경영을 실천하는지를 평가한다. 2000년 영국의 ESG 정보공시 의무제도 도입을 시작으로 프랑스, 독일 등 여러 국가에서 해당 제도를 시행하고 있다.

체리피커(Cherry Picker)
자신의 실속만 차리는 소비자를 일컫는 말

기업의 상품이나 서비스를 구매하지 않으면서 자신의 실속을 차리기에만 관심을 두고 있는 소비자를 말한다. 달콤한 체리만 골라먹는 사람이라는 뜻으로, 신용카드 회사의 특별한 서비스 혜택만 누리고 카드는 사용하지 않는 고객을 가리킨다. 체리피커들은 기업의 서비스나 유통체계의 약점을 이용해 혜택만을 얻으려 상품이나 서비스를 주문했다가 반품하는 등 해당 회사에 적지 않은 피해를 주기도 한다. 이에 기업들은 놀이공원 할인이나 영화관 할인 등과 같은 비용부담이 큰 서비스를 줄이고, 디마케팅 등 일반고객과 차별화시키는 정책으로 대응하고 있다.

> **상식 더하기**
>
> **디마케팅(Demarketing)**
> 기업들이 자사 상품에 대한 고객의 구매를 의도적으로 줄임으로써 적절한 수요를 창출하는 마케팅 기법이다. 장기적으로는 수익의 극대화를 꾀하는 것이다. 맥주회사가 고급 브랜드를 일정한 업소에만 선택적으로 공급하는 경우가 그 예이다.

넛 크래커(Nut-cracker)
중국과 일본 사이에 끼어 경쟁력이 없는 우리나라의 경제상황

'넛 크래커'는 원래 호두를 눌러서 까는 기계를 뜻하는데, 일본에 비해 품질과 기술력이 뒤처지고 중국에 비해 가격 경쟁력에서 뒤처지는 상황에 처한 우리나라의 모습을 표현하는 말로 쓰인다. 이후 시장의 변화로 '신(新) 넛 크래커'라는 용어도 등장했는데, 아베노믹스의 엔화 약세 및 선제적 구조조정으로 경쟁력을 회복한 일본 기업과 기술력 및 구매력을 갖춘 중국 기업 틈에서 한국 기업이 고전하고 있는 현상을 의미한다.

퍼플카우 마케팅(Purple Cow Marketing)

인상적이고 계속 화제가 되는 제품을 개발하여 보는 순간 사람들의 시선을 확 잡아끌어 초기 소비자를 장악하는 마케팅 기법

'퍼플카우'는 보는 순간 사람들의 시선을 확 잡아끄는 추천할 만한 제품이나 서비스를 가리키는 말이다. 미국의 저명한 마케팅 전문가 세스 고딘은 "우리가 알고 있는 일반적인 소의 이미지가 아니라 눈에 확 띌 수 있도록 소를 보라색으로 바꾸는 것처럼 기존의 제품보다 새롭고 흥미진진해야 살아남을 수 있다"고 강조하며 이 용어를 처음 사용하였다.

시가렛 효과(Cigarette Effect)

금연함으로써 담배를 사는 비용을 줄여 저축하게 될 때 얻는 이익을 표현한 말

2015년 1월 담배 가격이 대폭 인상돼 4,500~5,000원이 되면서 기존의 카페라테 효과와 같은 의미를 내포하는 이 용어가 생겼다. 소액을 꾸준히 저축하는 것의 중요성을 나타내는 것으로 무심코 기호식품인 담배에 들이는 비용을 줄여 저축을 하면 한 달에 12~15만원가량을 절약할 수 있고, 이 금액만큼을 30년 동안 저축하게 되면 약 2억원이라는 자금을 모을 수 있다는 것이다.

> **상식 더하기**
> **카페라테 효과**
> 하루 한 잔의 카페라테를 줄이고, 그 돈을 30년간 저축하면 약 2억원의 자금을 마련할 수 있다는 의미를 담은 용어.

경제원리
통화량·금리·물가·환율과 주가의 관계

① **통화량과 주가**
- 통화량 증가 → 유동성 풍부 → 명목소득 상승 → 주식수요 증가 → 주가 상승
- 통화량 감소 → 인플레이션 압박 → 주가 하락

② **금리와 주가**
- 금리 하락 → 자금조달 확대 → 설비투자 확대 → 수익성 상승 → 주가 상승
- 금리 상승 → 자금조달 축소 → 설비투자 축소 → 수익성 하락 → 주가 하락

③ **물가와 주가**
- 완만한 물가 상승 → 기업판매이윤 증가 → 주가 상승
- 급격한 물가 상승 → 제조비용 증가 → 실질구매력 감소 → 기업수지 악화 → 주가 하락

④ **환율과 주가**
- 환율 인하 → 수입 증가, 수출 감소 → 기업의 수익성 하락 → 주가 하락
- 환율 상승 → 수입 감소, 수출 증가 → 기업의 수익성 증가 → 주가 상승

리디노미네이션(Redenomination)
한 나라에서 통용되는 화폐의 액면가(디노미네이션)를 동일한 비율의 낮은 숫자로 변경하는 조치

화폐의 가치적인 변동 없이 액면을 동일 비율로 하향 조정하는 것을 말한다. 경제규모가 커지고 물가가 상승함에 따라 거래되는 숫자의 자릿수가 늘어나는 계산상의 불편을 해소하기 위해 도입한다.

인플레이션(Inflation)

화폐가치가 하락하여 물가가 상승하는 현상

통화량이 증가하여 화폐가치가 하락하는 경우 또는 제품의 생산비용이 상승하면서 가격 상승을 초래한 경우에 나타나는 현상이다.

스태그플레이션(Stagflation)

경기침체와 물가 상승이 동시에 나타나는 현상

경기침체를 의미하는 '스태그네이션(Stagnation)'과 물가 상승을 의미하는 '인플레이션(Inflation)'을 합성한 용어로, 경제활동이 침체되고 있는 상황에서도 물가가 지속적으로 상승하고 있는 현상이다. 스태그플레이션이 발생할 경우 경제성장과 물가안정 어느 쪽도 달성하기 어렵다.

경제활동인구

만 15세 이상의 인구 가운데 취업자와 취업의 의사가 있어 구직활동 중인 취업이 가능한 인구

경제활동인구는 주중 1시간 이상 일한 임금근로자, 무급가족종사자, 일시휴직자를 포함하는 취업자와 실업자로 나뉜다.

> **상식 더하기**
>
> **비경제활동인구**
>
> 일을 할 수 있는 능력은 있으나 일할 의사가 없거나 일할 능력이 없어 노동에 기여하지 못하는 사람을 말한다. 조사대상 주간 중에 취업자도 실업자도 아닌 만 15세 이상인 자로, 집안에서 가사와 육아를 전담하는 가정주부, 학교에 다니는 학생, 일을 할 수 없는 연로자와 심신장애자, 그리고 자발적으로 자선사업이나 종교단체에 관여하는 자 등을 말한다.

골디락스(Goldilocks)

높은 경제성장률을 기록하면서도 물가 상승은 거의 없는 이상적인 경제상황

영국의 동화 〈골디락스와 곰 세 마리〉에 등장하는 소녀 이름에서 유래한 용어이다. 동화에서 여주인공 골디락스는 곰이 끓인 세 가지의 뜨거운·차가운·적당한 수프 중에서 적당한 것을 먹고, 딱딱한·물렁한·적당한 침대 중 적당한 침대에 눕는데 이러한 골디락스를 경제에 비유하여 뜨겁지도 차갑지도 않은, 즉 '안정'된 경제를 가리킨다.

세이의 법칙(Say's Law)

'공급은 스스로 수요를 창조한다'는 세이의 주장

프랑스의 경제학자인 세이(Jean Baptiste Say)가 주장한 이론으로, 이에 따르면 생산된 것이 판매되지 않아 기업들이 휴업을 하고 실업이 발생하는 사태는 있을 수 없다. 총공급의 크기가 총수요의 크기를 결정하기 때문에 총공급과 총수요는 언제나 일치하고 그 결과 항상 완전고용이 달성된다고 봤기 때문이다. 하지만 1930년대의 대공황처럼 공급된 것이 판매되지 않아 공장들이 문을 닫게 되고 대량실업과 대량의 유휴설비가 발생한 경우를 설명할 수 없었다. 이에 케인스는 이를 비판하며 세이의 법칙과는 정반대로 '총수요량이 총공급량을 결정한다'는 '유효수요의 원리'를 내놓았다.

스놉 효과(Snob Effect)

특정 상품이 대중화되어 소비가 증가하면 오히려 그 상품의 수요가 줄어드는 현상

미국의 경제학자 하비 라이벤슈타인이 〈Quarterly Journal of Economics〉라는 경제학 잡지에서 '속물'이라는 의미를 가진 '스놉'을 사용하여 베블런 효과와 비교·설명하면서 제시되었다. 이는 특정 계층이 타인과 차별화된 상품을 추구하면서 비롯된 것으로 부유층이 고가의 명품을 선호하는 것이 대표적이다. 스놉 효과를 활용한 마케팅도 활성화되어 있다. 백화점, 영화관 등에서 VIP제도를 만들어 일정 금액 이상을 구매한 고객에 한해 VIP라운지 등 각종 혜택을 부여하는 것인데, 소비자들은 타인과 다른 혜택을 받기 위해 지속적으로 구매하게 되면서 매출을 증대시킨다.

> **상식 더하기**
>
> **베블런 효과(Veblen Effect)**
> 미국의 사회학자이자 사회평론가인 베블런(Thorstein Bunde Ve-blen)이 1899년 출간한 〈유한계급론〉에서 언급한 것으로, 가격이 오름에도 불구하고 수요가 줄지 않고 오히려 증가하는 것을 말한다. 상류층 소비자들이 자신의 성공을 과시하기 위한 소비를 하는 경향이 반영되어 나타난 현상이다.

OSMU 마케팅(One Source Multi Use Marketing)

하나의 콘텐츠를 다양한 범위에서 사용하는 마케팅 기법

인기 있는 웹툰이 영화나 드라마로 제작되기도 하고 이렇게 만들어진 제작물이 다시 제조업과 결합해 캐릭터 상품으로 탄생하기도 한다. 또한 연극, 뮤지컬, 게임과 테마파크 등 새로운 놀이문화까지 만들어내며 다른 산업에서도 적극적으로 활용되는데 이를 OSMU 마케팅이라 한다.

유동성 함정(Liquidity Trap)

기업은 생산·투자를 늘리지 않고, 가계의 소비도 늘지 않아 경기가 나아지지 않는 현상

각 경제주체들이 돈을 움켜쥐고 시장에 내놓지 않는 상황이 마치 함정에 빠진 것 같다고 하여 이러한 이름이 붙여졌다. 경제학자 케인스(John Maynard Keynes)가 처음 명명한 것으로, 통화당국이 금리를 인하하고 자금을 공급해도 시중금리가 떨어지지 않고, 투자나 수요가 증가하지도 않는 상황을 나타낸다.

양적완화(Quantitative Easing)

유동성을 확대하는 중앙은행의 정책

금리 인하를 통한 경기부양 효과가 한계에 봉착했을 때 중앙은행이 국채 매입 등을 통해 유동성을 시중에 직접 주입하는 정책을 말한다. 금리중시 통화정책을 시행하는 중앙은행이 정책금리가 0%에 근접하거나 또는 다른 이유로 시장경제의 흐름을 정책금리로 제어할 수 없는 이른바 유동성 저하 상황에 처했을 때 유동성을 충분히 공급함으로써 중앙은행의 거래량을 확대하는 정책이다. 중앙은행은 채권이나 다른 자산을 사들임으로써 이율을 더 낮추지 않고도 돈의 흐름을 늘릴 수 있다.

엥겔계수(Engel's Coefficient)
총 가계 지출액 중에서 식료품비가 차지하는 비율

저소득 가계일수록 가계 지출 중 식료품비가 차지하는 비율이 높고, 반대로 고소득 가계일수록 식료품비가 차지하는 비율이 낮다는 엥겔의 이론에서 나온 지수이다. 식료품은 필수품이기 때문에 소득수준과 관계없이 반드시 일정한 비율을 소비해야 하며 동시에 어느 수준 이상은 소비할 필요가 없는 재화이다. 따라서 엥겔계수는 소득수준이 높아짐에 따라 점차 감소하는 경향이 있다. 엥겔은 엥겔지수가 25% 이하이면 소득 최상위, 25~30%이면 상위, 30~50%이면 중위, 70% 이상이면 극빈층이라고 정의했다.

$$엥겔계수 = \frac{식료품비}{총\ 생계비} \times 100$$

빅맥지수
맥도날드의 빅맥 햄버거 가격을 비교해 각국의 통화가치와 통화의 실질 구매력을 평가하는 지수

영국 〈이코노미스트〉지는 전 세계적으로 팔리고 있는 맥도날드 햄버거인 빅맥 가격을 기준으로 한 빅맥지수를 분기별로 발표하는데 이것은 '환율은 두 나라에서 동일한 상품과 서비스의 가격이 비슷해질 때까지 움직인다'는 구매력 평가설을 근거로 적정 환율을 산출하는 데 활용된다.

롱테일 법칙(Long Tail Theory)

전체 제품의 80%에 해당하는 하위의 다수가 20%에 해당하는 상위 상품보다 더 뛰어난 가치를 창출한다는 이론

‘롱테일’은 판매곡선에서 판매율이 높아 솟아오른 머리 부분 다음에 낮은 판매율이 길게 이어지는 꼬리 부분을 가리키는 말이다. 잡지의 편집장인 크리스 앤더슨이 “인터넷 비즈니스에 성공한 기업들 상당수가 20%의 머리 부분이 아니라 80%의 꼬리에 기반하여 성공했다”고 주장하면서 제시된 이론이다. 파레토 법칙과 반대되는 이론이라 하여 ‘역파레토 법칙’이라고도 한다. 80%에 해당하는 비주류 상품들의 매출이 20%에 해당하는 주류 상품 못지않은 경제성을 지니고 있다는 것이다.

상식 더하기

파레토 법칙(Pareto's Law)
이탈리아의 경제학자 빌프레도 파레토(V. Pareto)가 발표한 소득의 분포에 관한 이론이다. 보통 상위 20%의 사람들이 전체 부(富)의 80%를 가진다거나 매출 순위 상위 20%의 상품들이 매출의 80%를 창출한다는 의미로 쓰인다.

지니(Gini)계수

계층 사이에서 이루어지는 소득분배의 평등 정도를 나타내는 수치

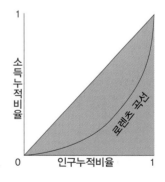

저소득층에서 고소득층을 향하는 사람의 수를 누적 백분율로 하여 가로축에, 그 사람들의 소득에 대한 누적 백분율은 세로축에 나타낼 때 그려지는 로렌츠 곡선과 대각선으로 둘러싸인 면적을 대각선 아래쪽의 직각삼각형의 면적으로 나눈 비율이다. 이 수치가 0에 가까울수록 소득분배가 평등하게 이루어졌다고 평가한다.

PPL(Product Placement, 간접광고)
영화나 드라마의 장면에 상품이나 브랜드 이미지를 노출하는 광고 기법

기업의 상품을 영화나 TV 프로그램 등의 소품으로 배치하거나 브랜드 로고를 특정 장면에 노출하는 등의 간접적인 방법을 활용하는 것이다. 간접적이지만 그 효과와 영향이 매우 커서 일반광고보다 까다로운 규정을 준수해야 한다.

필립스 곡선
물가(임금)상승률과 실업률과의 관계를 나타낸 그래프

경제성장과 안정은 동시에 달성하기 어렵다. 실업을 줄이기 위한 확장정책은 인플레이션을 초래하여 임금 상승률을 높이고, 실업률이 증가하면 임금상승률은 낮아지는데 이러한 관계를 나타낸 곡선이 필립스 곡선이다. 필립스 곡선은 단순히 경험적 관계에서 도출한 것에 불과하지만 완전고용과 물가안정이란 두 가지 경제정책 사이의 모순을 지적함으로써 정책 문제의 분석에 큰 공헌을 했다고 평가된다.

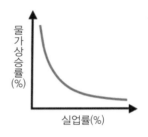

마케팅믹스 4요소(Marketing Mix ; 4P's)
표적시장에서 마케팅 목표를 달성하기 위해 필요한 요소들의 조합

제품(Product), 가격(Price), 유통(Place), 촉진(Promotion)이라는 4가지 요소로 구성되는데, 이 요소들을 조합해서 마케팅 목표를 달성하는 것이 마케팅믹스의 핵심이다.

기업공개(IPO ; Initial Public Offering)

회사가 발행한 주식을 대중에게 분산하고 재무내용을 공시하여 주식회사의 체계를 갖추는 것

형식적으로는 주식회사가 일반대중에게 주식을 분산시킴으로써 기업공개 요건을 갖추는 것을 의미하고, 실질적으로는 소수의 대주주가 소유한 주식을 일반대중에게 분산시켜 증권시장을 통해 자유롭게 거래될 수 있게 함으로써 자금조달의 원활화를 기하고 자본과 경영을 분리하여 경영합리화를 도모하는 것이다.

세계 3대 석유

생산량과 거래량이 많고 독점되어 있지 않으며 가격형성 과정이 투명한 석유시장

- **서부 텍사스산 중질유(WTI ; West Texas Intermediate)** : 미국 서부 텍사스 부근에서 생산되는 원유로 미국, 캐나다, 멕시코 등 미주지역 원유 가격의 기준이 된다. 미국 석유시장 자체가 세계 시장의 1/4을 차지하고 있기 때문에 WTI는 국제 유가를 선도하는 가격지표로 가장 많이 사용된다.
- **브렌트유(Brent Oil)** : 영국 북해의 브렌트, 티슬 등의 지역에서 생산된다. 유럽과 아프리카 지역의 유가 기준이 되며, 가장 광범위한 지역으로 수출되는 원유이다.
- **두바이유(Dubai Oil)** : 중동 두바이 지역에서 생산되는 원유로 중동을 포함한 아시아 · 태평양 지역을 대표하는 원유이다. 현재 우리나라에 수입되는 석유의 약 80%를 차지하고 있으며 유가 결정에도 가장 큰 영향을 미치는 원유이다.

세계 3대 신용평가기관
영국의 피치 레이팅스, 미국의 무디스, 스탠더드 앤드 푸어스(S&P)

세계 3대 신용평가기관은 각국의 정치 · 경제상황과 향후 전망 등을 고려하여 국가별 등급을 매김으로써 국가신용도를 평가한다.

피치 레이팅스 **(Fitch Ratings)**	• 1913년 존 놀스 피치(John Knowles Fitch)가 설립한 피치 퍼블리싱 컴퍼니(Fitch Publishing Company)에서 출발 • 1924년 'AAA'에서 'D'까지 등급을 매기는 평가방식 도입 • 뉴욕과 런던에 본사 소재
무디스 **(Moody's Corporation)**	• 1909년 존 무디(John Moody)가 설립 • 기업체 및 정부를 대상으로 재무에 관련된 조사 및 분석 • 뉴욕 증권거래소 상장기업 • 뉴욕에 본사 소재
스탠더드 앤드 푸어스 **(Standard & Poor's)**	• 1860년 헨리 바늄 푸어(Henry Varnum Poor)가 설립한 후 1942년 스탠더드와 합병하며 현재의 회사명으로 변경 • 미국의 3대 지수로 불리는 S&P500지수 발표 • 뉴욕에 본사 소재

핀테크(FinTech)
금융(Finance)과 기술(Technology)의 합성어

간편한 송금·결제를 비롯해 대출이나 자산관리 및 크라우드펀딩 등 전반적인 금융서비스 기술을 의미한다. 금융서비스 관련 소프트웨어 제작 등 금융업무의 효율을 향상시킬 수 있는 기술로 ATM, 인터넷뱅킹도 이에 포함된다. 나의 신용카드와 연동되어 있는 애플리케이션이 소비패턴이나 주가, 환율 등 각종 지표를 대입해 맞춤형 자산관리 서비스를 제공하는 등 오프라인 금융업무를 대체해 비용절감 혜택과 맞춤형 서비스까지 제공받을 수 있다.

블랙스완(Black Swan)
통념상 전혀 예측할 수 없었던 불가능한 일이 일어나는 경우

모든 백조는 희다고 믿었지만 17세기 말 네덜란드의 한 탐험가가 검은 백조를 발견하면서 통념이 부서지는 충격을 받았다는 데서 유래했다. 2007년 미국의 금융 분석가 나심 니콜라스 탈레브가 자신의 저서 〈블랙스완〉에서 증시의 대폭락 가능성과 글로벌 금융위기를 예측하면서 유명해졌다.

> **상식 더하기**
>
> **화이트스완(White Swan)**
> 반복적으로 일어나는 금융위기 속에서 마땅한 해결책을 제시하지 못하는 상황으로, 역사적으로 되풀이돼온 금융위기를 가리킨다. 미국 뉴욕대 교수 누리엘 루비니가 이름붙인 용어로, 그가 제시한 금융위기의 공통적인 징후는 완화된 통화정책, 금융시스템에 대한 느슨한 감독과 규제, 금융권의 과도한 부채, 민간과 공공 부문의 과도한 차입과 부채 등이 있다. 이는 금융위기를 충분히 예측·예방할 수 있다고 보는 것으로 블랙스완과 대조된다.

토빈세(Tobin Tax, 통화거래세)

국제투기자본의 무분별한 자본시장 왜곡을 막기 위해 모든 단기 외환 거래에 부과하는 세금

노벨경제학상 수상자인 경제학자 제임스 토빈(James Tobin)이 제안한 것으로 통화거래세가 거래비용을 높여 변동이 심한 금융시장을 안정화하고 국가의 통화정책에 대한 자율성을 향상시키는 효과가 있음을 주장했다.

레몬시장(Lemon Market)

쓸모없는 재화나 서비스가 거래되는 시장

미국에서 레몬은 '시큼하고 맛없는 과일'로 통용되며 속어로 불량품을 뜻하는데, 이를 경제 분야에 차용한 표현이다. 정보의 비대칭성으로 소비자들은 판매자보다 제품에 대한 정보가 적을 수밖에 없는데, 소비자들은 자신들이 속아서 구매할 것을 우려해 싼값만 지불하려 하고 이로 인해 저급품만 유통되는 시장이다. 반대 의미의 용어로는 피치마켓이 있다.

> **상식 더하기**
>
> **피치마켓(Peach Market)**
> 가격에 비해 고품질의 상품이나 서비스가 거래되는 시장을 의미한다.

기회비용

포기된 재화의 대체 기회 평가량

어떤 생산물의 비용을 그 생산으로 단념한 다른 생산 기회의 희생으로 보는 개념이다. 즉, 하나의 선택에 따라 포기하게 된 선택의 가치로 대안이 여러 가지인 경우에는 포기한 대안들 중 가장 큰 가치를 의미한다. 여기서 중요한 것은, 선택에 영향을 주지 않는 비용인 매몰비용은 기회비용에 포함되지 않는다는 것이다.

> **상식 더하기**
>
> **매몰비용(Sunk cost)**
> 의사결정을 하고 실행한 이후에 발생하는 비용으로 어떤 선택을 하든지 회수할 수 없는 비용

김치본드

김치와 본드(Bond)의 합성어

외국 기업이 자금을 조달하기 위해 우리나라에서 달러나 유로화 등 외화로 발행하는 채권이다. 우리나라에 외화 유동성이 풍부할 때 그 외화를 빌려 쓰기 위해 발행하며 달러 유동성이 풍부해 조달금리가 원화보다 낮을 경우 발행수요가 많아진다. 외국 기업이 국내에서 원화로 발행하는 아리랑본드와 대비된다.

> **상식 더하기**
>
> **아리랑본드**
> 미국의 양키본드, 영국의 불독본드, 일본의 사무라이본드 등과 같이 외국인이 특정 국가의 채권시장에서 해당국의 통화로 발행하는 채권의 일종으로, 정부는 1999년 외환자유화 조치의 하나로 국내 기업 해외 현지 법인의 아리랑본드 발행을 허용하였다.

클러스터(Cluster)
비슷한 업종이면서도 다른 기능을 하는 기업과 기관들이 일정한 지역에 모여 있는 것

단순히 직접 생산을 담당하는 기업만을 의미하는 것은 아니고, 연구개발기능을 담당하는 대학이나 연구소 등의 기관들이 상호작용을 통해 부품 조달, 인력과 정보를 공유함으로써 시너지 효과를 기대하는 것이다. 전후방 연계로 유명한 실리콘밸리와 보스턴 등이 전형적인 IT클러스터라고 할 수 있다.

모멘텀(Momentum)
물리학과 경제학에서 쓰이는 용어, 한계변화율

물리학에서는 운동량 또는 가속도, 기하학에서는 곡선 위의 한 점의 기울기를 뜻하는 말인데, 증권시장에서는 주가가 상승이나 하락에 있어 어느 정도의 가속도를 보일지 측정하는 지표를 의미한다. 보통 주가를 움직일 수 있는 액면분할, 증자발표, 정부의 정책변경 등의 자극들이다.

창조적 파괴(Creative Destruction)
기술혁신으로 낡은 것을 없애고 새로운 것을 만드는 과정

경제학자인 슘페터(Schumpeter)가 1912년에 발표한 〈경제발전론〉을 통해 제시한 개념이다. 기업가가 현재의 공급과 미래의 수요 간 시차 때문에 생겨나는 불확실성을 부담하며 과감히 생산을 수행하는 것이 경제성장의 원동력이라 주장하며 창조적 파괴행위를 강조했다.

옴니채널(Omni-channel)

온라인과 오프라인의 수많은 유통경로를 하나의 구매 경험으로 통합하는 것

온라인 쇼핑몰에서는 오프라인보다 저렴하게 상품을 구입할 수 있기 때문에 오프라인 쇼핑몰을 통해 직접 물건을 보고, 구입은 온라인 쇼핑몰에서 하는 이른바 '쇼루밍(Showrooming)족'이 늘어남에 따라 어떠한 채널을 통해 상품을 구입하더라도 똑같은 혜택을 받고 구입할 수 있는 옴니채널 전략을 사용하는 사례가 증가하고 있다.

인터넷 전문은행

점포 없이 인터넷과 콜센터에서 예금 수신이나 대출 등의 업무를 하는 은행

소규모 조직만 가지고 지점망 없이 운영되는 저비용 구조에 따른 것으로 높은 예금금리, 낮은 대출금리, 저렴한 수수료 등이 장점이다. 미국과 유럽에선 이미 1990년대부터 인터넷은행이 등장했고, 일본에서도 2000년대에 등장하여 운영 중이다. 국내에서는 2014년에 정부가 발표한 경제정책 방향에 따라 인터넷 전문은행 설립 논의가 본격화되었고 2016년 금융위원회가 케이뱅크에 본인가 승인을 하여 2017년 4월부터 국내 최초의 인터넷 전문은행인 케이뱅크가 영업을 시작했다.

총부채상환비율(DTI ; Debt To Income ratio)
연간 총소득에서 연간 부채 상환액이 차지하는 비율

금융부채 상환능력을 소득으로 따져 대출한도를 정하는 방식이다. 은행 등 금융기관이 대출금액을 정할 때 대출자의 상환능력을 검증하기 위해 활용하는 개인 신용평가시스템과 비슷한 개념인데, 수치가 낮을수록 빚 상환능력이 양호하거나 소득에 비해 대출규모가 작다는 의미이다.

$$DTI = \frac{\text{신규 주택담보대출 연간 원리금 상환액 + 기타 부채의 연간 이자 상환액}}{\text{연소득}} \times 100$$

> **상식 더하기**
>
> **新DTI**
>
> 신규 대출자의 소득과 부채를 최대한 엄격하게 평가하는 대출 규제로 2018년부터 시행되었다. 기존 DTI는 신규 주택담보대출 원리금과 기존 주택담보대출을 포함한 기타 대출 이자를 더해 연간 소득으로 나누는 반면, 신 DTI는 기존 주택담보대출의 원금까지 연간 원리금 상환 부담으로 인식하는 만큼 비율이 높아져 대출 가능 금액은 줄어든다.

총체적상환능력비율(DSR ; Debt Service Ratio)
한 사람이 1년간 갚아야 하는 부채의 원리금을 연소득으로 나눈 값

주택에 대한 대출 원리금뿐만 아니라 전체 금융 부채에 대한 원리금 상환액 비율을 말한다. DSR은 1년 동안 갚아야 할 모든 대출의 원금과 이자가 연간소득 중 얼마나 되는지를 계산한다. 예를 들어 연간소득이 3,500만원인 사람이 1년간 갚아야 할 원리금이 700만원인 경우의 DSR은 20%가 된다. 그리고 이때 원리금은 모든 금융권 대출에 대한 원금과 이자를 합산해야 하므로 할부금, 신용대출, 마이너스 통장 등까지 모두 고려한다.

$$DSR = \frac{\text{모든 대출 원리금 상환액}}{\text{연소득}} \times 100$$

주택담보대출비율(LTV ; Loan To Value ratio)
집을 담보로 은행에서 돈을 빌릴 때 인정되는 집의 자산가치의 비율

주택의 종류 및 주택의 소재 지역에 따라 담보자산의 시가 대비 처분가액비율이 달라질 수 있다. 이는 과도한 부동산 담보대출을 억제하고 부동산 투기를 막는 데 효과가 있다. 예를 들어 주택 가격이 2억이고, 주택담보대출비율이 70%라면 대출액의 최대 한도는 1억 4,000만원에 이른다.

앰부시 마케팅(Ambush Marketing)
게릴라 작전처럼 기습적으로 행해지며 교묘히 규제를 피해가는 광고기법

'앰부시(Ambush)'는 매복을 뜻하는 단어로, 앰부시 마케팅은 공식 후원업체가 아니면서도 매복을 하듯 숨어서 후원업체라는 인상을 주는 마케팅 전략을 말한다. 월드컵의 경우 FIFA 공식 후원업체가 아니면 월드컵이라는 이름을 내걸지 못하므로 매복하듯 살짝 숨어 개인 선수나 붉은악마 등을 활용해 월드컵 관련 업체라는 인상을 주어 광고하는 것이 이에 속한다.

RE100(Renewable Energy 100%)
필요한 전력을 재생에너지로만 충당하겠다는 기업들의 자발적 약속

2050년까지 필요한 전력의 100%를 태양광, 풍력 등 재생에너지로만 충당하겠다는 기업들의 자발적인 약속이다. 2014년 영국의 비영리단체인 기후그룹과 탄소공개프로젝트가 처음 제시했다. RE100 가입 기업은 2024년 5월 말 기준으로 전 세계에 걸쳐 총 430여 곳에 이른다.

국제·외교·안보

저항의 축(Resistance Axis)
이란의 지원을 받는 반이스라엘 단체 및 국가

이란과 이란이 지원하는 하마스와 헤즈볼라, 시리아, 예멘 등을 일컫는 말이다. 원래 미국을 비롯해 이스라엘, 사우디아라비아 등 미국의 동맹국에 반대·저항하는 국가들을 뜻하는 용어였으나, 최근 이슬람권 언론이 미국이 만들어낸 '악의 축(Axis of Evil)'에 반감을 드러내는 의미로 자주 사용하고 있다. 1979년 이슬람 혁명 이후 이란에 들어선 이슬람정부는 레바논의 헤즈볼라와 팔레스타인 가자지구의 하마스를 지원하며 중동정세에 관여하기 시작했으며, 이후 이슬람 시아파 계열의 시리아 정부군과 예멘의 후티 반군까지 지원하며 영향력을 확대해왔다. 2023년 10월 시작된 이스라엘과 팔레스타인 간 무력충돌에 저항의 축 세력이 직·간접적으로 개입하면서 중동지역에 대한 확전 우려가 커지고 있다.

프렌드쇼어링(Friend-shoring)

동맹국 간 공급망을 구축하기 위한 미국의 전략적 움직임

코로나19와 러시아의 우크라이나 침공, 중국의 봉쇄 정책 등이 촉발한 글로벌 공급망 위기로 세계경제가 출렁이자 미국이 동맹국 간 공급망을 구축하기 위해 전략적으로 움직이는 것을 말한다. 이를 통해 '믿을 만한 동맹국끼리 뭉쳐 상품을 안정적으로 확보'하겠다는 목적이지만, 중국과 러시아를 공급망에서 배제하려는 의도가 반영됐다는 분석도 있다. 이에 따라 미국은 유럽연합(EU), 호주 정부 등과 협력을 강화하고 있으며 기업들도 자발적으로 프렌드쇼어링에 나서고 있다.

파이브 아이즈(Five Eyes)

영어권 5개국이 참여하고 있는 기밀정보 동맹체

미국, 영국, 캐나다, 호주, 뉴질랜드 등 영어권 5개국이 참여하고 있는 기밀정보 동맹체다. 2013년 6월 미국 국가안보국(NSA) 요원이던 에드워드 스노든에 의해 그 실상이 알려졌다. 당시 스노든이 폭로한 NSA의 도·감청 기밀문서를 통해 미국 NSA가 영국·캐나다·호주·뉴질랜드 정보기관과 협력해 벌인 다양한 첩보활동의 실태가 드러났다. 1960년에 개발된 에셜론(Echelon)이라는 프로그램을 통해 전 세계 통신망을 취합한 정보를 공유하는 것으로 알려져 있다.

중국제조 2025
중국 정부의 차세대 첨단산업 육성 전략

중국이 제조업의 양적 성장에서 질적 성장으로 거듭나기 위해 추진 중인 10대 핵심 산업 육성 프로젝트로, 3단계 계획 중 1단계 행동강령이다. 중국은 제조 강대국이라는 최종 목표를 달성하기 위해 3단계 계획을 세웠다. 즉 세계 주요 제조국을 등급별로 1등급(미국), 2등급(독일, 일본), 3등급(중국, 영국, 프랑스, 한국)으로 분류하고, 1단계(2016~2025년)로는 강국 대열에 들어서고, 2단계(2026~2035년)에는 독일과 일본을 넘어 강국 중간 수준에 이르며, 3단계(2036~2049년)에는 강국 선두에 서겠다는 의지를 밝혔다.

> **상식 더하기**
> **10대 핵심 산업 육성 프로젝트**
> 정보기술(IT), 우주항공, 해양공학, 선박·철도 교통, 신에너지, 로봇, 전력설비, 바이오의약, 농업기계설비, 신소재 등이 포함돼 있다.

디리스킹(Derisking)
중국에 대한 외교적·경제적 의존도를 낮춰 위험요소를 줄이겠다는 서방의 전략

'위험제거'를 뜻하는 영단어로 2023년 3월 우르줄라 폰데어라이엔 유럽연합(EU) 집행위원장이 대중정책 관련 연설에서 언급하면서 주목받기 시작했다. 원래는 금융기관이 위험관리를 위해 광범위하게 내리는 거래중단 조치를 가리키는 말이었으나 해당 연설 이후 경쟁·적대관계의 세력으로부터의 탈동조화를 뜻하는 '디커플링(Decoupling)'을 대신하는 개념으로 본격 사용되면서 의미가 확대됐다.

세컨더리 보이콧(Secondary Boycott)

**제재 대상 국가의 정상적인 경제활동과 관련해 거래를 하는 제3국의
기업이나 금융기관까지 제재하는 것**

제재의 대상이 된 국가와 거래하는 제3국에게 제재를 가하는 것이다. 북한의 계속되는 핵 도발에 미국 정부는 세컨더리 보이콧 법안을 발의했다. 세컨더리 보이콧이 실시되면 북한과 거래를 하는 제3국의 기업이나 개인은 미국법에 의한 제재를 받게 되는데, 북한과의 거래가 많은 중국이 주요 대상이 됐다. 과거 미국은 2010년 6월 이란의 원유를 수입하는 제3국에 대해 미국 내 파트너와 거래하지 못하도록 하는 내용의 세컨더리 보이콧 조항을 담은 '이란제재법'을 통과시켜 2015년 13년 만에 이란과 핵협상을 타결한 사례가 있다.

ICBM(Inter-Continental Ballistic Missile)

대륙간탄도미사일

5,500km 이상 사정거리의 탄도미사일을 말한다. 러시아는 1957년 세계 최초의 ICBM인 R-7을 발사했고, 미국은 1959년부터 배치하기 시작했다. 초기 ICBM은 추진제 문제와 발사 준비시간이 오래 걸려 사실상 사용이 불가능했던 탓에 이후 로켓으로 개량되어 우주개발에 사용됐다. 훗날 2세대는 추진제 문제를 해결하고, 발사준비시간을 단축시키는 데 초점을 맞춰 개발했다. 1990년대부터 ICBM 개발에 나선 북한은 1998년 대포동 1호를 시작으로 꾸준히 개발을 진행 중이고, 2022년 11월에는 '화성-17형' 시험 발사에 성공하기도 했다.

연방준비제도(Fed ; Federal Reserve System)
1913년 미국의 연방준비법에 의해 설치된 미국의 중앙은행제도

미국은 전역을 12개 연방준비구로 나눠 각 지구에 하나씩 연방준비은행을 두고 이들을 연방준비제도이사회(FRB)가 통합하여 관리하는 형태를 취한다. 이사회는 각 연방은행의 운영을 관리하고 미국의 금융정책을 결정하는 역할을 하고 있다. 화폐공급 한도를 결정하는 것은 연방공개시장위원회(FOMC)이며 FRB는 FOMC와 손잡고 금융정책을 수행한다. 각 연방은행의 주된 업무는 은행권(연방준비권과 연방준비은행권)의 발행이고, 그밖에 민간금융기관의 예금지불을 집중적으로 보관하고 상업어음 재할인 등을 한다.

> **상식 더하기**
>
> **FOMC(Federal Open Market Committee)**
> 연방준비제도 산하의 기구로 공개시장운영정책의 수립과 집행을 담당한다. 1년에 총 8회 개최되는 회의에서 미국 경제에 대한 평가 및 통화정책과 관련된 각종 의사결정을 한다.

방공식별구역(ADIZ ; Air Defense Identification Zone)
자국 영공에 접근하는 군용기를 미리 식별하기 위해 설정한 임의의 공역

방공식별구역은 임의로 선포하는 것으로 국제법적으로 인정되는 것은 아니다. 하지만 다른 나라가 이를 인정한 이후에는 해당 공역에 진입하기 전에 미리 비행계획을 제출하고 진입시 위치 등을 통보해야 한다. 2013년 중국이 이어도와 댜오위다오(조어도, 센카쿠)를 포함하는 새로운 CADIZ를 선포한 데 대응하여 우리나라도 이어도를 포함하는 KADIZ를 선포했다.

UN해양법 협약(UNCLOS ; UN Convention on the Law Of the Sea)

제3차 UN해양법 회의 결과, 1982년 12월 10일 자메이카의 몬테고 베이에서 채택된 해양법에 관한 조약

해양 및 대양의 평화적인 사용, 적정하고 효율적인 자원 활용 및 해양환경의 연구·보호 및 보전 등을 주요 내용으로 한다. 그중 협약 제5부는 통상정책과 관련된다. 연안선을 따라서 수심이 낮은 연안으로부터 200해리(약 370km)를 초과하여 배타적경제수역(EEZ)을 획정하지 못하도록 하고 있다. EEZ 내에서 연안국은 해양 및 해저에 대한 천연자원의 개발·획득·보전 및 관리 등에 관한 주권적인 권리를 가진다. 또한 수력, 조력 및 풍력 등의 에너지 생산과 같은 EEZ 내의 경제자원 개척 및 개발을 위한 권리를 보유한다.

〈UN해양법 협약의 주요 내용〉
- 영해의 폭을 최대 12해리(약 22.2km)로 확대
- 200해리 배타적경제수역제도를 신설
- 심해저 부존광물자원을 인류의 공동유산으로 정의
- 해양오염 방지를 위한 국가의 권리와 의무를 명문화
- 연안국의 관할수역에서 해양과학조사 시의 허가
- 국제해양법재판소의 설치 등 해양 관련 분쟁 해결의 제도화

제네바 협약
전쟁으로 인한 희생자를 보호하기 위해 체결된 국제 조약

제네바 협약의 목적은 전쟁이나 무력분쟁이 발생했을 때 부상자·병자·포로·피억류자 등을 전쟁의 위험과 재해로부터 보호해 가능한 한 전쟁의 참화를 경감하려는 것으로 적십자 조약이라고도 한다. '전지(戰地)에 있는 군대의 부상자 및 병자의 상태개선에 관한 조약', '해상에 있는 군대의 부상자·병자·난선자의 상태개선에 관한 조약', '포로의 대우에 관한 조약', '전시의 민간인 보호에 관한 조약'의 4개 조약으로 되어 있다.

배타적경제수역(EEZ ; Exclusive Economic Zone)
자국 연안으로부터 200해리까지의 모든 자원에 대해 독점적 권리를 행사할 수 있는 수역

천연자원의 탐사·개발 및 보존, 해양환경의 보존과 과학적 조사활동 등 모든 주권적 권리를 인정하는 UN 해양법상의 개념이다. 배타적경제수역은 영해와 달리 영유권이 인정되지 않는다. 따라서 어업행위 등 경제활동의 목적이 없는 외국 선박의 항해와 통신 및 수송을 위한 케이블이나 파이프의 설치는 허용되지만 자원탐사 및 개발, 어업활동 등의 경제활동은 연안국의 허가를 받아야 하며, 이를 위반했을 때는 처벌을 받는다. 참고로 1해리는 약 1,852m이다.

UN(United Nations : 국제연합)

전쟁을 방지하고 평화를 유지하기 위해 설립된 국제기구

설립일	1945년 10월 24일	
설립목적	전쟁 방지 및 평화 유지	
주요활동	평화 유지 활동, 군비 축소 활동, 국제 협력 활동	
본부	미국 뉴욕	
주요 기구	총회	• 국제연합의 최고 의사결정기관 • 9월 셋째 화요일에 정기총회 개최 (특별한 안건이 있을 경우에는 특별총회 또는 긴급총회 소집)
	안전보장 이사회 (UNSC)	• 회원국의 평화와 안보 담당 • 5개의 상임이사국(미국 · 영국 · 프랑스 · 러시아 · 중국)과 10개의 비상임이사국으로 구성
	경제사회 이사회 (ECOSOC)	• 국제적인 경제 · 사회 협력과 개발 촉진, UN총회를 보조하는 기구 • UN가맹국 중 총회에서 선출된 54개국으로 구성
	국제사법 재판소 (ICJ)	• 국가 간의 법률적 분쟁을 재판을 통해 해결 • 네덜란드 헤이그에 위치함
	신탁통치 이사회	신탁통치를 받던 팔라우가 1994년 독립국이 된 이후로 기능이 중지됨
	사무국	UN의 운영과 사무 총괄
전문기구	국제노동기구(ILO), 국제연합식량농업기구(FAO), 국제연합교육과학문화기구(UNESCO), 세계보건기구(WHO), 국제통화기금(IMF), 국제부흥개발은행(세계은행, IBRD), 국제금융공사(IFC), 국제개발협회(IDA), 국제민간항공기구(ICAO), 만국우편연합(UPU), 국제해사기구(IMO), 세계기상기구(WMO), 국제전기통신연합(ITU), 세계지적재산권기구(WIPO), UN공업개발기구(UNIDO) 등	

신(新)한일어업협정

1998년 9월 25일 타결된 한일의 어업협정

한국과 일본은 1996년 200해리 배타적경제수역(EEZ) 제도를 도입한 UN해양법 협약을 비준하였다. 하지만 양국 해안이 마주보는 동해와 남해의 폭이 모두 400해리 미만이어서 한국과 일본의 EEZ는 겹칠 수밖에 없었고 이에 일본은 1965년 체결된 한일어업협정을 파기했다. 이후 한일 간 어업분쟁이 심화되자 1998년 11월 한일 양국 사이에 다시 어업협정을 체결해 이듬해 1월 22일부터 신한일어업협정을 발효하였다. 여기에서 양국은 편의적으로 독도를 중간수역에 두되 독도 주변 12해리를 영해로 한다는 데 합의했다. 한국은 이 협상에서 독도의 영유권에 대해서는 명시하지 않기로 합의하여 독도 영유권 다툼의 불씨를 남겼다.

AIIB(Asian Infrastructure Investment Bank : 아시아인프라투자은행)

미국과 일본이 주도하는 세계은행(World Bank)과 아시아개발은행(ADB) 등에 대항하기 위해 중국의 주도로 설립된 국제은행

아시아·태평양 지역 개발도상국의 인프라 구축을 목적으로 하는 국제은행으로, 시진핑 중국 국가주석이 2013년 10월 아시아 순방 중 제안하여 2016년 1월에 베이징에서 창립총회를 열면서 공식 출범했다. 한국, 인도, 영국, 독일 등 57개국을 창립회원국으로 하고 있으며 초기 자본금의 대부분은 중국이 투자하여 500억 달러 규모로 시작되었다.

파리 기후변화협약(Paris Climate Change Accord)
온실가스 감축을 목표로 파리에서 체결된 제21차 기후변화협약

당사국 총회의 교토의정서 체제(2020년 만료)의 연장선으로, 선진국과 개발도상국 구분 없이 '모든 국가가 자국이 스스로 정한 방식'에 따라 2021년부터 의무적인 온실가스 배출 감축을 시행하기로 했다. 2017년 미국 트럼프 전 대통령이 탈퇴를 선언하여 위기에 봉착했지만 2021년 1월 조 바이든 미국 대통령이 취임 첫날 파리 협정에 재가입하면서 일단락됐다.

> **상식 더하기**
>
> **교토 의정서(Kyoto Protocol)**
> 1997년 교토에서 열린 기후변화협약 제3차 당사국 총회에서 채택됐으며 러시아의 비준을 결정적인 계기로 발효됐다. 탄산가스 배출량에 대한 국가별 목표수치를 제시하고 있고 선진국의 감축의무 이행에 신축성을 활성하기 위한 방안으로 배출권거래제도(Emission Trading), 공동이행제도(Joint Implementation), 청정개발체제(Clean Development Mechanism) 등의 신축성체제(Flexibility Mechanism)를 도입했다. 이산화탄소 배출량이 큰 미국은 자국의 산업보호를 위하여 2001년에 탈퇴했다. 한편 2012년 카타르 도하에서 열린 제18차 UN기후변화협약(UNFCCC) 당사국 총회에서 교토 의정서의 효력을 2020년까지 연장했다.

▲ 환경보호에 대한 경각심을 높이기 위해 에펠탑에 설치된 지구본

호르무즈 해협(Hormuz Strait)
페르시아만과 오만만을 잇는 해협

해협의 북쪽에는 이란이 있고 남쪽에는 오만과 아랍에미리트가 있다. 가장 좁은 곳의 폭은 54km다. 이 해협은 세계적인 산유국인 사우디아라비아, 이란, 쿠웨이트의 중요한 석유 운송로로 세계 원유 공급량의 30% 정도가 영향을 받는 곳이기도 하다. 핵 문제와 관련하여 서방의 압력에 대항해 이란이 호르무즈 해협 봉쇄로 맞서 전 세계적으로 이슈가 되기도 했다.

핵확산금지조약
(NPT ; Nuclear non-Proliferation Treaty)
핵보유국이 비핵보유국에 핵무기를 이양하거나 비핵보유국이 핵무기를 보유하는 것을 금지하는 다자간 조약

1968년 미국, 소련, 영국 등 총 56개국이 핵무기 보유국의 증가 방지를 목적으로 체결하여 1970년에 발효되었다. 핵보유국에 대해서는 핵무기 등의 제3자로의 이양을 금지하고 핵군축을 요구한다. 비핵보유국에 대해서는 핵무기 개발·도입·보유 금지와 핵우산 보장, 원자력시설에 대한 국제원자력기구(IAEA)의 사찰을 의무화하고 있다. 우리나라는 1975년 86번째로 정식 비준국이 되었으며, 북한은 1985년 가입했으나 IAEA가 임시 핵사찰 이후 특별 핵사찰을 요구한 데 반발하여 1993년 3월 NPT 탈퇴를 선언했다. 같은 해 6월 미국과의 고위급회담 후에 탈퇴를 보류하였으나 2002년에 불거진 북한 핵개발 문제로 2003년 1월 다시 NPT 탈퇴를 선언하였다.

람사르 협약
세계적인 물새 서식처 람사르에서 열린 국제적으로 중요한 습지의 보전에 관한 국제 협약

동·식물의 서식지 기능과 생물자원의 생산 및 정화 기능 등 많은 이로운 역할을 하는 습지를 보전하기 위해 1971년 이란의 람사르에서 채택되었다. 이 협약의 가입국은 국제적으로 중요한 습지를 한 곳 이상 지정하고 지정한 습지의 생태학적 특성 유지를 위해 노력해야 한다. 또한 습지에 대한 이용계획 등이 필요하다. 우리나라는 1997년에 101번째 가입국이 되었고, 순천만과 보성갯벌 등을 람사르 습지로 등록했다.

바젤 협약(Basel Convention)

유해폐기물의 국가 간 불법이동에 따른 지구 차원의 환경오염 방지를 위해 스위스 바젤에서 채택한 협약

유해폐기물의 국가 간 불법이동이나 개도국의 환경 친화사업을 지원할 목적으로 UN환경계획(UNEP)과 세계환경단체들이 1983년 3월 스위스 바젤에서 채택한 협약이다. 이 협약의 취지는 병원성 폐기물을 포함한 유해폐기물의 국가 간 이동시, 사전통보 등의 조치를 취함으로써 유해폐기물의 불법이동을 줄이자는 데 있다. 대부분의 환경 관련 국제 협약이 미국, EU 등 선진국 주도로 이루어진 데 반해 이 협약은 아프리카 등 77그룹이 주도적인 역할을 하고 있다. 이는 후진국이 선진국의 '폐기물 처리장'이 되어서는 안 되겠다는 위기의식에서 출발했다. 우리나라는 1994년 2월에 가입하였고, 〈폐기물의 국가 간 이동 및 그 처리에 관한 법률〉을 1994년 5월부터 시행하였다.

RCEP(Regional Comprehensive Economic Partnership)

역내포괄적 경제동반자협정

아세안 10개국과 한·중·일, 호주, 뉴질랜드 등 15개국이 역내 무역자유화를 위해 체결한 다자간 자유무역협정(FTA)이다. RCEP는 전 세계 인구의 절반, 국내총생산(GDP)의 3분의 1을 차지하는 대규모 자유무역협정으로, 타결시 보호무역주의 확산 대응뿐 아니라 아세안·인도 등 신남방정책 주요 국가에 대한 교역·투자 다변화 차원에서 큰 의의가 있다.

> **상식 더하기**
> **아세안(ASEAN) 10개국**
> 브루나이, 캄보디아, 인도네시아, 라오스, 말레이시아, 미얀마, 필리핀, 싱가포르, 태국, 베트남

아그레망(Agrément)

특정 인물을 외교사절로 임명하기 전 상대국에 얻는 동의

외교사절을 임명하기 전에 받아들일 상대국의 의향을 확인하는데, 상대국이 이의가 없다고 회답하는 것을 '아그레망을 부여한다'라고 하며 아그레망을 얻은 사람을 '페르소나 그라타(Persona Grata)', 아그레망을 얻지 못한 사람을 '페르소나 논 그라타(Persona non Grata)'라고 한다. 일반적으로 아그레망은 요청 후 20~30일이 경과한 후에 부여하며 아그레망이 부여되었을 경우 대사는 국가원수에게 신임장(Letter of Credence)을 수여받는다.

> **상식 더하기**
>
> **페르소나 논 그라타(Persona non Grata)**
> '좋아하지 않는 인물'이란 뜻의 라틴어로 외교상의 '기피인물'을 의미한다. 외교사절의 아그레망이 요청되었을 때 요청받은 국가는 그 이유를 밝히지 않고 그 사람의 파견을 거부할 수 있다(외교관계에 관한 빈 협약 9조 참조).

일대일로(一帶一路)

중국의 시진핑 주석이 세운 21세기 육상 및 해상 실크로드 전략

고대 실크로드와 바닷길을 통해 해외시장을 개척했던 역사에서 착안하여 시진핑 중국 주석이 세운 계획이다. 중국에서 시작해 중앙아시아와 이란을 거쳐 지중해 연안으로 이어진 고대의 무역로를 따라 21세기 경제협력벨트를 형성하고, 바닷길로 중국·동남아시아·남아시아·중동·아프리카를 연결시키겠다는 것이다. 이는 중국과 중국 이외의 유라시아 국가들을 연결시켜 서로 협력하도록 하는 데 목표를 둔다.

고노 담화

일본군 위안부 모집에 대해 일본군이 강제 연행했다는 것을 인정하는 내용이 담긴 담화

1993년 8월 4일 당시 일본의 관방장관 고노 요헤이가 위안부 문제와 관련해 일본군 및 관헌의 관여와 징집·사역에서의 강제를 인정하고 문제의 본질이 중대한 인권침해였음을 승인하면서 사죄한 것으로, 일본 정부의 공식 입장이다. 아베 전 총리는 고노 담화를 수정할 필요가 있다고 언급해 논란을 일으키기도 했다.

> **상식 더하기**
> - 무라야마 담화 : 1995년 당시 일본 무라야마 총리가 식민지 지배와 침략의 역사를 인정하고 사죄하는 뜻을 공식적으로 표명한 담화. 외교적으로 일본이 가장 적극적으로 일본의 식민지 지배를 사죄한 것으로 평가되지만 강제동원 피해자에 대한 배상 문제와 군 위안부 문제 등에 대한 언급은 없었다.
> - 미야자와 담화 : 1982년 역사교과서 파동시 미야자와 당시 관방장관이 "일본 정부가 책임지고 교과서 기술을 시정하겠다"고 밝힌 내용으로, 일본은 이에 근거해 교과서 검정 기준에 '근린제국 조항'을 넣었다.

아파르트헤이트(Apartheid)

남아프리카 공화국의 옛 백인정권이 시행한 극단적인 유색인종차별 정책

'분리, 격리'를 의미하는 아프리칸스어이다. 1948년 정권을 잡은 국민당은 인종별로 거주지를 정하는 집단지역법, 출생시 인종별 등록을 의무화한 인종등록법, 인종 간 결혼을 금지하는 잡혼금지법 등을 제정하는 등 차별을 제도화하기 시작했다. 국제적인 비난여론이 일자 해당 법을 전면 폐지하였고, 1994년 넬슨 만델라 정권이 출범하면서 백인에 의한 지배는 종언을 고하게 되었다.

팔레스타인 분쟁
유대인들이 팔레스타인 지역에 이스라엘을 건국하며 발생한 분쟁

팔레스타인은 이스라엘과 요르단의 여러 지역을 포함하며 대체로 서쪽의 지중해에서 동쪽의 요르단 강까지, 북쪽의 이스라엘과 레바논 국경지대에서 남쪽의 가자 지구에 이르는 지역을 가리킨다. 밸푸어 선언과 시오니즘 운동으로 유대인들이 팔레스타인으로 모여들면서 예전부터 거주하던 아랍인과의 갈등이 격화되어 분쟁이 심화되자 1947년에 UN이 팔레스타인을 이스라엘과 아랍의 양국으로 분할하는 안건을 결의하였다. 이듬해에 이스라엘 공화국이 건국되면서 아랍연합군과 이스라엘의 중동전쟁이 4차례, 이스라엘과 팔레스타인 간에 2차례 전쟁이 일어났다. 중동평화를 위한 국제사회의 중재로 여러 평화협정이 있었으나 팔레스타인인들의 자살폭탄 공격과 이스라엘의 반격 등으로 분쟁이 끊이지 않고 있다.

데탕트(Détente)
동·서 진영 간의 긴장완화

과거 미·소 양국이 이른바 냉전 상태를 지속해오다가 1970년대에 들어서면서 양국의 평화공존 정책으로 점차 세계 전체에 전쟁의 위기가 완화된 것을 말한다. 데탕트라는 말이 정치 용어로 처음 쓰인 것은 1970년대 초 당시 미국의 닉슨 대통령이 중국 등 공산국가들을 방문하고 냉전 종식을 위한 합의문을 이끌어낸 데서 비롯했다. '데탕트 무드'는 동서냉전이 차차 줄어들고 양쪽 진영이 화해의 제스처를 취했다는 의미로 미국 언론이 처음으로 사용했다.

오슬로 협정(Oslo Accord)

팔레스타인과 이스라엘 사이에 이루어진 평화협정

1993년 9월 13일 이스라엘의 라빈 총리와 팔레스타인 해방기구(PLO)의 아라파트 의장이 팔레스타인 독립국과 이스라엘의 평화적 공존에 대해 합의한 것을 말한다. 팔레스타인의 자치, 이스라엘 군대의 철수, 난민 문제 등을 주요 내용으로 한다. 이스라엘은 PLO를 합법적인 팔레스타인 정부로 인정하고, PLO도 이스라엘의 존재 근거를 인정하여 공존의 가능성을 제시했다는 공로를 인정받아 아라파트 의장과 라빈 총리는 1994년 노벨평화상을 받기도 했다. 그러나 이후 라빈 총리가 이스라엘의 극우파에 의해 암살되고 극우파인 네타냐후가 정권을 잡으면서 협정은 교착상태에 빠졌다.

> **상식 더하기**
>
> **팔레스타인 해방기구(PLO)**
> 1964년 팔레스타인 독립국가의 건설을 목표로 하여 결성된 저항조직이다. 이스라엘에 대항하여 군사활동과 독립을 위한 외교활동을 한다.

세계무역기구(WTO)

경제발전과 교류를 위해 설립된 국제기구

1994년 우루과이라운드 협상이 마무리되고 마라케시 선언을 공동으로 발표함으로써 1995년 1월 정식 출범하였고, 1947년 이래 국제무역질서를 규율해오던 '관세 및 무역에 관한 일반협정(GATT)' 체제를 대신하게 되었다. WTO는 세계무역분쟁 조정, 관세 인하 요구, 반덤핑규제 등 막강한 국제적인 법적 권한과 구속력을 행사한다. 1995년에 설립되었으며, 본부는 제네바에 있다. 우리나라에서는 WTO 비준안 및 이행방안이 1994년 통과되었다.

코소보 사태
1998년 3월, 알바니아계 코소보 주민들이 세르비아로부터의 분리·독립을 주장하며 세르비아 경찰을 공격하면서 시작된 충돌

　세르비아 정부가 알바니아계 코소보 주민들을 대상으로 '인종청소'를 벌이며 유혈충돌 사태가 확산되었다. 미국과 유럽연합(EU) 회원국들은 세르비아 병력의 철수, 잔혹한 인종청소의 중단을 촉구하며 나토(NATO) 병력으로 세르비아를 공습해 슬로보단 밀로셰비치 대통령의 항복을 받아내고 UN 전범재판소로 보냈다. 2008년 코소보 의회는 찬반투표를 실시해 만장일치로 코소보의 독립을 결정했으나 세르비아는 코소보의 일방적인 독립선언이 무효임을 주장하였다.

베스트팔렌 조약(Peace of Westfalen)
독일 30년전쟁을 종료하기 위해 체결된 평화조약

　1648년 독일 북부 베스트팔렌 지방의 오스나브뤼크에서 독일, 프랑스, 스웨덴 등의 여러 나라가 30년전쟁의 종결을 위해 체결한 평화조약이다. 이 조약을 체결함에 따라 독일을 주요 무대로 유럽의 여러 나라들이 참여했던 30년전쟁이 끝나며 주권 국가들의 공동체인 근대 유럽의 정치구조가 나타나는 계기가 됐다. 많은 나라들이 영토를 인정받게 되었고, 네덜란드와 스위스는 독립된 공화국으로 인정받았으며, 아우크스부르크 평화협정을 추인하여 가톨릭, 루터파, 칼뱅파 모두에게 신앙의 자유를 인정하였다.

모라토리엄(Moratorium)
대외 채무에 대한 지불유예

라틴어로 '지체하다'란 뜻의 'Morari'에서 파생된 말로, 채무의 상환기한이 되었지만 전쟁·지진·경제공황·화폐개혁 등 한 국가 전체 또는 어느 특정 지역에서 긴급사태가 생기는 등의 문제로 당장 갚을 수는 없어 국가권력을 발동해 금전적인 채무이행을 일정 기간 동안 연장하는 것이다. 채무국은 여러 협상을 통해 외채 상환을 유예받지만 국제적으로 신용이 하락하여 대외거래에 많은 어려움이 뒤따르게 된다.

> **상식 더하기**
>
> **디폴트(Default)**
> 국가나 기업의 부도, 개인의 파산처럼 부채를 갚을 때가 됐는데도 이자 지불이나 원금 상환이 불가능한 상태인 것을 말한다. 과거 아르헨티나, 러시아 등이 디폴트를 선언한 바 있다. 디폴트를 선언한 후 채무불이행국과 채권국이 협상에 들어가게 되지만 일단 디폴트를 선언하게 되면 국가의 대외신인도가 크게 떨어진다. 또한 구조조정이나 세금인상 등의 불이익을 감수해야 한다.

G20(Group of 20)
주요 20개국 정상들의 모임

선진국 외에 주요 신흥국을 포괄하는 국제논의체제가 필요하다는 인식이 확산되면서 1999년에 창설된 국제기구이다. 회원국은 미국, 프랑스, 영국, 독일, 일본, 이탈리아, 캐나다 등 G7에 속한 7개국과 대한민국, 유럽연합 의장국, 러시아, 아르헨티나, 호주, 브라질, 중국, 인도, 인도네시아, 멕시코, 사우디아라비아, 남아프리카공화국, 터키를 포함하는 13개국을 더한 20개국이다.

항모전단
공해상을 자유롭게 떠다니는 군사기지

공해상의 항공모함(함모)은 순양함, 구축함, 잠수함 등이 호위하는데, 이들을 묶어 항모전단이라 부른다. 항모 운용은 대규모 군사력을 적기에 해외에 전개할 수 있어 목표물에 신속하게 접근할 수 있다. 미국의 조지워싱턴호 한 척에 배치된 전투기 80여 대는 웬만한 중·소규모 국가의 공군력을 압도할만한 파괴력을 지닌다. 세계 최초의 항모는 1918년 건조된 영국 해군의 아거스호이고 항모로 가장 유명한 나라는 일본이다. 1941년 태평양전쟁의 막을 연 진주만 공습 때 일본은 전투기 450대를 실은 항모 6척을 보내 미 태평양함대를 순식간에 불구로 만들 만큼 엄청난 타격을 가해 역사적인 기록을 남긴 바 있다. 현재 항모 보유국은 10개국이지만 실질적인 전력으로 사용하는 나라는 미국뿐이다. 항모전단 하나를 운용하는 비용이 20조원에 달하기 때문이다.

다보스 포럼(Davos Forum)
스위스 다보스에서 열리는 세계경제포럼(WEF ; World Economic Forum)

1971년 비영리 재단 '유럽인 경영 심포지엄'으로 출발하였으나 1973년에 전 세계로 그 범위를 넓혔고 참여회원 또한 정치인까지 확대되었다. 독립된 비영리 단체로서 세계 각국의 정상과 장관, 재계 및 금융계 최고 경영자들이 모여 각종 정보를 교환하고 세계경제의 발전방안 등을 논의한다. 본부는 스위스 제네바에 있다.

난사군도 분쟁

남중국해에 있는 스프래틀리제도에 대한 주권을 주장하는 국가들 간의 분쟁

남중국해는 중국의 남쪽에 위치하여 중국을 비롯하여 대만, 베트남, 필리핀, 말레이시아, 브루나이에 둘러싸인 해역이다. 남중국해에는 4개의 군도가 있는데 그중 난사군도(중국 명칭)의 점유해역이 가장 넓다. 섬 자체의 효용성은 적지만 풍부한 천연자원이 매장돼 있고 해상교통의 요충지이기 때문에 현재 6개국이 영유권을 주장한다. 중국과 대만은 역사적 권원, 베트남은 지리적 근접성, 필리핀은 무주지 선점, 말레이시아와 브루나이는 대륙붕 관련 해양법 협약에 따른 근거를 내세워 각각 영유권과 관할권을 주장하고 있어 분쟁이 계속되고 있다.

치킨게임(Chicken Game)

어느 한쪽도 양보하지 않고 극단적으로 치닫는 게임

어느 한쪽이 양보하지 않을 경우 양쪽 모두 파국으로 치닫게 되는 극단적인 게임이론이다. 과거 미국 청년들 사이에서 유행한 자동차 게임이론에서 유래되었는데, 두 대의 차량이 마주보며 돌진하다가 충돌 직전에 누군가 양보하지 않으면 양쪽 모두 자멸하게 된다는 것이다. 1950~1970년대 미국과 소련 사이의 극심한 군비경쟁을 꼬집는 용어로 사용되면서 국제정치학 용어로 정착되었다. 정치나 노사협상, 국제외교 등에서 상대의 양보를 기다리다가 파국으로 끝나는 것 등을 예로 들 수 있다.

이어도(離於島) 분쟁
이어도에 대한 한국과 중국의 영유권 분쟁

이어도는 제주의 마라도에서 서남쪽으로 149km, 중국 동부 장쑤성 앞바다 가장 동쪽의 퉁다오로부터 247km 떨어져 있는 수중 암초로서 한국과 중국이 주장하는 배타적경제수역(EEZ)이 중첩되는 곳이다. 양국은 1996년부터 해상경계 획정에 관한 협상을 벌이고 있지만 경계선을 정하지 못해 이어도를 둘러싼 한·중 갈등이 계속되었다. 그러다가 중국이 2013년 한국 관할 지역인 이어도를 포함한 동중국해 상공에 방공식별구역을 선포하자 한국 정부도 15일 만에 제주도 남단의 이어도까지 확대한 새로운 한국방공식별구역(KADIZ)을 선포했다. KADIZ는 1951년 3월 미 태평양 공군이 설정한 이후 62년 만에 재설정된 것이다. 우리 정부는 이어도가 우리 영토에 근접해 있기 때문에 실질적인 점유를 통해 관할권을 행사한다는 전략인 반면 중국은 해안선의 길이나 배후인구 등을 고려할 때 이어도의 관할권은 자국에 있다고 주장하고 있다. 한편 우리나라는 2003년 이어도 해양과학기지를 건설하고, 해양·기상 관련 자료를 수집하며 해경의 수색 및 구난기지로 활용하고 있다. 2016년부터는 중국과 해양 경계획정을 위한 협상을 시작했지만 아직 뚜렷한 성과는 거두지 못하고 있다.

인플레이션감축법(IRA)
미국 정부가 인플레이션 완화를 위해 발표한 법안

미국이 급등한 인플레이션을 완화하기 위해 마련한 법안으로 기후변화 대응, 의료비 지원, 법인세 인상 등의 내용을 골자로 한다. 2022년 8월 16일 조 바이든 미국 대통령이 법안에 서명하면서 발효됐다. 해당 법안에는 전기차 보급 확대를 위해 보조금(세액공제 혜택)을 주는 내용도 포함됐는데, 중국 등 우려 국가의 배터리 부품 및 광물을 일정비율 이하로 사용해야 하고, 북미에서 최종 조립된 전기차에만 보조금을 지급한다는 조건이 걸렸다. 이에 국내 자동차 업계의 전기차 수출이 차질을 빚을 것으로 전망됐다.

2차 세계대전 이후 국제회담
연합군의 승리가 확실시되자 전후 처리에 관해 이뤄진 논의

회담	내용	대표국
카이로 선언(1943)	한국의 독립보장 선언	미 · 영 · 중
테헤란 회담(1943)	연합국 상륙작전	미 · 영 · 소
얄타 회담(1945)	38도선의 설정	미 · 영 · 소
포츠담 선언(1945)	카이로 선언 재확인	미 · 영 · 중 · 소
모스크바 3상 회의 (1945)	한반도 5년간 신탁통치 합의	미 · 영 · 소
미 · 소 공동 위원회 (1946)	신탁통치협약 작성을 위한 위원회, 한국 통일 문제 토의	미 · 소

솅겐 조약(Schengen Agreement)
유럽연합 회원국 간의 국경개방 조약

1985년 6월 14일 유럽연합(EU) 회원국 가운데 독일·프랑스·베네룩스 3국의 5개국이 국경을 개방하고 정보를 공유하기로 한 국제조약을 룩셈부르크 솅겐에서 선언한 데에서 유래한 것으로 국경에서의 검문·검색 폐지 및 여권검사 면제 등 인적 교류를 위해 국경 철폐를 선언한 국경개방 조약이다. 조약이 발효됨으로써 현재 유럽 영역 내에서 조약에 가입된 29개국(불가리아·루마니아 부분 합류)을 여권 제시 없이 자유로이 통행할 수 있다.

TRIPs(agreement on Trade-Related aspects of Intellectual Property rights)
특허권, 의장권, 상표권, 저작권 등 무역 관련 지적재산권에 관한 다자 간 협정

지적재산권에 대한 국가 간 보호는 세계지적재산권기구(WIPO)를 중심으로 파리 협약, 베른 협약, 로마 협약 등 개별적인 국제협약에 의해 시행돼 왔으나 보호수준이 미약하고 관세무역일반협정(GATT) 체제의 다자간 규범 내에 있지 않아 무역마찰이 빈번했다. 이렇게 국제적인 지적재산권 보호 강화 필요성이 대두됨에 따라 지적재산권이 1986년부터 시작된 우루과이라운드(UR) 다자간 협상의 한 가지 의제로 채택되었으며, 1994년 출범한 WTO의 부속협정으로 보장되었다.

아시아태평양 경제협력체
(APEC ; Asia-Pacific Economic Cooperation)
태평양 주변 국가들의 정치·경제적 결속을 다지는 국제기구

태평양 주변 국가들의 정치 · 경제적 결속을 다지는 기구로 지속적인 경제성장과 공동의 번영을 위해 1989년 호주 캔버라에서 12개국 간의 각료회의로 출범했다. APEC은 2022년 기준으로 세계 GDP의 59%, 총 교역량의 50%를 점유하는 최대의 지역협력체로 총 회원국은 한국, 미국, 일본, 오스트레일리아, 뉴질랜드, 캐나다, ASEAN 6개국(말레이시아, 인도네시아, 태국, 싱가포르, 필리핀, 브루나이) 등 총 21개국이 가입해 있다.

> **상식 더하기**
>
> **APEC 회원국(21개국)**
> 호주, 브루나이, 캐나다, 칠레, 중국, 홍콩, 인도네시아, 일본, 대한민국, 말레이시아, 멕시코, 뉴질랜드, 파푸아뉴기니, 페루, 필리핀, 러시아, 싱가포르, 대만, 태국, 미국, 베트남

베른 협약(Berne Convention)
1886년 스위스의 수도 베른에서 문학·예술적 저작물에 대한 저작권자의 권리를 보호하기 위해 체결된 조약

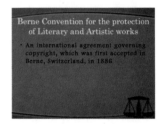

외국인의 저작물을 무단 출판하는 것을 막고 다른 가맹국의 저작물을 자국민의 저작물과 동등하게 대우하도록 한다. 무방식주의에 따라 별도의 등록 없이 저작물의 완성과 동시에 저작권이 발생하는 것으로 보며 보호기간은 저작자의 생존 및 사후 50년을 원칙으로 한다.

콘클라베(Conclave)

가톨릭의 교황을 선출하는 선거시스템

선거권을 가진 추기경단의 선거회로, 교황 서거 또는 사임 후 추기경들에 의해 진행된다. 교황 선거자인 추기경들이 외부로부터 격리되어 시스티나 성당에 모여 비밀 투표를 반복하는 것으로, 투표자의 3분의 2 이상의 표가 나올 때까지 계속한다. 교황 선거에 참가할 수 있는 추기경은 80세 미만으로 한정된다.

세계 4대 통신사(News Agency)

영국의 로이터(Reuters), 프랑스의 AFP(Agence France Presse), 미국의 AP(Associated Press)·UPI(United Press International)

로이터 (Reuters)	1851년 설립되어 영국의 뉴스 및 정보를 제공하는 국제통신사로, 정확하고 신속한 보도가 강점이며 금융정보 제공의 비중이 크다.
AFP (Agence France Presse)	1835년 설립된 근대적 통신사의 기원이라 불리는 아바스 통신사가 그 전신으로, 프랑스는 물론 라틴아메리카·서아시아 등 세계에서 활동하고 있다.
AP (Associated Press)	1848년 설립된 세계 최대의 통신사로, 비영리법인이다. 뉴스취재망과 서비스망을 갖추고 문자·사진·그래픽·오디오·비디오 뉴스 등을 제공한다.
UPI (United Press International)	1907년 뉴욕에서 창설된 통신사로, 1·2차 세계대전을 겪으며 국제통신사로 성장하였다. 하지만 여러 차례 소유주가 바뀌면서 쇠퇴하기 시작했고, 2000년 통일교 교주 문선명이 세운 뉴스월드커뮤니케이션스에 인수되었다.

개성공단
남북이 합의하여 북측 지역인 개성시 봉동리 일대에 조성한 공업단지

2000년 8월 현대와 북한 조선아태평화위원회가 합의한 사업으로 한국토지공사와 현대아산이 북한으로부터 토지를 50년간 임차해 공장구역으로 건설하고 국내외 기업에 분양해 관리하는 방식으로 전개되었다. 북측은 2002년 11월 남측 기업의 개성공단 진출을 위해 〈개성공업지구법〉을 제정하여 공포했고, 2003년 6월 30일에 착공식이 열렸다. 이후 남북은 실질적인 부지조성공사에 들어가 2004년 12월에 완성됐다. 하지만 2016년 2월 10일 안보상의 이유와 남북관계 악화로 통일부는 '개성공단 전면중단' 조치를 발표했다. 이후 업체들의 피해 문제와 재가동에 대한 논란이 끊이지 않고 있다.

북한의 국무위원회
2016년 6월 29일 북한의 최고인민회의 제13기 제4차 회의에서 기존 국방위원회를 폐지하고 만든 최고 정책기관

기존의 국방위원회가 폐지됨에 따라 김정은의 직책이 국방위원회 제1위원장에서 국무위원장으로 바뀌었다. 국무위원회는 국방건설사업을 비롯한 국가의 중요 정책을 토의·결정하고, 국무위원장 명령·국무위 결정·지시집행정형을 감독하며 대책을 수립한다. 국무위원장은 대내외 사업을 비롯한 국가사업 전반을 지도하며 국무위원회 사업을 직접 관장한다.

4월 판문점선언

판문점 평화의 집에서 발표한 남북정상회담 합의문

2018년 4월 27일 문재인 전 대통령과 김정은 북한 국무위원장이 판문점 평화의 집에서 발표한 남북정상회담 합의문이다. 양 정상은 이 선언을 통해 핵 없는 한반도 실현, 연내 종전 선언, 남북공동연락사무소 개성 설치, 이산가족 상봉 등을 천명하였다.

> **상식 더하기**
>
> 판문점선언 주요 내용
> 1. 남북관계의 획기적인 개선 및 발전으로 공동 번영과 자주적 한국의 재통일을 앞당김
> 2. 한반도에서 첨예한 군사적 긴장상태 완화 및 전쟁 위험 실질적 해소
> 3. 한반도의 항구적이며 공고한 평화체제 구축을 위한 협력

9월 평양공동선언

평양에서 열린 남북정상회담을 통해 발표한 공동선언

2018년 9월 18~20일 문재인 전 대통령과 김정은 북한 국무위원장이 평양에서 가진 남북정상회담을 통해 발표한 공동선언이다. 남북정상은 '9월 평양공동선언 합의문'에 서명한 후 공동 기자회견을 통해 한반도의 전쟁 위험 제거, 비핵화 등 군사적 긴장 완화 조치는 물론 철도 · 도로 구축 등 남북경제협력과 관련된 내용이 포함된 '9월 평양공동선언'을 발표했다.

> **상식 더하기**
>
> 평양공동선언 주요 내용
> 1. 한반도 전 지역에서의 전쟁위험 제거
> 2. 민족경제 균형 발전
> 3. 이산가족 문제의 근본적 해결
> 4. 다양한 분야 교류협력 적극 추진
> 5. 한반도 비핵화 및 평화 터전 조성
> 6. 김정은 위원장의 서울 방문

7·4 남북공동성명

1972년 남·북한의 긴장완화와 통일문제에 관해 남과 북이 동시에 발표한 공동성명

　서울에서는 당시 이후락 중앙정보부장이, 평양에서는 김영주 노동당 조직지도부장을 대리한 제2부수상 박성철이 동시에 성명을 발표했다. 이 성명에서 자주·평화·민족 대단결이라는 통일의 3대 원칙을 공식 천명하였다. 이밖에도 상호 중상비방(中傷誹謗)과 무력 도발의 금지, 다방면에 걸친 교류 실시 등에 합의하고 합의사항의 추진과 남북 사이의 문제 해결 및 통일문제의 해결을 위해 남북조절위원회를 구성·운영하기로 하였다. 그러나 통일논의를 자신의 권력기반 강화에 이용하려는 남·북한 권력자들의 정치적 의도로 인해 방향성을 잃게 되었고, 김대중 납치사건(1973년 8월)으로 조절위원회마저 중단되었다.

04

문화·미디어·스포츠

가짜뉴스(Fake News)
뉴스의 형태를 띠고 있지만 실제 사실이 아닌 거짓된 뉴스

실제 사실을 보도하는 것처럼 보이지만 거짓 정보를 뉴스 형태로 만든 것으로, 대중의 시선을 끌기 위한 황색언론으로 분류된다. 일정 부분은 사실을 기반으로 하지만 특정 목적을 달성하기 위해 핵심을 왜곡하거나 조작한다. 이러한 형태의 가짜뉴스는 통신 매체의 급격한 발달로 파급력을 키우면서 전 세계적인 문제가 되고 있다. 2016년 미국 대통령 선거에서 가짜뉴스로 형성된 여론이 급격히 확산된 사례가 대표적이다.

> **상식 더하기**
>
> **탈진실(Post-truth)**
> 사실의 진위와 상관없는 대중의 감정이나 신념이 여론을 형성하는 것을 말한다. 대중에게 호소력이 있느냐가 진실보다 중요하게 여겨져 나타나는 현상이다. 옥스퍼드 사전은 이를 전 세계적으로 나타나는 시대적 특성이라고 진단하며 2016년에 '올해의 단어'로 '탈진실'을 선정하기도 했다.

부커상(Booker Prize)

노벨문학상, 프랑스의 공쿠르상과 함께 세계 3대 문학상 중의 하나

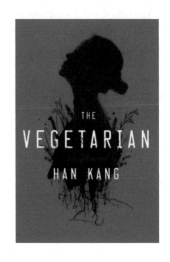

1969년 영국의 부커사가 제정한 문학상으로 해마다 영국 연방국가에서 출판된 영어소설들을 대상으로 시상한다. 2005년에는 영어로 출간하거나 영어로 번역 가능한 소설의 작가를 대상으로 상을 수여하는 인터내셔널 부문이 신설되어 격년으로 진행되다 2016년부터 영어번역소설을 출간한 작가와 번역가에 대해 매년 시상하는 것으로 변경되었다. 2016년 인터내셔널 부문에 우리나라의 소설 〈채식주의자〉가 선정돼 이 소설의 작가인 한강과 영국인 번역가 데보라 스미스가 수상했다. 부커상의 원래 명칭은 맨부커상이었지만 2019년 '맨'을 뺀 부커상으로 이름을 변경했다.

상식 더하기

세계의 주요 문학상

구분	내용
공쿠르상 (Le Prix de Goncourt)	프랑스의 4대 문학상 중의 하나로 권위가 높으며 프랑스의 작가 에드몽 공쿠르의 유언에 따라 1903년에 제정되어 산문, 특히 소설작품에 시상한다.
노벨문학상 (Nobel Prize in Literature)	노벨상의 하나로 스웨덴 문학 아카데미에서 수상 작가를 선정한다. 원칙적으로 작품이 아닌 작가에게 시상한다.
뉴베리상 (Newbery Awards)	1922년부터 미국 아동 문학(소설 · 시집 · 논픽션)에 공헌한 작가에게 수여되는 상이다. 수상 대상은 미국 시민이나 미국에 거주하는 사람의 작품이다.
에드거상 (미국 추리 작가 협회상)	미국의 추리작가협회에서 에드거 앨런 포를 기념하여 1954년 제정한 것으로 매년 4월, 소설 · 평론 · 텔레비전 · 영화 등 다양한 부문에 걸쳐 시상한다.

밀키트(Meal Kit)
반조리 간편식

조리에 필요한 부재료가 모두 들어있어 집에서도 간편하게 조리할 수 있도록 만든 반조리 간편식을 말한다. 미국이나 유럽, 일본 등에서는 이미 보편화되어 있는데, 우리나라의 경우 1인 가구가 급증하면서 밀 키트 시장이 점점 커졌다. 집에서 해먹기에는 재료 준비와 조리 과정이 까다롭고 복잡해 음식점에 가야 먹을 수 있는 음식들을 손쉽게 해먹을 수 있고, 적은 양을 만들어 먹기에도 부담이 적어 지속적으로 매출이 상승하고 있다.

FOOH(Fake Out of Home)
실사 배경에 컴퓨터그래픽 이미지로 구현한 이미지를 씌운 페이크 옥외광고

실제로 존재하는 장소에 컴퓨터그래픽 이미지(CGI)로 구현한 이미지를 씌워서 만든 '페이크 옥외광고'다. '가짜'를 뜻하는 'Fake'와 '옥외광고'를 뜻하는 'OOH(Out of Home)'의 합성어로 미국의 디지털 아티스트이자 필름메이커인 이안 패덤이 처음 사용했다. 증강현실(AR)과 CGI 기술을 결합해 만든 초현실적인 이미지를 활용하여 단기간에 효과적으로 브랜드와 제품을 소비자에게 각인시킬 수 있고, 일반적인 옥외광고와 달리 장소 대여부터 설치 · 유지 비용이 들지 않으면서 쓰레기도 발생하지 않아 친환경적이라는 점이 가장 큰 특징이다. 이는 숏폼(Short-form) 형식에도 부합해 새로운 마케팅 트렌드로 활용되고 있다.

미쉐린가이드(Michelin Guide)
프랑스 타이어 회사 미쉐린이 출판하는 가이드북

프랑스의 타이어 회사 미쉐린이 발간하는 세계 최고 권위의 여행정보 안내서로, 타이어 구매 고객에게 서비스로 배포한 자동차여행 안내책자에서 출발했다. 숙박시설과 식당에 관한 정보를 제공해주는 '레드'와 박물관, 자연경관 등 관광정보를 제공해주는 부록 형태의 '그린'이 있다. '레드'의 평가원은 일반 고객으로 가장해 동일한 식당을 연간 5~6회 방문하여 평가하는데, 별점을 부여하는 방식(최고 별 3개)으로 등급을 나눈다. '그린' 역시 별점을 부여하는 방식으로 평가한 후 대상을 소개한다.

염소의 저주(Curse of the Goat)
미국 프로야구 메이저리그의 팀인 '시카고컵스'의 징크스

1945년 미국 프로야구 메이저리그의 시카고컵스와 디트로이트와의 월드시리즈 경기에 염소를 데리고 입장하려 했던 관중인 빌리 시아니스(Billy Sianis)는 컵스에 의해 입장을 거부당했다. 그가 "다시는 컵스가 우승하지 못할 것이다"라는 말을 남기고 사라진 후 시카고컵스는 계속 우승하지 못하여 이러한 이름의 징크스가 생겼다. 그러다 2016년에 시카고컵스는 클리블랜드 인디언스를 꺾고 1908년 이후 무려 108년 만에 우승하여 '드디어 염소의 저주가 깨졌다'며 환호했다.

세계 3대 영화제

구분	특징
베니스 영화제 (이탈리아)	• 1932년 창설, 매년 8~9월에 열리는 가장 오래된 영화제 • 최고의 작품상(그랑프리)에는 '황금사자상'이 수여되고, 감독상에는 '은사자상'이, 남·여 주연상에는 '볼피컵상'이 수여된다. • 2012년 김기덕 감독의 〈피에타〉가 황금사자상을 수상했다.
칸 영화제 (프랑스)	• 1946년 시작되어 매년 5월 개최 • 대상은 '황금종려상'이 수여되며 시상은 경쟁 부문과 비경쟁 부문, 주목할만한 시선 부문 등으로 나뉜다. 우리나라는 〈춘향뎐〉(1999)으로 경쟁 부문에 최초 진출했다. • 2019년에는 봉준호 감독의 영화 〈기생충〉이 황금종려상을 받았다. • 2022년 박찬욱 감독이 〈헤어질 결심〉으로 감독상을, 배우 송강호가 〈브로커〉로 남우주연상을 수상했다.
베를린 영화제 (독일)	• 1951년 창설하여 매년 2월 개최 • 최우수 작품상에 수여되는 '금곰상'과 심사위원 대상·감독상·연기자상 등에 수여되는 '은곰상' 등이 있다. • 2020년 홍상수 감독은 배우 김민희 주연의 〈도망친 여자〉로 은곰상(감독상)을 수상했다. 이어 2021년에는 〈인트로덕션〉(각본상), 2022년에는 〈소설가의 영화〉(심사위원대상)로 3회 연속 은곰상을 수상했다. 2024년 〈여행자의 필요〉로 은곰상 심사위원대상을 두 번째로 수상했다.

트랜스미디어
미디어를 초월한 미디어

홍익대학교 시각디자인학과 장동련 교수가 '횡단·초월(Trans)'과 '미디어(Media)'를 합성하여 제시한 용어이다. 미디어 간의 경계선을 넘어 서로가 결합·융합되는 현상을 의미한다. 방송·신문·인터넷·모바일 등의 미디어를 유기적으로 연결한 콘텐츠를 제공하며 시청자의 요구에 다각적으로 반응할 수 있는 양방향 소통이 가능해져 시청자의 편의를 도모할 수 있다. 또한 기술과 감성이 조화를 이룬 미디어 단계를 일컫는다.

스크린쿼터(Screen Quota)
자국 영화 의무상영일수제도

국산 영화 진흥을 위해 국산 영화를 일정 기준 일수 이상 상영하도록 강제하는 제도적 장치다. 우리나라에서는 1967년부터 시행됐고 1985년에는 연간 상영일 수 2/5 이상과 인구 30만 이상의 시지역의 경우 한국 영화와 외국 영화를 번갈아가며 상영을 각각 의무화하였다. 하지만 2006년 '영화 및 비디오물의 진흥에 관한 법률 시행령'에 따라 연간 의무 상영 일수가 1/5(73일)로 축소되었다.

오마주(Hommage)
특정 작품이나 작가에 대한 존경의 표시로 인용하는 것

사전적인 의미로 '존경, 경의'라는 뜻을 지닌 프랑스어로 존경하는 예술가와 비슷하게 또는 원작 그대로 표현하는 것을 의미한다. 예술·문학작품에서는 존경하는 작가의 원작과 비슷한 작품을 창작하거나 원작을 그대로 재현해내는 것을 말하며 영화계에서는 존경하는 영화인 또는 영화 장면을 재현해냄으로써 작가나 작품에 경의를 표한다.

4·19 혁명 기록물과 동학농민혁명 기록물
2023년 유네스코 세계기록유산으로 등재된 우리 문화유산

2023년 5월 18일(현지시간) 열린 유네스코 집행이사회에서 세계기록유산으로 등재가 결정된 한국의 문화유산이다. 4·19 혁명 기록물은 1960년 독재정권을 무너뜨린 학생 주도의 민주화운동과 관련된 1,019점의 자료를 말한다. 다양한 유형의 자료로 구성돼 있어 혁명의 원인과 전개 과정, 혁명 직후의 처리 과정을 보여주며, 1960년대 세계학생운동에 영향을 미쳤다는 점에서 중요성을 인정받았다. 동학농민혁명 기록물은 1894~1895년 일어난 동학농민혁명과 관련된 185점의 기록물로 조선 백성이 주체가 돼 자유·평등·인권의 보편적 가치를 지향했다는 점에서 세계사적 중요성을 인정받았다. 이는 2017년 '조선왕실 어보와 어책', '국채보상운동 기록물', '조선통신사 기록물'이 등재된 이후 6년 만으로, 이로써 유네스코에 등재된 한국의 세계기록유산은 총 18건으로 늘었다.

우리나라 유네스코 등재 세계유산

구분	등록현황
세계문화 유산	석굴암 · 불국사(1995), 해인사 장경판전(1995), 종묘(1995), 창덕궁(1997), 수원화성(1997), 경주역사유적지구(2000), 고창 · 화순 · 강화 고인돌 유적(2000), 조선왕릉(2009), 안동하회 · 경주양동마을(2010), 남한산성(2014), 백제역사유적지(2015), 산사 · 한국의 산지승원(2018), 한국의 서원(2019), 가야고분군(2023)
세계자연 유산	제주화산섬과 용암동굴(2007), 한국의 갯벌(2021)

우리나라 유네스코 등재 세계기록유산

구분	등록현황
세계기록 유산	훈민정음(1997), 조선왕조실록(1997), 직지심체요절(2011), 승정원일기(2001), 해인사 대장경판 및 제경판(2007), 조선왕조의궤(2007), 동의보감(2009), 일성록(2011), 5 · 18 민주화운동 기록물(2011), 난중일기(2013), 새마을운동 기록물(2013), KBS 특별생방송 〈이산가족을 찾습니다〉 기록물(2015), 한국의 유교책판(2015), 조선왕실 어보와 어책(2017), 국채보상운동 기록물(2017), 조선통신사 기록물(2017), 4 · 19 혁명 기록물(2023), 동학농민혁명 기록물(2023)

우리나라 유네스코 등재 인류무형문화유산

구분	등록현황
인류무형 문화유산	종묘제례 및 종묘제례악(2001), 판소리(2003), 강릉단오제(2009), 강강술래(2009), 남사당놀이(2009), 영산재(2009), 처용무(2009), 제주칠머리당영등굿(2009), 가곡(2010), 대목장(2010), 매사냥(2010), 택견(2011), 줄타기(2011), 한산모시짜기(2011), 아리랑(2012), 김장문화(2013), 농악(2014), 줄다리기(2015), 제주해녀문화(2016), 씨름(2018), 연등회(2020), 한국의 탈춤(2022)

카피레프트(Copyleft)

지적 창작물에 대한 권리를 모든 사람이 공유할 수 있도록 하는 것

1984년 리처드 스톨먼이 주장한 것으로 저작권(Copyright)에 반대되는 개념이며 정보의 공유를 위한 조치이다. 카피레프트를 주장하는 사람들은 지식과 정보는 소수에 의한 독점이 있어서는 안 되며 모든 사람에게 열려 있어야 한다고 주장한다.

스낵컬처(Snack Culture)
짧은 시간 동안 간편하게 즐기는 문화

언제 어디서나 간편하게 즐길 수 있는 스낵에서 유래된 말로, 시간과 장소에 구애받지 않고 출퇴근시간이나 점심시간 등 짧은 시간에 간편하게 문화생활을 즐기는 새로운 문화트렌드를 의미한다. 시간·경제적 부담을 느끼지 않는 범위에서 소소하게 문화와 여가를 즐기려는 현대인의 성향을 반영하고 있으며, 스마트기기가 대중화되면서 다양한 콘텐츠를 소비하고 있는 추세이다. 웹툰, 웹소설, 웹드라마가 대표적이다.

팝아트(Pop Art)
대중적 소재를 예술에 접목한 작품

1950년대 영국에서 시작된 팝아트는 추상표현주의의 주관적 엄숙성에 반대하며 TV, 광고, 매스미디어 등 주위의 소재들을 예술의 영역 안으로 받아들인 사조를 말한다. 대중문화 속에 등장하는 이미지를 미술로 수용함으로써 순수예술과 대중예술의 경계를 깨뜨렸다는 평도 있지만 이를 소비문화에 굴복한 것으로 보는 시선도 있다. 앤디 워홀, 로이 리히텐슈타인 등이 대표적인 작가이다.

코드커팅(Cord-cutting)
유료방송 서비스를 해지하고 OTT로 이동하는 것

'TV 선 자르기'로, 케이블TV 가입을 해지하고 인터 넷TV나 동영상 스트리밍 서비스 등으로 옮겨가는 것을 말한다. 이는 TV나 PC, 태블릿PC, 스마트폰 등 다양한 기기에서 하나의 콘텐츠를 끊김없이 이용할 수 있게 해주는 서비스인 N스크린과 기존 통신 및 방송사가 아닌 새로운 사업자가 인터넷으로 드라마나 영화 등 다양한 미디어 콘텐츠를 제공하는 서비스인 OTT(Over The Top)의 발달에 따른 것이다. TV 선을 자르지 않고 OTT 서비스에 추가로 가입하는 것을 '코드스태킹(Cord-stacking)'이라고 한다.

CPM(Cost Per Mille)
광고가 1,000회 노출되는데 소요되는 광고비

광고비용을 측정하는 한 방법으로, 1,000회의 광고를 노출시키는 데 사용된 비용을 가리킨다. TV, 라디오, 신문, 잡지 등 주요 매체뿐만 아니라, 온라인 광고에서도 활용되는 방법이다. 인터넷 온라인 광고에서는 웹 페이지를 1,000뷰(View)하는 데 소요되는 비용을 말한다. CPM은 광고비를 얼마나 효율적으로 사용하는지 알 수 있는 지표가 된다. '광고 단가/광고 노출횟수 ×1000'으로 계산한다. 하지만 단순 노출에 따른 광고비용의 지불로 광고비 대비 마케팅 효율성이 떨어질 수 있다는 단점이 있다.

광고의 종류

PPL (Product PLacement)	• 영화 · 드라마 등에 특정 제품을 노출하는 간접광고 • 엔터테인먼트 콘텐츠 속에 기업의 제품을 소품이나 배경으로 등장시켜 소비자들에게 의식 · 무의식적으로 제품을 광고하는 것
티저 (Teaser)	• 처음에는 상품명을 감추거나 일부만 보여주고 궁금증을 유발하며 서서히 그 베일을 벗기는 방법 • 티저는 '놀려대는 사람'이라는 뜻을 지니며 소비자의 구매의욕을 유발하기 위해 처음에는 상품광고의 주요 부분을 감추다가 점차 공개함
애드버토리얼 (Advertorial)	• 신문 · 잡지에 기사 형태로 실리는 논설식 광고 • 기사 속에 관련 기업의 주장이나 식견 등을 소개하면서 회사명과 상품명을 표현하는 기사광고
POP (Point Of Purchase)	• 소비자가 상품을 구매하는 시점에 전개되는 광고 • 포스터나 옥외간판 등 소비자가 상품을 구입하는 장소 주변에서 광고하는 것으로, 이는 직접적으로 구매를 촉진함
키치 (Kitsch)	• 경박하고 직관적인 내용으로 언뜻 이해가 안 되지만 큰 인상을 심어주는 광고 • 감각적이고 가벼운 것을 좋아하는 신세대의 취향을 만족시킴
레트로 (Retrospective)	과거에 대한 추억을 떠올리게 하는 향수 유발 광고

엠바고(Embargo)
한시적 보도 유보

원래는 국제법상 사용되는 법률 용어로 국가 간 분쟁 또는 어떠한 문제가 발생한 상태에서 자국의 항구에 입항하여 정박 중인 외국 선박의 출항을 허가하지 않고 문제 해결시까지 잠정적으로 출항을 정지시켜 억류하는 것을 가리키는 말이었다. 이를 언론에서 차용하여 보도를 한시적으로 제한하는 것을 의미하는 용어로 쓰고 있다.

노벨상(Nobel Prize)
노벨의 유언에 따라 매년 인류 복지에 공헌한 사람에게 수여하는 상

다이너마이트를 발명한 스웨덴의 화학자 알프레드 노벨(Alfred B. Nobel)은 인류 복지에 가장 구체적으로 공헌한 사람들에게 나누어주도록 그의 유산을 기부하였고, 스웨덴의 왕립과학아카데미는 노벨재단을 설립하여 1901년부터 노벨상을 수여하였다. 해마다 물리학·화학·생리의학·경제학·문학·평화의 6개 부문에서 인류 문명의 발달에 공헌한 사람이나 단체를 선정하여 수여한다. 평화상을 제외한 물리학·화학·생리의학·경제학·문학상의 시상식은 노벨의 사망일인 매년 12월 10일에 스톡홀름에서, 평화상은 같은 날 노르웨이 오슬로에서 열린다. 상은 생존자 개인에게 주는 것이 원칙이나 평화상은 단체나 조직에 줄 수 있다.

세계 4대 뮤지컬

제목	특징
캣츠	영국의 대문호 T. S 엘리어트의 시 〈지혜로운 고양이가 되기 위한 지침서〉를 뮤지컬로 만든 작품이다. 시적 상상력을 바탕으로 고양이로 분장한 배우들이 인간 구원이라는 주제를 가지고 표현한 작품이다. 30여 개국에서 공연되어 관람객 8,000만명에 공연 수입 35억달러를 올리는 등 경이로운 기록을 세웠다.
레 미제라블	우리나라에서는 〈장발장〉이라고 알려진 빅토르 위고의 소설을 뮤지컬화한 작품으로, 프랑스혁명기를 배경으로 한다. 매우 긴 시간대를 다루고 있고 난해한 소재임에도 문학성을 잘 살린 가사와 아름다운 음악 그리고 잘 표현된 캐릭터들로 인해 오랫동안 사랑받고 있다. 1987년 뉴욕 공연 후 그해 토니상에서 작품상, 남우조연상, 여우조연상, 연출상, 극본상, 작사상, 작곡상을 비롯한 8개 부문에서 수상하였다.
미스 사이공	클로드 미셸 숀베르크가 작곡하고, 니콜라스 아리트너가 연출한 작품으로 베트남전쟁을 배경으로 하여 미군 병사와 베트남 여인의 사랑을 애절하게 표현한 작품이다. 1989년 런던에서 초연되었는데 당시 미국의 베트남전쟁 참가를 미화했다며 반전주의자들의 원성을 샀다.
오페라의 유령	프랑스의 작가 가스통 노와의 원작 소설을 찰스 하트가 뮤지컬 극본으로 만들어 무대에 올린 작품이다. 한때 오페라 작곡가로 명성을 날렸으나 잊힌 천재가 되어버린 '오페라의 유령'이 호숫가에서 은둔 생활을 하던 중 미모의 오페라 가수 크리스틴에게 반하지만 결국 사랑은 실패로 끝난다는 내용을 담고 있다.

아카데미상(Academy Award, OSCAR)
미국 영화계에서 가장 권위 있는 영화상

1929년에 시작된 것으로 오스카상으로도 불린다. 전년도에 발표된 미국 영화 및 LA에서 1주일 이상 상영된 외국 영화를 대상으로 우수한 작품과 그 밖의 업적에 대하여 해마다 봄철에 시상한다. 2020년 봉준호 감독이 영화 〈기생충〉으로 아카데미에서 감독상·작품상·외국어상·극본상을 수상하는 진기록을 세웠고 우리나라 최초로 아카데미에 이름을 올린 감독이 됐다. 2021년에는 배우 윤여정이 영화 〈미나리〉로 여우조연상을 수상했다. 이는 한국인 최초이자 아시아 배우로서는 역대 두 번째로, 앞서 제30회 아카데미시상식에서 〈사요나라〉에 출연한 일본의 우메키 미요시가 같은 상을 수상한 바 있다.

블랙프라이데이(Black Friday)
미국의 최대 쇼핑시즌

매년 11월 마지막 목요일인 추수감사절 다음날로, 미국 각지에서 최대 규모의 쇼핑이 이뤄지는 날을 말한다. 이날 시작되는 쇼핑시즌은 연말까지 세일이 이어지는데 이때 미국 연간 소비의 약 20%가 이루어진다고 한다. 매출장부가 적자(Red)에서 흑자(Black)로 전환된다고 하여 블랙프라이데이라는 이름이 붙었다.

빈지 워칭(Binge Watching)

방송 프로그램이나 드라마, 영화 등을 한꺼번에 몰아보는 현상

'폭식·폭음'을 의미하는 빈지(Binge)와 '보다'를 의미하는 워치(Watch)를 합성한 단어로 주로 휴일, 주말, 방학 등에 콘텐츠를 몰아보는 것을 폭식에 비유한 말이다. 빈지 워칭은 2013년 넷플릭스가 처음 자체 제작한 드라마 〈하우스 오브카드〉의 첫 시즌 13편을 일시에 선보이면서 알려졌고, 이용자들은 전편을 시청할 수 있는 서비스를 선호하기 시작했다. 빈지 워칭 현상은 구독경제의 등장으로 확산되고 있다.

관현악(Orchestra)

관악기·현악기·타악기가 함께 연주하는 합주체

기악합주 중 가장 규모가 큰 것으로, 오페라나 발레, 가곡 등의 반주에 사용된다. 80~100명 정도의 인원이 연주에 참여하고 지휘자의 통제 아래 연주가 이루어지며 악기는 현악기 – 목관악기 – 금관악기 – 타악기의 순서로 배치된다.

현악기	제1바이올린, 제2바이올린, 비올라, 첼로, 콘트라베이스
목관악기	플루트, 피콜로, 오보에, 잉글리시 호른, 클라리넷, 베이스 클라리넷, 파곳, 색소폰
금관악기	호른, 트럼펫, 트롬본, 튜바
타악기	팀파니, 실로폰, 마림바, 큰북, 작은북, 심벌즈, 공(탐탐), 트라이앵글, 탬버린, 캐스터네츠

교향곡(Symphony)
오케스트라의 합주를 위해 작곡한 소나타

18~19세기 초 고전파 음악의 대표적 장르로, 4악장으로 구성되어 있으며 관현악으로 연주되는 대규모의 기악곡이다. 베토벤의 〈운명〉, 슈베르트의 〈미완성 교향곡〉, 차이코프스키의 〈비창〉이 세계 3대 교향곡으로 불린다.

프리에이전트(FA ; Free Agent)
프로야구 등에서 규약에 따라 어떤 팀과도 자유롭게 교섭할 권리를 얻은 선수

한국 프로야구의 경우 9시즌 이상 프로야구에서 활약한 선수에게 FA 자격이 주어진다. 단, 타자는 정규 경기수의 2/3 이상을 뛰어야 하고, 투수는 규정이닝의 2/3 이상을 던져야 한 시즌으로 인정된다. 이렇게 9시즌을 보낸 선수는 FA 자격이 주어져 한국야구위원회에 FA 신청을 할 수 있다.

철인3종경기(Triathlon)

바다수영·사이클·마라톤 등의 세 가지 종목을 완주하는 시간을 겨루는 종목

인간 체력의 한계에 도전하는 경기로 바다수영(3.9km), 사이클(180km), 마라톤(42.196km) 등 3개 종목을 쉬지 않고 이어서 한다. 1978년 하와이에서 처음으로 국제 대회가 열렸으며, 2000년 시드니올림픽에서 정식 종목으로 채택되었다. 제한시간(17시간) 내에 완주하면 철인(Iron Man) 칭호가 주어진다.

올림픽(Olympic)

각 대륙에서 모인 선수들이 여름과 겨울 스포츠 경기를 하는 국제 스포츠 대회

2년마다 하계올림픽과 동계올림픽이 세계 각지에서 번갈아 열리고, 국제올림픽위원회(IOC)가 감독한다. 1894년에 IOC가 창설되어 1896년 그리스 아테네에서 제1회 올림픽이 열린 이래 현존하는 거의 모든 국가가 참여할 정도로 그 규모면에서 세계 최대의 대회라 할 수 있다.

월드컵(FIFA World Cup)

FIFA에 가맹한 축구 협회의 남자 축구 국가대표팀이 참가하는 국제 축구 대회

올림픽과 달리 단일 종목 대회이며, 올림픽은 한 도시를 중심으로 개최되는 반면 월드컵은 한 나라를 중심으로 열린다. 대회 기간 역시 올림픽은 보통 보름 정도이지만 월드컵은 약 한 달 동안 진행된다.

세계 4대 축구리그

EPL·분데스리가·라리가·세리에A

EPL (England Premier League)	잉글랜드 최상위 프로축구 리그로 20개 팀으로 이루어져 있으며 홈 앤 어웨이 방식으로 풀리그(총 38게임)를 진행해 우승팀을 선정한다. 정규시즌 결과 1부 리그 하위 3팀은 2부 리그로 강등되고, 2부 리그 상위 1·2위 팀과 3~6위 팀의 플레이오프 우승팀 1개 팀이 1부 리그로 승격한다. 2부 리그인 'Championship', 3부 리그인 'League One', 4부 리그인 'League Two'의 하위리그가 있다. 
분데스리가 (Bundes Liga)	독일의 최상위 프로축구 리그로서 독일어의 'Bundes(연방)'와 'Liga(리그)'가 합쳐진 말이다. 분데스리가 1부와 분데스리가 2부, 리가 3부, 지역 아마추어리그로 총 4부로 구성되어 있으며, 18개 팀 1부 리그 중 17~18위 팀은 2부 리그로 강등된다. 다른 리그와 달리 시민이 구단의 51% 이상의 지분을 차지해야 하는 규정이 있어 과도한 상업화를 방지할 수 있다. 
라리가 (LaLiga)	스페인 최상위 프로축구 리그로 20개 팀으로 이루어져 있으며 홈 앤 어웨이 방식으로 풀리그(총 38게임)를 진행해 우승팀을 선정한다. 정규시즌 결과 1부 리그 하위 3팀과 2부 리그 상위 3팀이 자리를 바꾸어 승격·강등된다. 2부 리그인 'Segunda Division A', 3부 리그인 'Segunda Division B', 4부 리그인 'Tercera Division'의 하위리그가 있다.
세리에 A (Serie A)	1898년 시작된 이탈리아 프로축구 1부 리그다. 20개 팀으로 이루어져 있으며, 홈 앤 어웨이 방식으로 각 38경기씩 치러 우승팀을 선정하며 시즌은 8월부터 6월까지 진행된다. 정규시즌 결과 1~4위 팀은 UEFA 챔피언스리그에 진출하고, 5위 팀은 UEFA 유로파리그에 출전한다. 

MLB(Major League Baseball)
미국 프로야구 연맹의 양대 리그인 내셔널리그와 아메리칸리그를 일컫는 말

내셔널리그는 1876년 발족하였으며, 현재 15개 구단으로 구성되어 있다. 아메리칸리그는 1900년 발족하였으며, 현재 15개 구단으로 구성되어 있다. 현재와 같은 양대 리그의 틀을 갖추게 된 것은 1901년 내셔널리그와 아메리칸리그가 리그전을 개시하면서부터다. 양 리그는 동부, 서부, 중부의 3개 지구로 구별되어 동일 지구 팀과는 12차전, 다른 지구 팀과는 11차전을 벌이는 등 팀당 총 162게임을 치른다. 그리고 각 리그의 1위 팀들은 7전 4선승제의 월드시리즈를 치르게 된다.

르네상스(Renaissance)
그리스·로마의 고전 문화 부흥 운동

14~16세기 그리스·로마의 고전 문화를 부흥시키고 새로운 근대 문화 창조를 주도한 운동이다. 중세 교회의 권위 몰락과 봉건사회의 붕괴를 배경으로 이탈리아에서 발원하여 전 유럽으로 퍼져나간 르네상스 운동은 종교에서 탈피하여 그리스·로마의 고전 문화를 부흥시키고, 개인을 존중하며 인간적인 근대 문화(휴머니즘) 창조를 주장했다. 또한 자연에 대한 관심을 증가시킴으로써 근대 과학의 발전이 시작되는 계기가 되었고 유럽 근대 문명 발전의 원동력이 되었다.

스쿠프(Scoop)

특종기사를 독점 보도하는 것

일반적으로 특종기사를 다른 신문사나 방송국에 앞서 독점 보도하는 것을 말하며 비트(Beat)라고도 한다. 대기업이나 정치권력 등 뉴스 제공자가 숨기고 있는 사실을 정확하게 폭로하는 것과 발표하려는 사항을 빠르게 입수해 보도하는 것, 이미 공지된 사실이지만 새로운 문제점을 찾아내 새로운 의미를 밝혀주는 것 등이 있다.

상식 더하기

저널리즘의 변질 유형

블랙 저널리즘 (Black Journalism)	• 숨겨진 사실을 드러내는 취재활동 • 약점을 이용해 보도하겠다고 위협하거나 특정 이익을 위해 보도
옐로 저널리즘 (Yellow Journalism)	• 독자들의 호기심을 자극하고 끌어들이기 위해 선정적 · 비도덕적인 보도를 하는 형태 • 황색언론이라고도 하며 범죄 · 스캔들 · 가십 등 원시적 본능을 자극하는 흥미 위주의 소재를 다룸
팩 저널리즘 (Pack Journalism)	• 취재 방법 및 시각이 획일적인 저널리즘으로, 신문의 신뢰도 하락을 불러옴 • 정부권력에 의한 은밀한 제한 및 강압에 의해 양산됨
제록스 저널리즘 (Xerox Journalism)	• 극비문서를 몰래 복사하여 발표하는 저널리즘 • 비합법적인 폭로기사를 위주로 한 보도형태

데카당스(Décadence)

퇴폐주의 예술경향

'퇴폐주의'를 뜻하는 프랑스어로 로마 제국의 쇠퇴과
정에서 나타난 '병적 향락주의'를 모델로 한 예술경향
을 의미한다. 19세기 후반 프랑스에서 시작되어 유럽
전역에 유행했던 퇴폐적 경향이나 예술운동을 일컫는
다. 대표적인 예술가들로는 프랑스의 보들레르, 베를
렌, 말라르메, 랭보 등이 있다.

아르누보(Art Nouveau)

19세기 말 ~ 20세기 초에 유행한 장식미술

'새로운 예술'이라는 의미를 가진 단어로 19세기 말부
터 서유럽을 비롯하여 미국에까지 넓게 퍼졌던 장식미
술을 말한다. 그 명칭은 1895년 파리의 '메종 드 아르누
보(Maison de l'Art Nouveau, House of New Art)'
라는 화랑 이름에서 유래한 것이다. 유럽의 전통 예술
양식에 반박하는 당시 미술계의 풍조를 반영하여 과거
의 것에서 탈피하여 새로운 양식을 창출하고자 하는 운
동으로 나타났다. 우아한 곡선을 사용하고, 소재로 꽃
을 많이 사용한다는 특징이 있다.

> **상식 더하기**
>
> **아르데코(Art Deco)**
> 1925년 파리에서 개최된 '현대 장식미술 · 산업미술 국제전'에서 유
> 래해 붙여진 이름으로, 1920~1930년대 파리 중심의 장식미술의 한
> 형태를 말한다. 기본적인 형태가 반복되거나 동심원 · 지그재그 무
> 늬 등 기하학적인 형태와 강렬한 색조를 표현한다는 특징이 있다.
> 국가나 작가별로 디자인은 제각각이지만 대표적인 배색은 녹색, 회
> 색, 검정색의 조합이다.

05

역사·철학·문학

소설

사실이나 상상력에 바탕을 두고 개연성 있는 이야기를 허구적으로 꾸민 산문문학

소설은 근대 산업사회의 대표적인 문학 양식으로서, 현실에 있을법한 혹은 작가의 상상력으로 만든 허구적 이야기로 꾸민 산문문학이다. 소설의 배경이나 등장인물의 행동 등을 통해 작가가 말하고자 하는 바를 드러낸다.

상식 더하기

소설의 이해

구분	내용
소설의 특징	허구성, 진실성, 서사성, 사실성, 모방성
소설의 3요소	주제, 구성, 문체
소설 구성의 3요소	인물, 사건, 배경
소설 구성의 5단계	발단, 전개, 위기, 절정, 결말
사건의 수에 따른 소설의 종류	단순, 복합, 액자, 피카레스크식, 옴니버스식

문학의 4대 장르(갈래)

시·소설·희곡·수필

문학은 언어의 형태에 따라 운문문학과 산문문학, 전달 방식에 따라 구비문학과 기록문학으로 나뉜다. 보통은 시·소설·희곡·수필로 구분하고, 이 4분법에 평론을 더한 5분법, 평론과 시나리오를 더한 6분법을 적용하기도 한다.

수필

형식의 구애 없이 매우 자유롭게 겪은 느낌과 정서를 표현하는 산문

소재와 형식에 있어 매우 자유로운 산문으로서, 일반적으로 작품 속의 '나'는 작가 자신인 1인칭 시점이 대부분이므로 작가의 개성이 가장 잘 드러난다. 또한 성격상 비전문적·사색적·고백적이다. 주제·구성·문체를 주요소로 한다.

> **상식 더하기**
>
> 경수필과 중수필의 비교
>
> | 경수필(Miscellany) | 중수필(Essay) |
> | --- | --- |
> | 가벼운 내용(신변잡기) | 무거운 내용 |
> | 개인적, 주관적, 정서적 | 객관적, 지성적 |
> | 몽테뉴적 수필 | 베이컨적 수필 |
> | 감성 중시 | 이성 중시 |

시

문학의 갈래 중에서 가장 주관적인 양식, 상상과 감정을 통해 주제를 해석

작가가 느낀 감정이나 생각들을 운율을 가진 언어로 표현한 운문문학이다. 시에서는 사상과 정서가 동등하게 여겨지며 보통 사물을 통해 정서 및 사상을 표현하는데 이를 '사상과 정서의 융합'이라고 한다.

상식 더하기

시어의 3요소

구분	특징
음악성	리듬(반복, 율격)을 강조 – 김영랑, 박용철, 정지용, 신석정 등의 순수시파
회화성	이미지(회화성, 감각)를 강조 – 김기림, 김광균, 장만영 등의 주지시파
의미성	사상(의미, 주제)을 강조 – 김기진, 박영희 등의 경향시파

신곡(神曲)

단테가 1321년에 완성한 대서사시

이탈리아의 시인 단테의 대표작으로 지옥편, 연옥편, 천국편의 3부로 이루어져 있는데 지옥과 연옥, 천국을 두루 경험하며 영혼의 정화와 구원을 이룬다는 내용이다. 〈신곡〉의 등장인물이자 단테의 정인이기도 했던 '베아트리체(Beatrice)'는 '이상적 여성상'을 상징하는 대명사가 되었고, 이 작품은 이후 르네상스에 지대한 영향을 주었다.

셰익스피어의 4대 비극

셰익스피어의 4가지 비극작품인 햄릿·오셀로·맥베스·리어왕

구분	특징
햄릿	• 셰익스피어가 1601년경 완성한 5막의 비극 • 햄릿이 자신의 아버지를 죽이고 왕위에 오른 숙부에게 복수하지만 자신도 결국 죽는다.
오셀로	• 1622년 간행된 5막의 비극 • 장군 오셀로가 아내의 정조를 의심하여 그녀를 죽이지만, 그의 부관 이아고(Iago)의 계략이었음을 뒤늦게 알게 되어 자살한다.
맥베스	• 4대 비극 중 가장 마지막으로 발표된 5막의 비극 • 맥베스가 마녀들의 예언에 홀려 왕을 죽이고 왕위에 오르지만 왕의 아들에게 살해된다.
리어왕	• 1608년에 간행된 5막의 비극 • 맏딸과 둘째 딸의 간계에 속아 효성이 깊은 셋째 딸 코델리아를 내쫓지만 리어왕은 결국 두 딸의 배신으로 비참하게 죽는다.

▲ 영국 셰익스피어 마을의 맥베스 상

아포리즘(Aphorism)

명언, 격언, 잠언, 금언 등 교훈을 주는 말 또는 사물의 핵심과 이치를 표현한 문장

그리스어로 '정의'를 뜻하는 단어에서 명칭이 유래했으며, 속담과 달리 격언을 말한 사람이나 고전 작품 등 출처가 있다. 가장 오래되고 유명한 아포리즘은 히포크라테스의 〈아포리즘〉에 나오는 "Art is long. But life is short(예술은 길고 인생은 짧다)"이다. 다만 여기에 나오는 'Art'는 흔히 예술로 알고 있지만 예술이 아닌 기술을 의미하며 문장의 의미 또한 예술의 심오함이 아닌 기술의 험난함을 뜻하는 것이다.

앙가주망(Engagement)

사회에 적극적으로 참여하는 문학

본래 '계약·구속·약혼·연루됨'을 의미하는 것으로 문학에서 정치나 사회적 문제에 자진해서 적극적으로 참여하는 경향을 말한다. 프랑스의 문학가 사르트르가 그의 논문에서 앙가주망의 개념을 체계적으로 정리, 창작은 자유를 실현하는 방식이며 산문은 민주주의를 전제로 한다고 보았다. 이후 실존주의자들이 '사회에 참여하는 문학'이라는 의미로 널리 사용하였다.

> **상식 더하기**
>
> **실존주의**
> 보편적·필연적인 존재를 규정하는 기존 철학에 대항하여 현실존재인 개개인의 삶과 자유를 강조하는 철학이다. 대표적인 사상가로는 키에르케고르와 니체를 비롯해 야스퍼스·하이데거·사르트르가 있다.

마키아벨리즘(Machiavellism)

르네상스 시대의 사상가인 마키아벨리가 당시 혼란스러웠던 국가의 통일을 위해 주장한 사상

〈군주론〉을 저술한 마키아벨리에서 유래한 말로, 목적은 수단을 정당화한다는 의미로 쓰인다. 반민주적이고 비인도적으로 여겨지기도 하지만 냉혹한 정치상황에서 '강력한 군주에 의한 통치'라는 현실적 원칙을 세웠다는 평가를 받기도 한다.

> **상식 더하기**
>
> **군주론**
> 마키아벨리가 저술한 정치사상서로 군주가 권력을 얻고 유지하려면 어떠한 역량이 필요한지에 대해 설명하고 있다. 정치를 종교와 윤리로부터 분리한 근대정치학의 기초가 되었다.

시나리오
영화나 드라마의 대본

상영(촬영)을 전제로 하며 연극에 비해 시간과 공간의 제약이 적고 장면 전환이 자유롭다. 시나리오는 영화·드라마 제작과 관련된 사람들에게 아이디어를 보여주는 수단이므로 연기자, 제작자, 감독 등 서로 다른 관점을 지닌 사람들이 시나리오를 읽으면서 영화화 여부를 결정하게 된다. 따라서 시나리오에는 영화나 드라마의 주제·이야기, 등장인물의 성격 등이 포함되어 있어야 한다.

제자백가(諸子百家)
춘추전국시대에 활약한 사상가들

중국 춘추시대 말기에서 전국시대에 이르는 약 300년 동안에 나타난 여러 학자(제자)와 수많은 학파(백가)의 총칭이다. 주(周) 왕실이 쇠퇴하자 각지의 제후들이 각자 왕을 칭하고 천하를 다투는 춘추전국시대가 도래했다. 따라서 제후들은 국력을 다지는 데 필요한 유능한 인재등용에 열을 올리게 되는데, 이러한 상황 속에서 등장한 것이 제자백가라고 불리는 사상가들이다.

상식 더하기

고대 동양 사상의 주요 학파와 학자(제자백가)

학파	학자
유가(儒家)	공자·맹자
도가(道家)	노자·장자
묵가(墨家)	묵자
법가(法家)	한비자·상앙

와하비즘(Wahhabism)
극단적인 이슬람 교리

엄격한 율법을 강조하는 이슬람 근본주의로 사우디아라비아의 건국이념이기도 하다. 여성의 종속화, 이교도들에 대한 무관용적인 살상 등 폭력적이고 배타적이다. 이슬람국가(IS)와 알카에다, 탈레반, 보코하람, 알샤바브 등 국제적인 이슬람 테러조직들이 모두 와하비즘을 모태로 하고 있다.

사화(士禍)
사림파와 훈구파 사이의 대립

세조 이후 공신들을 중심으로 정치적 실권을 장악하고 중앙집권체제를 강조한 훈구파에 맞서 성리학에 투철한 사족들이 영남과 호서 지방을 중심으로 한 지방 세력을 기반으로 성장했다. 이들 사림세력이 훈구파와 대립하면서 갈등을 빚기 시작했고 갈등이 심화되어 네 차례의 사화로 이어진 결과 사림파는 큰 피해를 입었다.

상식 더하기

4대 사화

구분	발생 시기	원인
무오사화	1498년 (연산군)	연산군의 실정, 김종직의 조의제문
갑자사화	1504년 (연산군)	연산군의 생모 폐비 윤씨의 복위 논란
기묘사화	1519년 (중종)	조광조의 급진 개혁정치에 대한 반발
을사사화	1545년 (명종)	왕위 계승 문제를 둘러싼 외척의 갈등

베이컨의 네 가지 우상

철학자 프란시스 베이컨이 경계해야 한다고 주장한 네 가지 편견

종족의 우상	모든 것을 인간의 잣대로 해석하는 것
동굴의 우상	좁은 동굴에서 밖을 보듯 주관적인 사고(개인의 편견)
시장의 우상	사람들의 교류에서 생기는 우상으로 입소문 등이 있음
극장의 우상	기존의 권위에 대한 맹목적인 신뢰에서 오는 편견

변증법적 유물론(Dialectical Materialism)

헤겔의 관념적 변증법과 포이어바흐의 형이상학적 유물론을 비판적으로 수용하며 나온 철학사상

'정신이 물질을 지배하는 것이 아니라 물질이 먼저이고 그에 따른 소산으로서 정신적인 것이 나온다'라는 의미를 가진 사상이다. 또한 사회 · 역사의 발전 과정을 물질적인 것의 변증법적 발전으로 파악하였으며 이후 사적 유물론으로 이어졌다.

> **상식 더하기**
> **변증법(Dialetic)**
> 그리스어 '대화하다'에서 유래한 말로 문답에 의해 진리에 도달하는 방법이다.

맹자의 사단(四端)

맹자는 모든 인간이 가진 선한 본성을 네 가지의 도덕적 실마리로 나누어 보았으며 이를 사단(四端)이라고 한다.

측은지심 (惻隱之心)	다른 사람을 불쌍히 여기고 안타까워하는 마음 → 인(仁)
수오지심 (羞惡之心)	부끄러움과 수치를 아는 마음 → 의(義)
사양지심 (辭讓之心)	예의와 존경을 아는 마음 → 예(禮)
시비지심 (是非之心)	옳고 그름을 판단하는 마음 → 지(智)

임진왜란

1592년~1598년, 일본군의 침입으로 2차에 걸쳐 발생한 전쟁

조선의 국방력이 약화된 상황에서 일본군이 침입하여 평양과 함경도까지 장악하였으나 이순신 등 수군의 승리로 전세가 역전되었으며 곽재우 등 의병과 조·명 연합군의 활약으로 승리했다. 그러나 전쟁으로 문화재는 소실되고, 막대한 인명피해와 경제적 어려움이 초래되었으며 농촌은 황폐화되고 결국 신분제의 동요를 가져왔다.

강화도 조약

운요호 사건으로 1876년 일본과 맺게 된 불평등 조약

부산 · 인천 · 원산 등 3곳의 개항과 치외법권을 인정하는 불평등한 내용으로 된 12개조의 근대 조약이다. 이 조약 체결 후 일본 · 미국 · 영국 · 독일 · 프랑스 등 열강의 제국주의가 본격적으로 침입하기 시작했다.

> **상식 더하기**
>
> **운요호 사건**
> 우리나라가 계속되는 통상요구를 거절하자 일본이 운요호를 한강으로 침투시켜 강화도 사병과 충돌하게 했다. 이후 일본이 사건에 대한 사죄와 함께 통상을 요구하자 강화도 조약을 체결하게 되었다.

갑신정변

1884년, 개화당이 개화정부 수립을 위해 일본의 지원을 받아 일으킨 정변

임오군란(1882) 이후 청의 간섭이 강화되자 개화당의 김옥균 · 박영효 등은 민씨 일파 축출과 대원군의 석방요구 및 청에 대한 조공 폐지 등 혁신강령 14개조를 요구하며 일본의 힘을 빌려 우정국에서 정변을 일으켰다. 그러나 청나라의 간섭으로 개화정부는 3일 만에 무너지고 한국과 일본은 한성조약을 체결하게 되었다.

갑오개혁
1894년 일본의 강압으로 실시하게 된 근대적 개혁

일본의 강압으로 정치 · 경제 · 사회 · 문화 전반에 걸쳐 실시한 근대적 개혁으로 근대화의 출발점이 되었으나 보수적 봉건 잔재로 인해 기형적 근대화가 이루어지게 됐다. 청의 종주권 부인, 개국기원 사용, 과거제 폐지 및 노비해방, 신교육령 실시 등을 그 내용으로 한다.

> **상식 더하기**
> **홍범 14조(1895)**
> 갑오개혁 이후 정치적 근대화와 개혁을 위해 제정된 국가기본법이다. 청에 대한 종주권을 부인하여 자주독립의 기초를 세울 것을 선포했고, 종실 · 외척의 정치관여를 용납하지 않음으로써 흥선대원군과 명성황후의 정치 개입을 차단했다.

을사늑약
1905년 일본과 맺은 강제적인 늑약으로 한·일 병합의 기초가 됨

러 · 일전쟁에서 승리한 일본은 한국을 보호국으로 만들기 위해 이토 히로부미를 앞세워 우리나라와 강제로 늑약을 체결했다. 그 결과 일본은 서울에 통감부를 두어 보호정치를 실시하게 되었고 우리나라는 주권을 상실하고, 외교권을 박탈당했다. 이에 분노한 장지연은 황성신문에 〈시일야방성대곡〉이라는 논설을 발표하며 조약 체결의 부당성을 규탄했다.

> **상식 더하기**
> **시일야방성대곡**
> 을사늑약의 부당함을 알리고 을사오적을 규탄하기 위해 장지연이 쓴 논설로 황성신문에 게재되었다. 그러나 이 논설로 인해 황성신문은 정간되기도 했다.

3·1 운동

1919년, 일제 식민지배에 저항하여 일어난 대규모 독립운동

- **배경** : 도쿄 유학생들의 2 · 8 독립선언 발표, 미국 윌슨 대통령의 민족자결주의 제창
- **과정** : 1919년 3월 1일 태화관에서 민족 대표 33인의 이름으로 독립선언서 발표, 전국과 외국으로 독립운동 확산
- **결과** : 일제는 문화통치 표방, 대한민국임시정부 수립에 큰 영향, 민족 주체성 확인, 독립 문제를 세계에 알림

> **상식 더하기**
> **3·1 운동 전후에 발표된 독립선언서**
> • 1918년 11월 만주 · 노령에서 발표한 〈무오독립선언서〉
> • 1919년 2월 8일 동경에서 발표한 〈2 · 8 독립선언서〉
> • 1919년 3월 1일 서울에서 발표한 〈3 · 1 독립선언서〉

대한민국임시정부

1919년 광복을 위해 중국 상하이에 수립한 임시정부

우리나라 최초의 민주공화정체로서 연락기관인 교통국을 두고 연통제를 실시했다. 1945년 광복에 이르기까지 상하이에서 항저우, 창사 등으로 청사를 옮겨가며 군자금 조달, 애국공채 발행, 독립신문 간행 등 독립운동을 전개했고, 미국과 합동하여 국내 진입계획을 진행하던 중에 대한민국은 광복을 맞았다.

> **상식 더하기**
> **연통제**
> 중국 상해의 대한민국임시정부가 국내와 연락을 하기 위해 조직한 비밀연락망

4 · 19 혁명과 5 · 18 민주화운동

4 · 19 혁명	• 1960년 이승만 중심의 자유당 정권이 부정선거를 자행하자 이에 항의하는 학생과 시민들의 시위에서 비롯된 혁명 • 3월 15일 투표일 당일 부정선거 규탄 시위가 시작되었고, 4월 19일 학생들의 주도하에 대규모 시위로 이어짐 • 결국 이승만은 대통령직을 사임했고 자유당 정권은 붕괴됨
5 · 18 민주화 운동	• 전두환 중심의 신군부 세력이 12 · 12 사태를 일으켜 정치권을 장악한 후 비상계엄령을 선포하자 1980년 대규모 민주항쟁 발생 • 5월 18일 전라남도 광주에서 무자비한 학살이 벌어져 많은 시민들이 희생됨 • 1993년 김영삼 대통령의 '역사바로세우기'로 광주 희생자에 대한 보상 및 책임자에 대한 처벌이 이루어짐

십자군 원정(Crusades)

중세 서유럽의 그리스도교 국가들이 이슬람교도들로부터 성지를 탈환하기 위해 벌인 원정

그리스도교 국가들은 이슬람교도로부터 성지 예루살렘을 되찾기 위해 1096년부터 1270년까지 총 8차례에 걸쳐 대규모 원정을 감행했다. 전쟁에 참여한 기사들이 가슴과 어깨에 십자가 표시를 했기 때문에 십자군이라 부르게 되었다. 원정이 거듭되면서 본래의 목적에서 벗어나 교황권 강화, 영토 확장 등 세속적 욕구를 추구했고, 결국 내부 분쟁과 흑사병 창궐 등으로 실패했다.

청교도혁명

1642~1660년, 영국 청교도들 중심으로 일어난 최초의 시민혁명

찰스 1세는 칼뱅의 교리를 믿는 청교도들을 탄압하고, 청교도들이 장악한 의회와 대립하다가 의회를 강제 해산시키고 전제정치를 시작했다. 그의 전제정치는 의회로부터 반발을 사게 되고 크롬웰이 이끈 의회파는 혁명을 일으켰다. 결국 크롬웰의 의회파가 승리하여 찰스 1세는 처형되고 영국에서 공화정이 선포되었다.

> **상식 더하기**
>
> **권리청원(1628)**
> 국민의 자유를 보장하기 위한 인권선언으로, 누구도 함부로 체포 · 구금될 수 없으며 국민을 대상으로 군법에 의한 재판을 금지하고 의회의 동의 없이는 어떠한 과세도 금지할 것을 담고 있다.

명예혁명

1688년 영국에서 일어난 시민혁명, 영국 의회민주주의의 시발점

찰스 2세와 제임스 2세의 전제정치 강화와 친가톨릭주의에 반대한 의회가 심사법과 인신보호법을 제정하고, 제임스 2세를 폐위시킨 뒤 권리장전을 승인받게 되었다. 그 결과 세계 최초로 입헌군주제가 성립됐고 식민지 개척 · 산업 발전의 기반이 확립되었다. 다른 혁명과 달리 무혈 시민혁명이라는 점에서 큰 의의가 있다.

> **상식 더하기**
>
> **권리장전(1689)**
> 명예혁명의 결과 영국에서 공포된 권리선언으로 국왕은 의회의 동의를 거치지 않고 법률의 적용 및 과세, 상비군 모집을 할 수 없도록 명시했으며 국민의 청원권과 언론 · 선거의 자유를 보장한다는 내용이다. 영국 의회민주주의 기반이 되었으며 후에 미국의 독립선언, 프랑스혁명에도 영향을 끼쳤다.

프랑스혁명

1789~1794년 프랑스에서 구제도 타파 및 자유·평등·박애 사회를 건설하기 위해 일어난 시민혁명

　당시 절대 왕정의 앙시앵 레짐, 타락한 왕과 귀족에 대해 제3신분인 시민계급의 불만이 점점 커져 바스티유 감옥을 습격하면서 혁명이 시작되었다. 그 결과 프랑스 공화정이 성립되었고, 불합리한 구제도들을 타파하면서 자유 · 평등 · 박애 사회를 건설하겠다는 혁명의 이념은 다른 나라에까지 전파되었다.

제1차 세계대전

1914~1918년, 유럽 국가와 미국, 러시아 등이 참여한 최초의 세계대전

　1914년 사라예보 사건을 계기로 하여 동맹국(독일 · 오스트리아)과 연합국(프랑스 · 영국 · 러시아 · 이탈리아 · 일본) 사이에서 벌어진 전쟁이 대규모 세계대전으로 발전하게 되었다. 4년 4개월간 지속된 전쟁은 독일의 항복과 연합국의 승리로 끝났으며, 연합국과 독일은 1919년 베르사유 조약을 맺었다.

> **상식 더하기**
>
> **사라예보 사건**
> 오스트리아 황태자 프란츠 페르디난트와 그의 왕비가 사라예보에서 세르비아인 청년에게 암살당한 사건으로, 오스트리아가 세르비아에 선전포고를 하면서 제1차 세계대전이 발발했다.

제2차 세계대전

1939~1945년, 유럽·아시아·북아프리카·태평양 등지에서 추축국과 연합국 사이에 벌어진 세계대전

독일이 폴란드를 침공함으로써 발발하였으며, 3국 조약의 추축국을 이룬 독일 · 이탈리아 · 일본과 이에 대항하는 미국 · 영국 · 소련 등 연합국 사이에 벌어진 전쟁이다. 1943년 이탈리아를 항복시킨 연합군은 노르망디 상륙작전으로 프랑스를 해방시키고 1945년 독일의 항복을 받아낸 후 미국이 일본에 원폭을 투하하여 2차 세계대전을 승리로 이끌었지만 인류 역사상 가장 많은 인명 · 재산 피해를 입힌 전쟁으로 남았다.

> **상식 더하기**
>
> **국제연합(UN)**
> 제2차 세계대전 후 설립된 국제기관으로, 전쟁 방지 및 세계 평화의 유지와 인류복지의 향상을 목적으로 한다.

태평양전쟁

제2차 세계대전 중 아시아 지역에서 벌어진 전쟁

미국을 주축으로 하는 연합국과 이에 대항하는 일본 사이에 벌어졌던 전쟁이다. 일본은 이 전쟁을 '대동아전쟁'이라고 불렀다. 1941년 12월 8일, 일본이 하와이 진주만을 공격하여 시작, 1942년 6월의 미드웨이 해전에서 미국이 승세를 잡은 뒤 1945년 8월, 미국이 히로시마와 나가사키에 원자폭탄을 투하함으로써 일본은 항복했다.

애치슨라인(Acheson Line, 도서방위선)

1950년 1월 12일 당시 미국의 국무장관 애치슨이 연설에서 언급한 미국의 극동방위선

애치슨(당시 미국의 국무장관)은 1950년 1월 태평양에서의 미국 극동방위선을 한국과 타이완을 제외한 알류샨 열도 – 일본 오키나와 – 필리핀을 연결하는 선으로 정한다고 발표했다. 이 선언으로 미군이 한반도에서 철수했고, 김일성이 이 틈을 이용해 1950년 6월 25일에 남침하면서 한국전쟁이 발발했다. 그 후 이 선언은 미국 공화당으로부터 비난을 받고 폐지되었다.

상하이 코뮈니케(Shanghai Communique)

1972년 2월 당시 중국을 방문한 미국의 리처드 닉슨 대통령과 마오쩌둥 중국 주석이 만나 공동발표한 외교성명

'양국은 아시아 · 태평양 지역에서 패권을 갖지 않고, 제3국의 패권 확립에도 반대한다'는 내용 등 5개의 합의사항이 담겨 있다. 이는 미 · 중 수교의 기반을 마련하여 양국 관계의 대립을 완화하는 계기가 됐다.

문화대혁명
1966~1976년, 마오쩌둥이 일으킨 중국의 사회·정치적 투쟁

급진적 경제개발정책인 대약진 운동이 실패하고 덩샤오핑(등소평) 중심의 실용주의파가 부상하자 위기를 느낀 마오쩌둥(모택동)이 부르주아 세력과 자본주의 타도를 위해 대학생·고교생 준군사조직인 홍위병을 조직하고 대중을 동원해 일으킨 정치적 투쟁이다. 이 과정에서 정치·경제적 혼란이 지속되며 사회가 경직되었다. '중국은 문화대혁명으로 10년을 잃었다'고 표현되기도 한다. 마오쩌둥이 사망하고, 덩샤오핑이 재부상하며 1997년에 종료되었다.

대공황(Great Depression)
1929년부터 1939년 무렵까지 북아메리카와 유럽을 중심으로 전 세계 산업 지역에서 광범위하게 지속된 경기침체

1920년대의 미국 경제는 호황을 이루었으나 1929년 주식시장이 붕괴되면서 호경기는 막을 내렸고, 이때부터 경기는 계속 후퇴해 1932년까지 미국 노동자의 1/4이 실직했다. 불황의 영향은 즉시 유럽 경제에 파급되어 독일과 영국을 비롯한 여러 산업국가에서 수백만명의 노동자들이 일자리를 잃었다. 그러나 곧 제2차 세계대전이 발발하며 인력 및 군수품에 대한 수요 증가와 기술 진보를 촉진시키는 효과를 가져와 경제의 새로운 시대가 열리는 계기가 되었다.

▲ 대공황 당시 배급권을 받기 위해 기다리고 있는 여성

천안문 사태
1989년 중국에서 민주화를 요구하던 학생·시민들을 무력으로 진압한 사건

급진개혁주의자였던 후야오방의 사망을 계기로 정치개혁에 대한 요구가 확산되면서 1989년 전국의 대학생들과 시민 중심의 민주화운동이 전개되었다. 이에 당시 중국의 국무원 총리 리펑은 베이징에 계엄령을 선포하고 천안문 광장에서 시위 군중을 무력으로 진압하여 15,000명 이상의 사상자가 발생했다.

지브롤터 분쟁(Gibraltar Dispute)
지브롤터를 둘러싼 영국과 스페인 사이의 분쟁

지브롤터는 이베리아 반도 남단 지브롤터 해협을 향해 남북으로 뻗어있는 27,000명의 인구에 6.5km² 면적의 작은 반도로 영국의 영토이다. 1713년 스페인의 왕위계승 전쟁의 결과 체결된 위트레흐트 조약에 따라 스페인은 영국에 지브롤터를 할양했다. 이후 스페인은 계속해서 지브롤터 반환을 요구했지만 영국은 이를 허용하지 않았다. 그러다 2006년에 양국이 지브롤터 공항을 공동으로 이용하고 협력을 증대할 것을 주요 내용으로 하는 협정에 서명하여 갈등이 완화되는 듯했지만 2012년 스페인이 영유권 협상을 요구하면서 다시 갈등이 시작됐고 그 이후 양국은 양보 없이 각자의 주장을 내세워 분쟁이 계속되고 있다.

동북공정

**중국의 국경 안에서 전개된 모든 역사를 중국의 역사에 편입하겠다는
목적의 연구 프로젝트**

중국 정부는 국책사업으로 2002년부터 고구려와 발
해 등 한반도의 역사를 중국의 역사에 편입시키는 역사
왜곡을 진행했다. 이에 대해 우리나라는 2004년에 고
구려연구재단을 발족한 뒤 2006년 9월 동북아역사재
단이 이를 흡수·통합하는 등 체계적인 대처에 나섰다.

9·11 테러 사건

**2001년 9월 11일에 일어난 미국 뉴욕의 세계무역센터 빌딩과 워싱
턴의 국방부 건물에 대한 동시다발적인 항공기 자살테러 사건**

이슬람 테러단체는 4대의 민간 항공기를 납치하며
일부는 110층 건물인 세계무역센터 빌딩에 충돌시켰
고, 일부는 국방부 건물과 충돌시켰다. 이로 인해 세계
무역센터는 붕괴되었고 비행기에 타고 있던 세계 각국
의 승객 전원이 사망하였다. 워싱턴 국방부 청사에서
도 사망자 및 실종자가 100명이 넘었고, 세계무역센터
에 있던 민간인 2,500~3,000명이 사망 또는 실종되
었다. 3,000명이 넘는 무고한 희생자가 발생했을 뿐만
아니라 경제적 피해 역시 만만치 않았다. 테러 이후 미
국을 비롯한 세계 각국은 분노와 슬픔에 잠겼다. 당시
부시 미국 대통령은 '테러와의 전쟁'을 선포하고 아프
가니스탄의 카불 공항과 탈레반 국방부 등에 토마호크
미사일을 발사했다.

06

과학·IT

5세대 이동통신
(5G ; Fifth Generation Mobile Communication)

4세대 LTE에 이은 차세대 통신기술

기술표준상 목표속도인 최대 속도가 20Gbps에 달하는 이동통신 서비스로, 전 세대인 LTE의 최대 속도(1Gbps)보다 20배가량 빠르며 처리용량도 100배 많다. 초저지연성(지연시간 1ms)과 초연결성이 강점으로 꼽히며 이를 토대로 가상현실(VR), 자율주행, 사물인터넷(IoT) 기술 등을 구현할 수 있다. 우리나라에서는 2018년 12월 1일부로 상용화를 위한 5G 무선 이동통신을 세계 최초로 개통했다.

> **상식 더하기**
>
> **이동통신 세대별 속도비교**
>
> | 구분 | 1세대 | 2세대 | 3세대 | 4세대 | 5세대 |
> |---|---|---|---|---|---|
> | 최고 전송속도 | 14.4Kbps | 144Kbps | 14Mbps | 75Mbps ~1Gbps | 20Gbps |
> | 가능 서비스 | 음성 | 음성, 텍스트 문자 | 멀티미디어 문자, 음성, 화상통화 | 음성, 데이터, 실시간 동영상 | 홀로그램, 사물 인터넷, 입체 영상 |
> | 상용화 시기 | 1984년 | 2000년 | 2006년 | 2011년 | 2019년 |

엣지 컴퓨팅(Edge Computing)
현장(Edge)에서 데이터를 처리하는 컴퓨팅기술

중앙 서버가 모든 데이터를 처리하는 클라우드 컴퓨팅과 달리 네트워크 가장자리에서 데이터를 처리한다는 뜻이다. 사물인터넷(IoT) 기기가 본격적으로 보급되면서 데이터량이 폭증했고, 이 때문에 클라우드 컴퓨팅이 한계에 부딪히게 됐는데, 이를 보완하기 위해 엣지 컴퓨팅기술이 개발됐다. 즉 모든 데이터를 클라우드로 보내서 분석하는 대신, 중요한 데이터를 실시간으로 처리하기 위한 기술이다. 이 기술은 실시간으로 대응해야 하는 자율주행차, 스마트 팩토리, 가상현실(VR) 등 4차 산업혁명을 구현하는 데 핵심적인 역할을 한다.

메타버스(Metaverse)
가상과 현실이 융합된 초현실세계

가상·초월을 뜻하는 메타(Meta)와 현실세계를 뜻하는 유니버스(Universe)를 더한 말이다. 현실세계와 가상세계를 더한 3차원 가상세계를 의미한다. 자신을 상징하는 아바타가 게임, 회의에 참여하는 등 가상세계 속에서 사회·경제·문화적 활동을 펼친다. 메타버스라는 용어는 닐 스티븐슨이 1992년 출간한 소설인 〈스노 크래시(Snow Crash)〉에서 처음 나왔다. 최근 다양한 영역에서 메타버스를 활용하는 사례가 증가하고 있다.

블록체인(Block Chain)
가상화폐 거래시 해킹이나 위·변조를 막기 위한 보안시스템

온라인 거래시 거래당사자 사이(P2P)에서 오가는 비트코인과 같은 전자화폐를 사용할 때 돈이 한 번 이상 지불되는 것을 막는 기술이다. 거래가 기록되는 장부가 '블록(Block)'이 되고, 이 블록들은 계속 만들어져 시간의 흐름에 따라 연결된 '사슬(Chain)'을 이루게 된다. 이렇게 생성된 블록은 네트워크 안의 모든 참여자에게 전송되는데 모든 참여자가 이 거래를 승인해야 기존의 블록체인에 연결될 수 있다. 한번 연결된 블록의 거래기록은 변경할 수 없고 영구적으로 저장된다. 이러한 과정이 반복되며 형성된 구조는 거래장부의 위·변조를 불가능하게 한다. 중개기관을 거치지 않고 직접 안전한 거래를 할 수 있다는 장점이 있는 반면 거래의 취소가 어렵다는 한계가 있다.

상식 더하기

주요 가상화폐의 종류

비트코인	2008년 나카모토 사토시라는 정체 불명의 인물이 개발한 온라인 가상화폐다. 완전히 익명으로 거래되며 온라인으로 비트코인 계좌를 개설할 수 있다. 유럽이나 미국, 중국 등에서는 현금처럼 쓰이고 있고 우리나라에서도 거래량이 꾸준히 늘고 있다.
이더리움	2015년 7월 비탈릭 부테린이 개발한 암호화폐다. 블록체인을 기반으로 거래되며 계약서, 이메일, 전자투표 등 다양한 애플리케이션을 운용할 수 있는 확장성을 제공한다.
리플코인	다른 화폐에 비해 결제 속도가 빠르다는 장점이 있다. 마찬가지로 블록체인에 기반하고 있다.

3D프린터
3D도면을 바탕으로 3차원 물체를 만들어내는 기계

작동방식에 따라 절삭형, 적층형, Binder Jetting,
3DP, Directed Energy Deposition, FDM, Polyjet,
SLS로 구분한다. 초창기에는 가공 재료로 플라스틱을
사용했지만 점차 종이, 고무, 콘크리트, 식품, 금속까
지 범위가 확대되고 있다.

> **상식 더하기**
>
> **3D프린터의 작동방식**
>
> | | |
> |---|---|
> | 절삭형 | 커다란 원재료 덩어리를 칼날을 이용해서 조각하는 방식이다. 완성품의 품질은 우수하지만 채색 작업을 별도로 진행해야 하고, 재료를 많이 소비하는 단점이 있다. |
> | 적층형 | 매질을 층층히 쌓아 올려 조형하는 방식이다. 일반적인 3D프린터는 적층형이며 절삭형과 달리 내부의 정교한 구조를 구현할 수 있다. |

메칼프의 법칙
네트워크 효과를 설명하는 법칙

네트워크의 가치는 이용자 수의 제곱에 비례하여 폭
발적으로 증가한다는 이론이다. 미국의 네트워크 장비
업체 '3COM'의 설립자인 밥 메칼프가 주창한 것으로
오늘날과 같은 모바일 플랫폼이 발달한 시대에 더 큰
영향력을 발휘하고 있다. 국내에서는 카카오톡, 배달
의민족, 미미박스 등 모바일 플랫폼을 기반으로 기업
들이 네트워크 서비스를 제공하고 있는데 무엇보다 사
용자의 수를 늘릴 수 있는 네트워크 구축이 가장 중요
한 기반으로 꼽히고 있다.

힉스입자(Higgs Boson)
입자물리학에서 모든 입자의 표준모형으로 제시되는 기본 입자

우주가 막 탄생했을 때 몇몇 소립자들에 질량을 부여한 것으로 여겨진 힉스입자는 지금까지 관측할 수 없었고 가설로만 존재해왔다. 태초의 순간에만 잠깐 존재했던 것으로 추정된다는 이유 때문에 '신의 입자'라고 불리기도 했는데 입자물리학의 표준모형에서 우주 만물을 구성한다는 나머지 12종의 소립자들은 모두 발견됐어도 힉스입자만 증명이 안 돼 표준모형에서 일종의 '잃어버린 조각'에 해당했었다. 이러한 힉스입자의 존재를 밝히기 위해 유럽 입자물리연구소는 대형 강입자 충돌형 가속기를 통해 실험을 계속했고 2013년 힉스입자를 발견하면서 힉스입자가 실재함을 확인했다.

DNA 바코드
DNA 정보로 종을 식별하는 유전자 신분증

동식물이 보유한 고유의 DNA 정보를 이용해 생물종을 빠르고 정확하게 식별하는 일종의 '유전자 신분증'을 말한다. 보통의 바코드들은 검은 선과 흰색의 여백을 이용한 2진법으로 구성된 반면 DNA 바코드는 아데닌, 티민, 구아닌, 사이토신의 4가지 염기 요소를 이용한 4진법으로 구성된다. 생물체는 비슷한 종이라도 DNA는 모두 다르기에 이렇게 생물이 가지는 고유 유전정보를 이용해 빠르고 정확하게 대상을 식별할 수 있다. 비행기 충돌사고의 주범인 새의 종류를 판단할 때나 마약 등 각종 범죄 단속에 활용되고 있다.

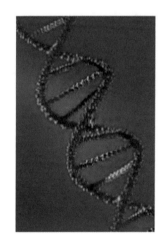

하이브리드 카(Hybrid Car)

두 가지 이상의 동력을 사용한 친환경 자동차

두 가지 이상의 동력을 사용하여 휘발유의 소모와 유해가스 배출을 줄인 친환경 자동차를 말한다. 일반적으로 전기배터리와 화석연료 엔진을 같이 사용하는 자동차를 가리킨다. 전기모터와 같은 친환경 동력만으로는 동력을 내는 데 한계가 있어 이중 동력을 사용하지만 유해가스를 기존의 자동차보다 90% 이상 줄일 수 있으며 이로 인해 환경을 개선하는 효과도 기대할 수 있다. 사용되는 동력원의 조합으로는 전기모터와 엔진, 전기모터와 가스터빈, 전기모터와 디젤, 엔진과 회생시스템, 전기모터와 회생시스템 등이 있다.

빅데이터(Big Data)

데이터의 생성 양·주기·형식 등이 폭발하는 현대사회에서 방대한 데이터를 취합하고 활용하는 시스템

기존 데이터베이스 관리도구의 데이터 수집 · 저장 · 관리 · 분석의 역량을 넘어서는 대량의 정형 또는 비정형 데이터 세트와, 이러한 데이터로부터 가치를 추출하고 결과를 분석하는 기술을 의미한다. 대규모 데이터의 생성 · 수집 · 분석을 특징으로 하는 빅데이터는 과거에는 불가능했던 기술을 실현시키기도 하며, 전 영역에 걸쳐서 사회와 인류에 가치 있는 정보를 제공하기도 한다.

랜섬웨어(Ransomware)
파일을 암호화하는 바이러스

'몸값'을 의미하는 'Ransom'과 '소프트웨어(Software)'
의 'Ware'를 합성한 말이다. 악성 프로그램의 일종으
로, 사용자 동의 없이 컴퓨터에 설치되어 사용자의 문
서 등 중요 파일을 암호화함으로써 파일을 사용할 수
없게 만든다. 이때 유포자는 암호를 풀어주는 대가로
금품을 요구한다. 대가를 지급하더라도 파일이 복구된
다는 보장은 없으며, 비트코인과 같은 전자화폐 방식으
로 요구하므로 추적도 어렵다.

그리드 패리티(Grid Parity)
화석연료 발전단가와 신재생에너지 발전단가가 같아지는 시기

태양광 발전원가가 낮아져서 소비자가 기존의 화력
발전(가스, 석탄 등)에 의해 전력을 공급받는 것과 태
양에너지 시스템을 설치하여 자체 전력을 조달하는 것
이 가격 경쟁력 면에서 동등해지는 것을 의미한다. 여
기에서 말하는 가격이란 전력이 생산되는 데 소요되는
비용 그 자체보다는 최종 소비자가 구매하는 전력의 최
종가격을 의미한다. 에너지 자원이 부족한 우리나라는
그리드패리티를 달성하기 위해 사회적 협의와 대규모
자금 투입 등이 필요한 상황이다.

커넥티드 카(Connected Car)
정보통신기술을 자동차에 접목한 스마트 자동차

주변 사물들과 인터넷으로 연결돼 운행에 필요한 각종 교통정보를 확인할 수 있는 스마트 자동차를 말한다. 커넥티드 카는 자동차 주행에 필요한 신호등이나 CCTV 관련 정보, 주변 도로의 차량 분포 정보를 실시간으로 확인하며 주행하는데, 이 과정에서 주고받는 데이터의 양이 많다보니 초고속 통신망이 필수적으로 요구된다. 2016년 11월에 SK텔레콤과 BMW코리아가 5G 통신망을 이용한 커넥티드 카 'T5'를 공개하고 세계 최초로 미래주행기술을 선보이기도 했다.

펌웨어(Firmware)
하드웨어를 제어하는(ROM)에 저장된 기본 프로그램

프로그램의 형태라는 관점에서는 소프트웨어와 동일하나, 하드웨어의 내부에 위치해 사용자가 쉽게 내용을 바꿀 수 없다는 점에서는 하드웨어를 닮은 소프트웨어 프로그램이다. 기본 역할은 하드웨어를 제어하는 것이다.

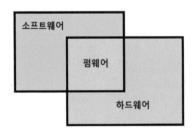

사물인터넷(IoT ; Internet of Things)

인터넷을 기반으로 사물에 센서를 부착해 실시간으로 데이터를 주고 받는 기술 및 서비스

IoT는 'Internet of Things'의 약어로 우리가 이용하는 사물(전자제품, 모바일, 컴퓨터 등)에 센서와 통신 기능을 내장하여 인터넷에 연결하고 서로 데이터를 주고받으며 자체적으로 분석·학습한 정보를 사용자에게 제공하여 이를 원격조정으로 사용할 수 있게 하는 인공지능(AI)기술이다.

바이오시밀러(Biosimilar)

특허가 만료된 바이오의약품과 유사하게 만든 의약품

특허가 만료된 의약품에 대한 복제약을 말한다. 바이오시밀러는 오리지널 바이오의약품과 비슷한 효능을 갖도록 만들지만 기존의 특허받은 의약품에 비해 약값이 저렴하다. 바이오의약품의 경우 화학적 합성이 아니라 동물세포나 효모, 대장균 등을 이용해 만든 고분자의 단백질 제품이기에 완전 동일한 제품을 만들어 낼 수는 없다. 즉, 효능은 비슷하게 내지만 성분과 원료는 오리지널 바이오신약과 다른 '진짜 같은 복제약'으로 당뇨, 류머티스 관절염과 같은 만성·난치성 질환의 치료약 분야에서 활용되고 있다. 바이오제네릭(Biogeneric)이라고도 불린다.

딥 러닝(Deep Learning)
컴퓨터가 데이터를 통해 스스로 학습하게 하는 기계학습기술

컴퓨터가 다양한 데이터를 이용해 마치 사람처럼 스스로 학습할 수 있도록 하기 위해 인공신경망(ANN ; Artificial Neural Network)을 기반으로 하는 기계학습기술이다. 이는 기본적으로 컴퓨터가 이미지, 소리, 텍스트 등의 방대한 데이터를 이해할 수 있게 돕는 기술인데, 컴퓨터가 내부에 장착된 시스템과 알고리즘을 이용하여 복잡한 상황들을 인간 이상의 수준으로 보고, 학습 및 반응할 수 있게 하는 것이다.

초거대 AI
인간처럼 종합적인 추론이 가능한 차세대 인공지능(AI)

기존 인공지능(AI)에서 한 단계 진화한 차세대 AI로 대용량 데이터를 스스로 학습해 인간처럼 종합적인 추론이 가능한 차세대 AI다. 기존 AI보다도 더 인간의 뇌에 가깝게 학습·판단 능력이 향상됐다. 단, 이를 위해서는 기존 AI보다 수백배 이상의 데이터 학습량이 필요하다. 대표적인 초거대 AI로는 일론 머스크 테슬라 창업자가 세운 오픈 AI가 2023년 선보인 GPT-4가 있다. 언어를 기반으로 하는 초거대 AI GPT-4는 사용자가 제시어를 입력하면 자동으로 수억가지의 대화를 할 수 있으며, 이미지 인식 등도 가능한 것으로 알려져 있다.

스피어피싱(Spear Phishing)
일종의 피싱 공격으로 범인이 특정 개인 또는 그룹에 맞추어 공격을 수정하는 방식

피싱 공격자는 피해자에 대한 정보를 수집한 후 표적을 숨길 가능성이 높은 공격을 구상하며, 재무직원의 관리자가 긴급한 전신송금을 요청하는 것처럼 보이는 이메일 등으로 상대방을 속인다. 이런 경우 피싱 공격자들이 특정 기업과 거래한 적이 있는 기업이나 아는 사람을 가장해 송금 등을 요청하는 탓에 공격 대상자들은 이러한 요청을 범죄로 의심하기가 쉽지 않다.

증강현실(AR ; Augmented Reality)
실제 환경에 가상 정보를 합성하여 존재하는 사물처럼 보이도록 하는 그래픽 기법

기존의 가상현실은 가상의 공간과 사물만을 대상으로 했다면 증강현실은 현실세계의 기반 위에 가상의 사물을 합성하여 현실세계만으로는 얻기 어려운 부가 정보들을 구현하는 것이다. 스마트폰이 보급된 이후 증강현실을 이용한 애플리케이션이 많이 출시되고 있다. 2017년 출시되어 큰 인기를 끌었던 '포켓몬고'는 포켓몬시리즈 스핀오프 모바일 애플리케이션(앱) 게임으로 인기 만화인 〈포켓몬스터〉의 캐릭터와 위치 기반 증강현실을 접목한 게임이다.

제임스 웹 우주망원경(JWST)

허블 우주망원경을 대체할 우주 관측용 망원경

1990년 우주로 쏘아 올린 허블 우주망원경을 대체할 망원경으로 2021년 12월 25일 발사됐다. 2002년 NASA의 제2대 국장인 제임스 웹의 업적을 기리기 위해 '제임스 웹 우주망원경(JWST ; James E. Webb Space Telescope)'이라고 명명됐으며 '차세대 우주망원경(NGST ; Next Generation Space Telescope)'이라고도 한다. 제임스 웹 우주망원경은 허블 우주망원경보다 반사경의 크기가 더 커지고 무게는 더 가벼워진 한 단계 발전된 우주망원경이다.

AI(Avian Influenza)

고병원성 조류독감

바이러스에 감염된 조류의 콧물이나 호흡기 분비물, 대변 등에 접촉한 조류들이 다시 감염되는 형태로 전파되는 고병원성 조류 인플루엔자는 우리나라에서 법정 제1종 가축전염병으로 분류된다. 닭은 특히 감수성(위해요소에 대한 피(被) 영향력)이 커서 감염되면 80% 이상이 호흡곤란으로 폐사한다. 2016년 11월 중순에 시작된 조류독감은 사상 최대의 감염률을 기록하여 2017년 1월 16일을 기준으로 닭, 오리, 메추리 등 모두 3,202만마리가 살처분되었는데 이는 전체 닭 사육 대비 17%가 넘는 규모다. 이러한 사태로 계란 공급이 이루어지지 않자 계란 가격이 급격하게 상승하였고 급기야 계란을 수입하기에 이르렀다.

스트리밍 서비스

인터넷상에서 음성이나 영상, 애니메이션 등을 실시간으로 재생하는 기법

인터넷상에서 데이터가 실시간으로 전송될 수 있도록 하는 기술을 말한다. 음성, 동영상 등 용량이 큰 파일을 한번에 다운로드하거나 전송하는 것이 쉽지 않기 때문에 파일의 일부를 조금씩, 실시간으로 전송하고 수용자 또한 조금씩 날아오는 데이터를 받는 대로 감상한다. 이러한 스트리밍 기술의 발전은 인터넷 방송이 활성화되는 계기가 되었다.

라돈(Radon)

토양, 암석, 물속에서 라듐이 핵분열할 때 발생하는 무색·무취·무미의 가스 물질

토양, 지하수, 바위 등 자연환경과 콘크리트, 시멘트 등 건축자재에 존재하는 방사능 물질로, 인체에 지속적으로 다량 축적되면 폐암을 일으키는 것으로 알려져 있다. 라돈은 라듐의 방사성 붕괴로 인해 생기는데, 라돈 원자는 알파입자라는 방사선을 내놓으면서 붕괴되어 방사성 원소인 폴로늄의 원자가 된다.

6	86
Rn	
Radon	
222	

상식 더하기

알파입자
방사선 동위원소가 붕괴할 때 생성되는 것으로, 헬륨의 원자핵이다. 양성자 2개와 중성자 2개로 구성되어 있으며 밀도가 매우 커 원자핵 반응을 일으키는 데 사용된다.

도플러 효과(Doppler's Effect)
파원과 관측자의 상대적 운동에 따라 진동수가 달라지는 현상

1842년 C. J. 도플러가 발견하였으며 파동을 일으키는 파원과 파동을 관측하는 관측자의 상대적인 운동에 따라 파원과 관측자의 거리가 가까워질 때는 파동의 주파수가 더 높게, 멀어질 때는 더 낮게 관측되는 현상이다. 예를 들어 서로 다른 방향으로 달리는 기차가 마주칠 때 상대의 기적소리가 더 크게 들리고, 멀어질 때는 소리가 낮게 들리는 것도 도플러 효과 때문이다.

간의 기능
물질 대사·알코올 대사·호르몬 대사·쓸개즙의 생성 및 배출

물질 대사	탄수화물 대사, 단백질 대사, 지방 대사 모두에 관여하고, 비타민과 무기질의 저장기능도 한다.
알코올 대사	알코올이 몸에서 제거되는 데 필요한 효소들이 간에 많이 있기 때문에 섭취한 알코올의 80~90%가 간에서 분해된다.
호르몬 대사	간의 지배를 받는 호르몬도 있어 호르몬 분비량에도 관여한다.
쓸개즙의 생성 및 배출	매일 1리터가량의 쓸개즙을 생산해서 쓸개로 내보낸다.

엔탈피·엔트로피(Enthalpy·Entropy)

물질계의 안정성과 변화방향, 화학 평형의 위치와 이동을 결정하는 핵심적인 요소

- **엔탈피(H)** : 어떤 물질이 포함된 계의 상태를 나타내는 물리량으로, 열 함량이라고도 한다. 여러 가지 화학반응에서 열이 얼마나 발생할지를 예측하기 위해선 물질의 열 함량을 알아야 한다.
- **엔트로피** : 물질계의 열적 상태를 나타내는 물리량 중 하나를 말한다. 에너지 보존 법칙에 따라 에너지가 다른 에너지로 변화해도 그 양은 일정하지만 유용하게 쓸 수 있는 부분은 감소되는데, 그것을 엔트로피의 증가라고 표현한다.

상식 더하기

물질의 계(界)

열역학에서	대상이 되는 현실의 한 부분을 말한다. 대상을 제외한 나머지 부분을 주위라 한다.
양자역학에서	상태함수로 표현되는 현실의 한 부분을 말한다. 상태함수는 해당 계에 대한 완벽한 양자역학적인 정보를 담고 있다.

GMO(Genetically Modified Organism)

유전자변형 농산물

제초제와 병충해에 대한 내성과 저항력을 갖게 하거나 영양적인 가치와 보존성을 높이기 위해 해당 작물에 다른 동식물이나 미생물과 같은 외래 유전자를 주입하여 키운 농산물을 말한다. 1994년 무르지 않는 토마토를 시작으로 유전자변형 농산물이 식탁에 오르기 시작했다.

에너지 보존의 법칙

에너지가 다른 물체로 이동하거나 형태가 바뀌어도 에너지의 총합은 변하지 않는다는 이론

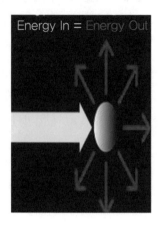

증기기관차에서는 수증기의 분자가 갖는 열에너지가 운동에너지로 전환된다. 이때 열에너지의 총합과 운동에너지의 총합은 같아야 하는데 실제로는 운동에너지의 합이 항상 작다. 에너지가 전환되면서 소모되는 기타 에너지가 있기 때문인데 이 에너지까지 합하면 전환 전의 에너지의 총합과 전환 후의 에너지의 총합은 같아진다.

멘델의 법칙

우열의 법칙, 분리의 법칙, 독립의 법칙

멘델이 완두콩 교배 실험을 통해 알아낸, 개체가 번식할 때 유전자가 전파되는 법칙이다.

우열의 법칙	순종의 대립형질을 교배하면 우성 형질만 나오는 현상
분리의 법칙	한 쌍의 대립 유전자가 분리되어 다음 세대에 유전되는 현상
독립의 법칙	서로 다른 형질의 영향을 받지 않고 우열의 법칙, 분리의 법칙에 의해 독립적으로 유전되는 현상

RFID(Radio Frequency IDentification)
IC 칩을 내장해 무선으로 다양한 정보를 관리할 수 있는 차세대 인식 기술

생산에서 판매에 이르는 전 과정의 정보를 극소형 IC 칩에 내장시켜 이를 무선 주파수로 추적할 수 있게 해 실시간으로 사물의 정보와 유통 경로, 재고 현황까지 무선으로 파악할 수 있으며 바코드보다 저장용량이 커 바코드를 대체할 차세대 인식기술로 꼽힌다. 대형 할인 점에서의 계산, 도서관의 도서 출납관리, 대중교통 요 금징수 시스템 등 활용범위가 다양하여 여러 분야로 확 산될 것이 예상된다.

희토류(Rare Earth Elements)
첨단산업의 비타민으로 불리는 비철금속 광물

화학적으로 안정되면서 열을 잘 전달하여 반도체나 2차전지 등 전자제품에 필수로 들어가는 재료다. 물 리·화학적 성질이 비슷한 란탄·세륨 등 원소 17종을 통틀어서 희토류로 구분한다. 우라늄·게르마늄·세 슘·리튬·붕소·백금·망간·코발트·크롬·바륨· 니켈 등이 있다.

핵융합

1억°C 이상의 고온에서 가벼운 원자핵들이 융합하여 에너지를 방출하는 것

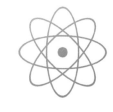

고온에서 가벼운 원자핵들이 융합하여 더 무거워지려고 할 때 막대한 에너지가 방출된다. 이러한 원리를 이용하여 수소폭탄을 만들 수 있다. 핵융합은 해로운 방사능 배출도 적으며 핵연료도 바다에서 쉽게 구할 수 있다는 장점이 있다.

뉴런(Neuron)

신경세포와 돌기를 포함하는 신경계의 구조 및 기능의 단위

신경세포는 핵과 그 주변의 세포질로 이루어져 있으며, 수상돌기와 축삭돌기가 있다. 뉴런은 시냅스(Synapse)에 의해 다른 뉴런과 기능적으로 의사전달을 한다.

> **상식 더하기**
>
> **시냅스**
> 뉴런과 뉴런 사이의 작은 공간으로 신경전달물질이 이동하는 경로다. 신경전달물질이란 신경계의 의사소통을 원활하게 하는 물질을 말한다.

07

우리말·한자성어 🔍

틀리기 쉬운 맞춤법

구분	활용	구분	활용
거치다	천안을 거쳐 왔습니다.	걷잡다	걷잡아서 이틀 걸릴 일
걷히다	성금이 잘 걷힙니다.	걷잡다	걷잡을 수 없는 상태
늘이다	고무줄을 늘입니다.	다치다	다리를 다쳤습니다.
늘리다	수출량을 더 늘립니다.	닫히다	문이 저절로 닫혔습니다.
마치다	숙제를 마쳤습니다.	받히다	자전거에 받혔습니다.
맞히다	문제를 더 맞혔습니다.	밭치다	밀가루를 체에 밭칩니다.
바치다	목숨을 바쳤습니다.	부딪치다	차와 기차가 부딪쳤습니다.
받치다	우산을 받치고 갑니다.	부딪히다	벽이 달려오는 자동차에 부딪혔습니다.
반드시	약속은 반드시 지키세요.	저리다	다리가 저립니다.
반듯이	고개는 반듯이 드세요.	절이다	배추를 절였습니다.
안치다	밥을 안칩니다.	이따가	이따가 오너라.
앉히다	자리에 앉혔습니다.	있다가	돈은 있다가도 없습니다.

띄어쓰기

- 조사는 그 앞말에 붙여서 쓴다.
- 의존명사는 띄어서 쓴다.
- 단위를 나타내는 명사는 띄어서 쓴다. 단, 순서를 나타내는 경우나 숫자와 어울려 쓰이는 경우에는 붙여 쓸 수 있다(두시 삼십분 오초, 16동 502호).
- 수를 적을 때에는 '만(萬)' 단위로 띄어서 쓴다(삼천사백오십육만 칠천팔백구십팔 / 3,456만 7,898).
- 두 말을 이어주거나 열거할 때 쓰이는 말들은 띄어서 쓴다(겸, 내지, 대, 등, 및).
- 단음절로 된 단어가 연이어 나타날 적에는 붙여 쓸 수 있다(그때 그곳, 좀더 큰것).

상식 더하기

- **조사**
체언 뒤에 붙어서 문법적 관계를 표시하거나 의미를 더해주는 단어

- **의존명사**
혼자서 쓰일 수 없고 다른 말에 기대어 쓰는 명사로, 관형어의 꾸밈을 필요로 한다. '것, 지, 따름, 뿐, 대로' 등이 있다.

복수 표준어

- 뜻이나 어감에 차이가 있어 별도의 표준어로 인정한 경우

현재 표준어	추가 표준어	현재 표준어	추가 표준어
-기에	-길래	거치적거리다	걸리적거리다
괴발개발	개발새발	끼적거리다	끄적거리다
날개	나래	두루뭉술하다	두리뭉실하다
냄새	내음	맨송맨송	맨숭맨숭 / 맹숭맹숭
눈초리	눈꼬리	바동바동	바둥바둥
떨어뜨리다	떨구다	새치름하다	새초롬하다
뜰	뜨락	아옹다옹	아웅다웅
먹을거리	먹거리	야멸치다	야멸차다
메우다	메꾸다	오순도순	오손도손
손자	손주	찌뿌듯하다	찌뿌둥하다
어수룩하다	어리숙하다	치근거리다	추근거리다

• 같은 뜻으로 많이 쓰여 표준어로 인정한 경우

현재 표준어	추가 표준어	현재 표준어	추가 표준어
간질이다	간지럽히다	세간	세간살이
남우세스럽다	남사스럽다	쌉싸래하다	쌉싸름하다
목물	등물	고운대	토란대
만날	맨날	허섭스레기	허접쓰레기
묏자리	묫자리	토담	흙담

• 두 가지 표기를 모두 표준어로 인정한 경우

현재 표준어	추가 표준어	현재 표준어	추가 표준어	현재 표준어	추가 표준어
태껸	택견	자장면	짜장면	품세	품새

사이시옷의 표기

사이시옷은 다음과 같은 경우에 받쳐 적는다.

• 순우리말로 된 합성어로서 앞말이 모음으로 끝난 경우
  - 뒷말의 첫소리가 된소리로 나는 것(귓밥, 나룻배, 맷돌, 선짓국, 조갯살, 찻집)
  - 뒷말의 첫소리 'ㄴ, ㅁ' 앞에서 'ㄴ' 소리가 덧나는 것(아랫니, 잇몸, 깻묵, 냇물)
  - 뒷말의 첫소리 모음 앞에서 'ㄴㄴ' 소리가 덧나는 것(뒷일, 베갯잇, 깻잎, 나뭇잎)
• 순우리말과 한자어로 된 합성어로서 앞말이 모음으로 끝난 경우
  - 뒷말의 첫소리가 된소리로 나는 것(귓병, 아랫방, 자릿세, 찻잔, 탯줄, 핏기, 횟배)
  - 뒷말의 첫소리 'ㄴ, ㅁ' 앞에서 'ㄴ' 소리가 덧나는 것(곗날, 제삿날, 훗날, 툇마루, 양칫물)
  - 뒷말의 첫소리 모음 앞에서 'ㄴㄴ' 소리가 덧나는 것(가욋일, 사삿일, 예삿일, 훗일)
• 두 음절로 된 다음 한자어
  - 곳간, 셋방, 숫자, 찻간, 툇간, 횟수

순우리말

- **가납사니 :** 쓸데없는 말을 잘하는 사람, 말다툼을 잘하는 사람

- **가래다 :** 맞서서 옳고 그름을 따지다.

- **가멸다 :** 재산이 많고 살림이 넉넉하다.

- **각다분하다 :** 일을 해 나가기가 몹시 힘들고 고되다.

- **강짜를 부리다 :** 샘이 나서 심술을 부리다.

- **강파르다 :** 몸이 야위고 파리하다. 성질이 깔깔하고 괴팍하다.

- **거니채다 :** 기미를 알아채다.

- **걸쩍거리다 :** 성질이 쾌활하여 무슨 일에나 시원스럽게 덤벼들다.

- **고갱이 :** 사물이나 일의 핵심

- **골막하다 :** 그릇에 다 차지 않고 좀 모자라는 듯하다.

- **곰비임비 :** 물건이 거듭 쌓이거나 일이 겹치는 모양

- **괴발개발 :** 글씨를 함부로 이리저리 갈겨 써 놓은 모양

- **굄새 :** 그릇에 떡이나 과일을 높이 쌓아 올리는 솜씨(고임새)

- **구듭 :** 귀찮고 괴로운 남의 뒤치다꺼리

- **구쁘다 :** 먹고 싶어 입맛이 당기다.

- **굼닐다 :** 몸을 구부렸다 일으켰다 하다.

- **궁따다 :** 시치미를 떼고 딴소리를 하다.

- **그느르다 :** 보호하여 보살펴 주다.

- **길마 :** 짐을 싣기 위하여 소의 등에 안장처럼 얹은 도구

- **꺼병이 :** 꿩의 어린 새끼, 외양이 거칠게 생긴 사람

- **꺼펑이 :** 덧씌워 덮거나 가리는 물건을 통틀어 이르는 말

- **꺽지다 :** 성격이 억세고 꿋꿋하며 용감하다.

- **남우세 :** 남에게서 비웃음이나 조롱을 받게 됨

- **너나들이 :** 서로 너니 나니 하고 부르며 터놓고 지내는 사이

- **느루 :** 한꺼번에 몰아치지 않고 오래도록

- **다따가 :** 갑자기, 별안간

■ **다직해야 :** 기껏해야

■ **댓바람 :** 단번에, 지체하지 않고 곧

■ **더께 :** 찌든 물건에 앉은 거친 때

■ **덩저리 :** 좀 크게 뭉쳐서 쌓인 물건의 부피

■ **도두보다 :** 실제보다 더 크게 또는 좋게 보다.

■ **도섭스럽다 :** 능청스럽고 수선스럽게 변덕을 부리다.

■ **동곳 빼다 :** 힘이 모자라서 굴복하다.

■ **두남두다 :** 편들다. 애착을 가지고 돌보다.

■ **드레 :** 사람의 됨됨이로서의 점잖음과 무게

■ **들마 :** (가게나 상점의) 문을 닫을 무렵

■ **뜨악하다 :** 마음에 선뜻 내키지 않다.

■ **마수걸이 :** 그날 처음으로 물건을 파는 일, 맨 처음으로 부딪는 일

■ **마뜩하다 :** 제법 마음에 들만하다.

■ **말재기 :** 쓸데없는 말을 꾸며내는 사람

■ **맵자하다 :** 모양이 꼭 체격에 어울려서 맞다.

■ **메지 :** 일의 한 가지가 끝나는 단락

■ **모가비 :** 인부나 광대 등의 우두머리, 낮은 패의 우두머리(꼭두쇠)

■ **몰강스럽다 :** 인정이 없어 억세고 모질며 악착스럽다.

■ **무람없다 :** 예의를 지키지 않으며, 삼가고 조심하지 않다.

■ **무릎맞춤 :** 대질심문

■ **미립 :** 경험을 통하여 얻은 묘한 이치나 요령

■ **미쁘다 :** 믿음직하다.

■ **미투리 :** 삼, 모시 따위로 삼은 신

■ **밀막다 :** 밀어서 막다. 못하게 하거나 말리다. 핑계를 대고 거절하다.

■ **바자위다 :** 성질이 너무 깐깐하여 너그러운 맛이 없다.

■ **반지빠르다 :** 얄미울 정도로 민첩하고 약삭빠르다. 얄밉게 교만하다.

■ **버르집다 :** 숨은 일을 들춰내다. 작은 일을 크게 떠벌리다.

- **변죽 :** 그릇 따위의 가장자리로, '변죽을 울리다'는 표현은 '넌지시 빙 둘러서 지적하다'라는 뜻을 지닌다.
- **보깨다 :** 먹은 것이 소화가 잘 안 되어 뱃속이 거북하고 괴롭다.
- **보짱 :** 꿋꿋하게 품은 생각이나 요량
- **북새 :** 많은 사람들이 아주 야단스럽게 부산을 떨며 법석이는 일
- **빕더서다 :** 약속을 어기고 돌아서다.
- **사품 :** 어떤 일이나 동작이 진행되는 '마침 그때(기회)'를 뜻함
- **살피 :** 땅과 땅 사이의 경계를 나타낸 표
- **섯 :** 순간적으로 불끈 일어나는 격한 감정
- **설면하다 :** 자주 만나지 못하여 좀 낯설다. 정답지 아니하다.
- **손방 :** 할 줄 모르는 솜씨, 초보자, 문외한
- **습습하다 :** 마음이나 하는 짓이 활발하고 너그럽다.
- **실큼하다 :** 마음에 싫은 생각이 생기다.
- **쌩이질 :** 한창 바쁠 때 쓸데없는 일로 남을 귀찮게 하는 것
- **아귀차다 :** 휘어잡기 어려울 만큼 벅차다.
- **아퀴 짓다 :** 어떤 일의 매듭이나 마무리를 짓다.
- **안다미 :** 남이 져야 할 책임을 맡음
- **알심 :** 은근히 동정하는 마음, 보기보다 야무진 힘
- **알천 :** 가장 값나가는 물건이나 가장 맛있는 음식
- **애면글면 :** 약한 힘으로 무엇을 이루느라고 온갖 힘을 다하는 모양
- **에끼다 :** 서로 주고받을 물건이나 돈을 서로 비겨 없애다. 상쇄하다.
- **영절스럽다 :** 그럴듯하다.
- **왜자하다 :** 소문이 퍼져 자자하다. 왁자지껄하게 떠들썩하여 시끄럽다.
- **왜장치다 :** 쓸데없이 큰 소리로 마구 떠들다.
- **우렁잇속 :** 내용이 복잡하여 헤아리기 어려운 일을 비유
- **울력 :** 여러 사람이 힘을 합침
- **입찬말 :** 자기의 지위와 능력을 믿고 지나치게 장담하는 말

- **자리끼** : 밤에 마시려고 잠자리의 머리맡에 두는 물

- **자발없다** : 행동이 가볍고 참을성이 없다.

- **재우치다** : 재촉하다.

- **제키다** : 살갗이 조금 다쳐서 벗어지다.

- **지다위** : 남에게 의지하고 떼를 씀, 제 허물을 남에게 덮어씌움

- **진솔** : 한 번도 빨지 않은 새 옷

- **차깔하다** : 문을 굳게 닫아 잠가 두다.

- **척척지근하다** : 조금 젖어서 차가운 느낌이 있다.

- **천둥벌거숭이** : 두려운 줄 모르고 함부로 날뛰기만 하는 사람

- **추레하다** : 겉모양이 허술하여 보잘 것 없다. 생생한 기운이 없다.

- **치사랑** : 손윗사람에 대한 사랑

- **콩켸팥켸** : 사물이 마구 뒤섞여 뒤죽박죽된 것을 가리키는 말

- **타끈하다** : 인색하고 욕심이 많다.

- **통거리** : 어떤 사물의 전부, 가릴 것을 가리지 않은 모두

- **투깔스럽다** : 일이나 물건의 모양새가 투박하고 거칠다.

- **투미하다** : 어리석고 둔하다.

- **트레바리** : 이유 없이 남의 말에 반대하기를 좋아하는 성격

- **틀거지** : 듬직하고 위엄이 있는 겉모양

- **티석티석** : 거죽이나 면이 매우 거칠게 일어나 번지럽지 못한 모양

- **파니** : 아무 하는 일 없이 노는 모양

- **푸서리** : 거칠게 잡풀이 무성한 땅

- **푼더분하다** : 얼굴이 두툼하여 탐스럽다. 여유가 있고 넉넉하다.

- **풀치다** : 맺혔던 생각을 돌려 너그럽게 용서하다.

- **하비다** : 손톱이나 날카로운 물건으로 긁어 파다. 남의 결점을 들추어내서 헐뜯다.

- **함초롬하다** : 젓거나 서려 있는 모습이 가지런하고 곱다.

- **함함하다** : 털이 가지런하고 곱다. 소담하고 탐스럽다.

- **핫아비** : 유부남(상대어 : 핫어미 = 유부녀)

- 해찰하다 : 일에는 정신을 두지 아니하고 쓸데없는 다른 짓을 하다.
- 행짜 : 심술을 부려 남을 해치는 행위
- 허룩하다 : 줄어들거나 없어지다.
- 훈감하다 : 맛과 냄새가 진하고 좋다. 푸짐하고 호화스럽다.
- 휘뚜루마뚜루 : 이것저것 가리지 않고 닥치는 대로 마구 해치우는 모양
- 희나리 : 덜 마른 장작
- 희떱다 : 실속은 없어도 마음이 넓고 손이 크다. 언행이 분에 넘치며 버릇이 없다.
- 흰소리 : 터무니없이 자랑하거나 거드럭거리며 허풍을 떠는 말

바람과 관련한 순우리말

- 건들바람 : 초가을에 선들선들 부는 바람
- 높새바람 : 북동풍을 이르는 말
- 된바람 : 매섭게 부는 바람, 북쪽 바람, 덴바람, 호풍, 삭풍
- 마파람 : 남쪽에서 불어오는 바람
- 살바람 : 좁은 틈으로 새어 들어오는 찬 바람, 초봄에 부는 찬 바람
- 샛바람 : 동쪽에서 불어오는 바람
- 소소리바람 : 이른 봄에 부는 맵고 스산한 바람
- 하늬바람 : 서쪽에서 불어오는 바람

비와 관련한 순우리말

- 개부심 : 장마로 큰물이 난 뒤, 한동안 쉬었다가 다시 퍼붓는 비
- 악수 : 엄청나게 퍼붓는 비
- 여우비 : 볕이 나 있는데 잠깐 오다가 그치는 비
- 웃비 : 한창 내리다가 잠시 그친 비
- 작달비 : 장대비, 좍좍 퍼붓는 비

눈과 관련한 순우리말

- **길눈** : 한 길이 될 만큼 많이 쌓인 눈
- **누리** : 우박
- **도둑눈** : 밤 동안에 사람들이 모르게 내린 눈
- **숫눈** : 눈이 와서 쌓인 상태 그대로의 깨끗한 눈
- **진눈깨비** : 비가 섞여 내리는 눈

안개나 서리와 관련한 순우리말

- **무서리** : 늦가을에 처음 내리는 묽은 서리
- **상고대** : 나무나 풀에 내려 눈처럼 된 서리
- **해미** : 바다 위에 낀 아주 짙은 안개

길과 관련한 순우리말

- **고샅길** : 시골 마을의 좁은 골목길 또는 골목 사이
- **길섶** : 길의 가장자리, 흔히 풀이 나 있는 곳을 가리킨다.
- **낭길** : 낭떠러지를 끼고 난 길
- **모롱이** : 산모퉁이의 휘어 둘린 곳
- **자드락길** : 나지막한 산기슭의 비탈진 땅에 난 좁은 길

순우리말 단위어

- **단** : 짚, 땔나무, 채소 따위의 묶음을 세는 단위
- **달포** : 한 달 쯤, 삭여(朔餘)
- **마지기** : 논 150~300평, 밭 100평(씨앗을 한 말 정도 뿌릴 넓이)
- **뭇** : 채소, 짚, 잎나무, 장작의 작은 묶음. 생선 10마리, 미역 10장
- **바리** : 마소의 등에 잔뜩 실은 짐을 세는 단위

- **발 :** 두 팔을 양옆으로 펴서 벌렸을 때 한쪽 손끝에서 다른 쪽 손끝까지의 길이
- **사리 :** 국수, 새끼, 실 따위의 뭉치를 세는 단위
- **새 :** 피륙의 날을 세는 단위로, 한 새는 여든 올을 가리킴
- **섬 :** 부피의 단위. 곡식, 가루, 액체 따위의 부피를 잴 때 쓴다(한 섬 = 약 180리터).
- **손 :** 큰 놈 뱃속에 작은 놈 한 마리를 끼워 넣어 파는 고등어나 조기 2마리
- **쌈 :** 바늘 24개
- **우리 :** 기와 2,000장
- **자밤 :** 양념이나 나물을 손가락을 모아서 그 끝으로 집을 만한 분량을 세는 단위
- **전 :** 땔나무를 갈퀴와 손으로 한 번에 껴안을 만한 분량을 세는 단위
- **접 :** 사과 · 배 등 과일이나 무 · 배추 등의 채소 100개
- **죽 :** 옷, 신, 그릇 따위의 10개
- **축 :** 오징어 20마리
- **쾌 :** 북어 20마리
- **토리 :** 실을 감은 뭉치 또는 그 단위
- **톳 :** 김 100장

올바른 외래어 표기의 대표적 용례

기역(ㄱ)

- 가스(Gas)
- 가톨릭(Catholic)
- 개런티(Guarantee)
- 갤런(Gallon)
- 곤돌라(Gondola)
- 그로테스크(Grotesque) → 기괴
- 그리스(Grease) → 윤활유
- 글라스(Glass) → 유리잔
- 글로브(Globe)
- 글리세린(Glycerine)
- 깁스(Gips)

니은(ㄴ)

- 나일론(Nylon)
- 나프타(Naphtha)
- 난센스(Nonsense)
- 내레이션(Narration) → 해설
- 냅킨(Napkin)
- 노하우(Know-how) → 비결, 기술
- 논픽션(Nonfiction)
- 뉘앙스(Nuance)

디귿(ㄷ)

- 다이내믹(Dynamic) → 역동적
- 다큐멘터리(Documentary)
- 대시(Dash) → 질주, 달리기
- 데뷔(Debut)
- 데생(Dessin)
- 도넛(Doughnut)
- 도킹(Docking)하다 → 만나다
- 드라이클리닝(Dry Cleaning)
- 드롭스(Drops)
- 디스코텍(Discotheque)
- 디스크자키(Disk Jockey)
- 디지털(Digital)

리을(ㄹ)

- 라이선스(License) → 인가
- 라이터(Lighter)
- 라켓(Racket)
- 러닝 셔츠(Running Shirts)
- 레이다 · 레이더(Radar)
- 레커(Wrecker)차 → 견인차
- 레크리에이션(Recreation)
- 레퍼토리(Repertory)
- 로열(Royal)
- 로터리(Rotary)
- 로큰롤(Rock'n'roll)
- 류머티즘(Rheumatism)
- 리더십(Leadership) → 지도력
- 리모컨(Remote Control)
- 링거(Ringer)
- 르포르타주(Reportage) → 보고 기사

미음(ㅁ)

- 마니아(Mania) → 애호가
- 마사지(Massage)
- 매니큐어(Manicure)
- 매머드(Mammoth)
- 메시지(Message)
- 메이크업(Makeup)
- 모라토리엄(Moratorium)
- 몽타주(Montage)
- 미스터리(Mystery)
- 밀리(Milli)

비읍(ㅂ)

- 바비큐(Barbecue)
- 바통 · 배턴(Baton)
- 박테리아(Bacteria) → 세균
- 방갈로(Bungalow)
- 배지(Badge)
- 배터리(Battery)
- 버저(Buzzer)
- 버킷(Bucket)
- 베니어(Veneer)
- 보이콧(Boycott)
- 부르주아(Bourgeois)
- 불도그(Bulldog)
- 뷔페(Buffet)
- 브래지어(Brassiere)
- 브로치(Brooch)
- 블라우스(Blouse)
- 블록(Block)
- 비스킷(Biscuit)
- 비즈니스(Business) → 사업

시옷(ㅅ)

- 사디즘(Sadism)
- 색소폰(Saxophone)
- 섀도 캐비닛(Shadow Cabinet)
- 셔벗(Sherbet) → 샤베트 ×
- 소시지(Sausage)
- 수프(Soup)
- 스태미나(Stamina) → 원기, 힘
- 스테인리스(Stainless)
- 스티로폼(Stytofoam)
- 슬래브(Slab)
- 심포지엄(Symposium)
- 산타클로스(Santa Claus)
- 샐비어(Salvia)
- 선글라스(Sunglasses)
- 셰르파(Sherpa)
- 소켓(Socket)
- 슈퍼마켓(Supermarket)
- 스태프(Staff) → 제작진
- 스텝(Step) → 걸음걸이
- 스펀지(Sponge)
- 실루엣(Silhouette)
- 스프링클러(Sprinkler) → 물뿌리개
- 섀시(Sash)
- 샹들리에(Chandelier)
- 센티멘털(Sentimental) → 감상적
- 셰이크(Shake)
- 쇼윈도(Show Window)
- 스노(Snow)
- 스탠더드(Standard) → 표준
- 스트로(Straw) → 빨대
- 스폿 뉴스(Spot News)
- 심벌(Symbol) → 상징, 기호

이응(ㅇ)

- 악센트(Accent)
- 앙케트(Enquete)
- 에메랄드(Emerald)
- 오버코트(Overcoat) → 외투
- 요구르트(Yogurt)
- 알칼리(Alkali)
- 애프터서비스(After Service)
- 에스코트(Escort) → 호위
- 오프셋(Offset)
- 워크숍(Workshop)
- 알코올(Alcohol)
- 앰뷸런스(Ambulance) → 구급차
- 에어컨(Air Conditioner)
- 옵서버(Observer)
- 인스턴트(Instant) → 즉각, 즉석

지읒(ㅈ)

- 자이로컴퍼스(Gyrocompass)
- 점퍼(Jumper)
- 젤리(Jelly)
- 자이언트(Giant)
- 제스처(Gesture)
- 주스(Juice)
- 재킷(Jacket)
- 젤라틴(Gelatin)
- 쥐라기(Jura紀)

치읓(ㅊ)

- 찬스(Chance) → 기회
- 챔피언(Champion)
- 초콜릿(Chocolate)

키읔(ㅋ)

- 카디건(Cardigan)
- 카바레(Cabaret)
- 카스텔라(Castella)
- 카운슬러(Counselor)
- 카운터블로(Counterblow)
- 카펫(Carpet) → 양탄자
- 캐러멜(Caramel)
- 캐럴(Carol)
- 캐비닛(Cabinet)
- 캐시미어(Cashmere)
- 캐주얼(Casual)
- 커닝(Cunning)
- 컨트롤(Control) → 통제
- 컬러(Color) → 색, 색깔
- 컴퍼스(Compass)
- 컴포넌트(Component)
- 케이크(Cake)
- 케첩(Ketchup)
- 코냑(Cognac)
- 코르덴(Corded Velveteen)
- 코뮈니케(Communique)
- 코미디(Comedy)
- 콘도르(Condor)
- 콤팩트(Compact)
- 콩쿠르(Concours) → 경연회
- 콩트(Conte)
- 쿠데타(Coup d'État)
- 쿠션(Cushion)
- 쿵후(Kungfu)
- 크리스천(Christian) → 기독교도
- 크리스털(Crystal) → 수정
- 클라이맥스(Climax) → 절정
- 클랙슨(Klaxon) → 경적

티읕(ㅌ)

- 타깃(Target) → 목표, 표적
- 타월(Towel) → 수건
- 탤런트(Talent)
- 테이프 리코더(Tape Recorder)
- 테크놀로지(Technology)
- 톱뉴스(Top News)
- 트럼펫(Trumpet)
- 트롬본(Trombone)
- 팀워크(Teamwork)

피읖(ㅍ)

- 파운데이션(Foundation)
- 파일럿(Pilot) → 조종사
- 판탈롱(Pantalon)
- 팸플릿(Pamphlet)
- 페넌트(Pennant)
- 페스티벌(Festival) → 축제
- 펜치(Pincers)
- 포클레인(Poclain) → 삽차
- 퓨즈(Fuse)
- 프라이(Fry)
- 프라이드치킨(Fried Chicken)
- 프런트(Front)
- 프런티어(Frontier)
- 프러포즈(Propose) → 제안
- 플랑크톤(Plankton)
- 플래시(Flash)
- 플래카드(Placard)
- 피날레(Finale)

히읗(ㅎ)

- 해트 트릭(Hat Trick)
- 호치키스(Hotchkiss)
- 휘슬(Whistle)
- 히치하이크(Hitchhike)
- 히프(Hip)

국어의 로마자 표기법

① 표기의 기본 원칙

ㄱ 국어의 로마자 표기는 국어의 표준 발음법에 따라 적는 것을 원칙으로 한다.

ㄴ 로마자 이외의 부호는 되도록 사용하지 않는다.

② 표기 일람

ㄱ 모음은 다음과 같이 적는다.

ⓐ 단모음

ㅏ	ㅓ	ㅗ	ㅜ	ㅡ	ㅣ	ㅐ	ㅔ	ㅚ	ㅟ
a	eo	o	u	eu	i	ae	e	oe	wi

ⓑ 이중 모음

ㅑ	ㅕ	ㅛ	ㅠ	ㅒ	ㅖ	ㅘ	ㅙ	ㅝ	ㅞ	ㅢ
ya	yeo	yo	yu	yae	ye	wa	wae	wo	we	ui

- 'ㅢ'는 'ㅣ'로 소리 나더라도 'ui'로 적는다(**예** 광희문 Gwanghuimun).
- 장모음의 표기는 따로 하지 않는다.

ㄴ 자음은 다음과 같이 적는다.

ⓐ 파열음

ㄱ	ㄲ	ㅋ	ㄷ	ㄸ	ㅌ	ㅂ	ㅃ	ㅍ
g, k	kk	k	d, t	tt	t	b, p	pp	p

ⓑ 파찰음, 마찰음, 비음, 유음

파찰음			마찰음			비음			유음
ㅈ	ㅉ	ㅊ	ㅅ	ㅆ	ㅎ	ㄴ	ㅁ	ㅇ	ㄹ
j	jj	ch	s	ss	h	n	m	ng	r, l

- 'ㄱ, ㄷ, ㅂ'은 모음 앞에서는 'g, d, b'로 적고, 자음 앞이나 어말에서는 'k, t, p'로 적는다([ ] 안의 발음에 따라 표기함).

구미	Gumi	영동	Yeongdong	백암	Baegam
옥천	Okcheon	합덕	Hapdeok	호법	Hobeop
월곶[월곧]	Wolgot	벚꽃[벋꼳]	Beotkkot	한밭[한받]	Hanbat

- 'ㄹ'은 모음 앞에서는 'r'로, 자음 앞이나 어말에서는 'l'로 적는다. 다만, 'ㄹㄹ'은 'll'로 적는다.

구리	Guri	설악	Seorak	칠곡	Chilgok
임실	Imsil	울릉	Ulleung	대관령[대괄령]	Daegwallyeong

상식 더하기

- **이중 모음**

  이어지는 두 개의 모음 중 시작 모음과 끝 모음이 다른 소리를 내며 한 음절을 이루는 경우, 이 두 모음을 가리킨다. 시작 소리가 높은 것은 하강 이중 모음이라 하고, 끝소리가 높은 것은 상승 이중 모음이라 한다.

- **비음**

  공기가 코로 나가면서 내는 언어음으로 콧소리라고도 하며 대표적인 비음은 'ㅁ, ㄴ, ㅇ'이다.

- **유음**

  설측음과 'ㄹ' 계통의 음성을 총칭하는 것으로, 혀끝을 윗잇몸에 가볍게 대었다가 떼면서 내는 소리

③ 표기상의 유의점

㉠ 음운 변화가 일어날 때에는 변화의 결과에 따라 다음 각 호와 같이 적는다.

ⓐ 자음 사이에서 동화 작용이 일어나는 경우(자음동화)

백마[뱅마]	Baengma	신문로[신문노]	Sinmunno	종로[종노]	Jongno
왕십리[왕심니]	Wangsimni	별내[별래]	Byeollae	신라[실라]	Silla

ⓑ 'ㄴ, ㄹ'이 덧나는 경우

학여울[항녀울]	Hangnyeoul	알약[알략]	Allyak

ⓒ 구개음화가 되는 경우

해돋이[해도지]	Haedoji	같이[가치]	Gachi	맞히다[마치다]	Machida

ⓓ 'ㄱ, ㄷ, ㅂ, ㅈ'이 'ㅎ'과 합하여 거센소리로 소리나는 경우

좋고[조코]	Joko	놓다[노타]	Nota
잡혀[자펴]	Japyeo	낳지[나치]	Nachi

- 다만, 체언에서 'ㄱ, ㄷ, ㅂ' 뒤에 'ㅎ'이 따를 때에는 'ㅎ'을 밝혀 적는다.

묵호	Mukho	집현전	Jiphyeonjeon

- 된소리되기는 표기에 반영하지 않는다.

압구정	Apgujeong	낙동강	Nakdonggang	죽변	Jukbyeon
낙성대	Nakseongdae	합정	Hapjeong	팔당	Paldang

| 샛별 | Saetbyeol | 울산 | Ulsan | | |

ⓛ 발음상 혼동의 우려가 있을 때에는 음절 사이에 붙임표(-)를 쓸 수 있다.

중앙	Jung-ang	반구대	Ban-gudae
세운	Se-un	해운대	Hae-undae

ⓒ 고유 명사는 첫 글자를 대문자로 적는다.

부산	Busan	세종	Sejong

ⓔ 인명은 성과 이름의 순서로 띄어 쓴다. 이름은 붙여 쓰는 것을 원칙으로 하되 음절 사이에 붙임표(-)를 쓰는 것을 허용한다([ ] 안의 표기를 허용함).

민용하	Min Yongha(Min Yong-ha)
송나리	Song Nari(Song Na-ri)

ⓐ 이름에서 일어나는 음운 변화는 표기에 반영하지 않는다.

한복남	Han Boknam(Han Bok-nam)	홍빛나	Hong Bitna(Hong Bit-na)

ⓑ 성의 표기는 따로 정한다.

ⓜ '도, 시, 군, 구, 읍, 면, 리, 동'의 행정 구역 단위와 '가'는 각각 'do, si, gun, gu, eup, myeon, ri, dong, ga'로 적고, 그 앞에는 붙임표(-)를 넣는다. 붙임표(-) 앞뒤에서 일어나는 음운 변화는 표기에 반영하지 않는다.

충청북도	Chungcheongbuk-do	제주도	Jeju-do	의정부시	Uijeongbu-si
양주군	Yangju-gun	도봉구	Dobong-gu	신창읍	Sinchang-eup
삼죽면	Samjuk-myeon	인왕리	Inwang-ri	당산동	Dangsan-dong
봉천 1동	Bongcheon 1(il)-dong	종로 2가	Jongno 2(i)-ga	퇴계로 3가	Toegyero 3(sam)-ga

• '시, 군, 읍'의 행정 구역 단위는 생략할 수 있다.

청주시	Cheongju	함평군	Hampyeong	순창읍	Sunchang

ⓗ 자연 지물명, 문화재명, 인공 축조물명은 붙임표(-) 없이 붙여 쓴다.

남산	Namsan	속리산	Songnisan	금강	Geumgang
독도	Dokdo	경복궁	Gyeongbokgung	무량수전	Muryangsujeon
연화교	Yeonhwagyo	극락전	Geungnakjeon	안압지	Anapji
남한산성	Namhansanseong	화랑대	Hwarangdae	불국사	Bulguksa
현충사	Hyeonchungsa	독립문	Dongnimmun	오죽헌	Ojukheon
촉석루	Chokseongnu	종묘	Jongmyo	다보탑	Dabotap

ⓐ 인명, 회사명, 단체명 등은 그동안 써온 표기를 쓸 수 있다.

ⓞ 학술 연구 논문 등 특수 분야에서 한글 복원을 전제로 표기할 경우에는 한글 표기를 대상으로 적는다. 이때 글자 대응은 표기 일람을 따르되 'ㄱ, ㄷ, ㅂ, ㄹ'은 'g, d, b, l'로만 적는다. 음가 없는 'ㅇ'은 붙임표(−)로 표기하되 어두에서는 생략하는 것을 원칙으로 한다. 기타 분절의 필요가 있을 때에도 붙임표(−)를 쓴다.

집	Jib	짚	Jip	밖	Bakk
값	Gabs	붓꽃	Buskkoch	먹는	Meogneun
독립	Doglib	문리	Munli	물엿	Mul−yeos
굳이	Gud−i	좋다	Johda	가곡	Gagog
조랑말	Jolangmal	없었습니다	eobs−eoss−seubnida		

상식 더하기

자음동화

어느 하나의 자음이 다른 자음의 영향을 받아 비슷하거나 같은 소리로 바뀌는 현상

예 '신라'에서 'ㄴ'이 뒤에 오는 'ㄹ'의 영향을 받아 바뀌면서 [실라]로 발음되는 것

동자이음어(同字異音語)

見	(견) 보다 ⇨見聞(견문)	更	(경) 고치다, 시각 ⇨更張(경장)
	(현) 나타나다, 뵈다 ⇨謁見(알현)		(갱) 다시 ⇨更新(갱신)
茶	(다) 차 ⇨茶菓(다과)	車	(거) 수레 ⇨車馬費(거마비)
	(차) 차 ⇨茶禮(차례)		(차) 수레, 성 ⇨車庫(차고)

宅	(댁) 집	⇨宅內(댁내)	度	(도) 법도	⇨程度(정도)
	(택) 집	⇨住宅(주택)		(탁) 헤아리다	⇨忖度(촌탁)

讀	(독) 읽다	⇨讀書(독서)	殺	(살) 죽이다	⇨殺害(살해)
	(두) 구절	⇨吏讀(이두)		(쇄) 빠르다, 감하다	⇨殺到(쇄도)

復	(복) 회복하다	⇨復歸(복귀)	洞	(동) 동네, 구멍	⇨洞里(동리)
	(부) 다시	⇨復活(부활)		(통) 밝다, 꿰뚫다	⇨洞察(통찰)

省	(성) 살피다	⇨省墓(성묘)	惡	(악) 악하다	⇨善惡(선악)
	(생) 덜다	⇨省略(생략)		(오) 미워하다	⇨憎惡(증오)

宿	(숙) 자다	⇨露宿(노숙)	說	(설) 말씀	⇨學說(학설)
	(수) 별	⇨星宿(성수)		(열) 기쁘다	⇨說喜(열희)

索	(색) 찾다	⇨索引(색인)
	(삭) 삭막하다	⇨索莫(삭막)

동음이의어

家具(가구)	感想(감상)	改良(개량)
살림에 쓰이는 세간	마음에 일어나는 생각	고치어 좋게 함
家口(가구)	鑑賞(감상)	改量(개량)
주거와 생계 단위	작품을 이해하고 즐김	다시 측정함

改正(개정)	警戒(경계)	競技(경기)
바르게 고침	조심하여 단속함	운동 경기
改定(개정)	境界(경계)	景氣(경기)
고치어 다시 정함	지역이 갈라지는 한계	경제 활동 상황

經路(경로)	警備(경비)	公約(공약)
지나는 길	경계하고 지킴	공중에 대한 약속
敬老(경로)	經費(경비)	空約(공약)
노인을 공경함	일을 할 때 드는 비용	헛된 약속

工學(공학)	過程(과정)	校監(교감)
공업의 연구 분야	일이 되어가는 경로	교무를 감독하는 직책
共學(공학)	課程(과정)	交感(교감)
남녀가 함께 배움	과업의 정도	접촉하여 감응함
教壇(교단)	救助(구조)	救護(구호)
강의할 때 올라서는 단	사람을 도와서 구원함	어려운 사람을 보호함
教團(교단)	構造(구조)	口號(구호)
종교 단체	전체를 이루고 있는 관계	주장 따위의 호소
貴中(귀중)	給水(급수)	技士(기사)
상대 단체를 높이는 말	물을 공급함	기술 자격
貴重(귀중)	級數(급수)	技師(기사)
매우 소중함	우열의 등급	전문적인 기술자
紀元(기원)	綠陰(녹음)	端正(단정)
역사상의 햇수	나무의 그늘	얌전하고 깔끔함
起源(기원)	錄音(녹음)	斷定(단정)
사물이 생긴 근원	소리를 기록함	분명히 결정함
動靜(동정)	動止(동지)	發展(발전)
상황이 전개되는 상태	움직이고 멈추는 일	세력 따위가 뻗음
同情(동정)	同志(동지)	發電(발전)
남의 불행을 위로함	뜻을 같이 함	전기를 일으킴
訪問(방문)	防火(방화)	寶庫(보고)
남을 찾아가서 만남	화재를 막는 일	귀한 것을 보관하는 곳
房門(방문)	放火(방화)	報告(보고)
방으로 드나드는 문	불을 지르는 일	결과나 내용을 알림
步道(보도)	負傷(부상)	否認(부인)
사람이 다니는 길	상처를 입음	옳다고 인정하지 않음
報道(보도)	副賞(부상)	婦人(부인)
새 소식을 널리 알림	덧붙여서 주는 상	아내

否定(부정)	碑銘(비명)	飛報(비보)
그렇지 않다고 단정함	비석에 새긴 글자	급한 통지
不正(부정)	悲鳴(비명)	悲報(비보)
바르지 않음	다급할 때 지르는 소리	슬픈 소식

非行(비행)	思考(사고)	射手(사수)
도리에 어긋나는 행위	생각함	총, 활을 쏘는 사람
飛行(비행)	事故(사고)	死守(사수)
하늘을 날아다님	뜻밖에 일어난 사건	목숨을 걸고 지킴

師恩(사은)	査正(사정)	社會(사회)
스승의 은혜	조사하여 바로잡음	인간생활의 공동체
謝恩(사은)	事情(사정)	司會(사회)
은혜에 대하여 감사함	일의 형편	행사의 진행을 맡음

商街(상가)	商品(상품)	盛大(성대)
상점이 늘어선 거리	사고파는 물품	아주 성하고 큼
喪家(상가)	上品(상품)	聲帶(성대)
초상집	높은 품격	소리를 내는 기관

首席(수석)	受信(수신)	數値(수치)
맨 윗자리	통신을 받음	계산하여 얻은 값
壽石(수석)	修身(수신)	羞恥(수치)
아름다운 자연석	마음과 행실을 닦음	부끄럽게 여김

是認(시인)	詩想(시상)	實數(실수)
그러하다고 인정함	시인의 착상이나 구상	유리수와 무리수
詩人(시인)	施賞(시상)	失手(실수)
시를 짓는 사람	상금을 줌	잘못을 저지름

實情(실정)	力說(역설)	延長(연장)
실제의 사정	힘주어 말함	기준보다 늘임
失政(실정)	逆說(역설)	年長(연장)
정치를 잘못함	모순이지만 진리인 말	나이가 많음

優秀(우수)	雨水(우수)	元首(원수)
특별히 빼어남	이십사절기의 하나	최고 통치권자
憂愁(우수)	偶數(우수)	怨讐(원수)
근심과 걱정	짝수	원한이 맺힌 사람

儒學(유학)	理性(이성)	理解(이해)
공맹학	논리적인 마음의 작용	사리를 분별하여 앎
留學(유학)	異性(이성)	利害(이해)
외국에 가서 공부함	남성과 여성	이익과 손해

引導(인도)	印象(인상)	仁政(인정)
가르쳐 일깨움	대상이 주는 느낌	어진 정치
人道(인도)	引上(인상)	認定(인정)
사람이 다니는 길	값을 올림	옳다고 믿고 정함

壯觀(장관)	再考(재고)	展示(전시)
볼 만한 경관	다시 한 번 생각함	물품을 늘어놓음
長官(장관)	在庫(재고)	戰時(전시)
행정 각부의 책임자	창고에 있음	전쟁을 하고 있는 때

條理(조리)	造船(조선)	調和(조화)
앞뒤가 들어맞음	배를 건조함	서로 잘 어울림
調理(조리)	朝鮮(조선)	造花(조화)
음식을 만듦	우리나라 옛 이름	인공적으로 만든 꽃

遲刻(지각)	知性(지성)	志願(지원)
정시보다 늦음	생각 · 판단하는 능력	뜻하여 바람
知覺(지각)	至誠(지성)	支援(지원)
사리를 분별하는 능력	정성이 지극함	편들어서 도움

直選(직선)	招待(초대)	最古(최고)
직접선거의 준말	남을 불러 대접함	가장 오래됨
直線(직선)	初代(초대)	最高(최고)
곧은 줄	첫 번째 사람	가장 높음

通貨(통화)	標識(표지)	風俗(풍속)
화폐	표시나 특징	시대 · 사회의 습관
通話(통화)	表紙(표지)	風速(풍속)
말을 주고받음	책의 겉장	바람의 빠르기

火傷(화상)	會議(회의)	繪畫(회화)
데인 상처	모여서 의논함	그림
畫像(화상)	懷疑(회의)	會話(회화)
모니터 등에 비친 상	의심을 품음	만나서 이야기함

한자성어(ㄱ)

- **가담항설(街談巷說)** 길거리에 떠도는 소문 등 세상의 풍문(風聞)
- **가렴주구(苛斂誅求)** 세금을 가혹하게 거둬들여 국민을 괴롭힘
- **가인박명(佳人薄命)** 아름다운 여자는 기박(奇薄)한 운명(運命)을 타고남
- **가정맹어호(苛政猛於虎)** 가혹한 정치는 호랑이보다 더 무섭다는 뜻으로, 가혹하게 세금을 뜯어가는 정치는 호랑이에게 잡아먹히는 고통보다 더 무섭다는 말
- **각골난망(刻骨難忘)** 뼛속에 새겨두고 잊지 않는다는 뜻으로, 남에게 입은 은혜가 마음속 깊이 새겨져 잊히지 아니함을 말함
- **각주구검(刻舟求劍)** 초(楚)나라 사람이 배를 타고 가다가 강물에 칼을 빠뜨리자 배에 칼이 떨어진 곳을 새기고 나루에 이르러 칼을 찾았다는 것으로, 어리석고 융통성이 없음을 비유함
- **간담상조(肝膽相照)** 마음과 마음을 서로 비춰볼 정도로 서로 마음을 터놓고 사귀는 것을 말함[간담(肝膽)은 간과 쓸개로 마음을 의미]
- **감불생심(敢不生心)** 감히 생각도 못함 = 감불생의(敢不生意)
- **감탄고토(甘呑苦吐)** 달면 삼키고 쓰면 뱉는다는 뜻으로, 사리(事理)의 옳고 그름을 따지지 않고 자기 비위에 맞으면 좋아하고, 맞지 않으면 싫어한다는 말

- 강구연월(康衢煙月)　번화한 거리의 안개 낀 흐릿한 달이란 뜻으로, 태평한 시대의 평화로운 풍경을 말함 = 태평연월(太平烟月), 함포고복(含哺鼓腹), 고복격양(鼓腹擊壤)
- 개세지재(蓋世之才)　세상을 뒤덮을 만한 재주, 또는 그러한 재주를 가진 사람
- 객반위주(客反爲主)　손이 도리어 주인이 됨 = 주객전도(主客顚倒)
- 거두절미(去頭截尾)　머리와 꼬리를 자른다는 뜻으로, 어떤 일의 요점만 말함
- 건곤일척(乾坤一擲)　운명과 흥망을 걸고 단판으로 승부나 성패를 겨룸. 또는 오직 이 한 번에 흥망성쇠가 걸려있는 일
- 격물치지(格物致知)　사물의 이치(理致)를 연구하여 자기의 지식을 확고하게 함
- 격세지감(隔世之感)　세대(世代)를 거른 듯한 느낌, 딴 세대와도 같이 몹시 달라진 느낌
- 격화소양(隔靴搔痒)　신을 신고 발바닥을 긁는다는 뜻으로, 일이 성에 차지 않는 것, 또는 일이 철저하지 못한 안타까움을 가리킴
- 견강부회(牽强附會)　이치에 맞지 않는 것을 억지로 끌어다 붙임
- 견마지로(犬馬之勞)　'견마'는 '자기'의 겸칭(謙稱)이며, 자기의 수고를 겸손하게 이르는 말
- 견문발검(見蚊拔劍)　모기를 보고 칼을 뺀다는 뜻으로, 조그만 일에 허둥지둥 덤빔을 말함
- 결자해지(結者解之)　맺은 사람이 풀어야 한다는 뜻으로, 저지른 일은 스스로 해결해야 함
- 결초보은(結草報恩)　죽어서라도 은혜를 갚는다는 뜻으로, 춘추전국시대에 진(晉)나라 위무자(魏武子)가 아들 위과(魏顆)에게 자기의 첩을 순장(殉葬)하라고 유언하였는데 위과는 이를 어기고 서모(庶母)를 개가시켰더니, 그 뒤에 위과가 진(秦)나라의 두회(杜回)와 싸울 때 서모 아버지의 혼령이 나타나 풀을 매어 놓아 두회가 걸려 넘어져 위과의 포로가 되었다는 고사에서 유래함
- 겸양지덕(謙讓之德)　겸손(謙遜)하고 사양(辭讓)하는 미덕
- 경거망동(輕擧妄動)　경솔하고 망령된 행동

- **경국지색(傾國之色)** 위정자의 마음을 사로잡아 한 나라의 형세를 기울게 할 만큼 뛰어나게 아름다운 미인

- **경천동지(驚天動地)** 하늘을 놀라게 하고 땅을 뒤흔든다는 뜻으로, 세상을 몹시 놀라게 함을 말함

- **고군분투(孤軍奮鬪)** 외로운 군력(軍力)으로 분발하여 싸운다는 뜻으로, 홀로 여럿을 상대로 하여 싸우는 것을 말함

- **고립무원(孤立無援)** 고립되어 구원받을 데가 없음 = 孤立無依(고립무의)

- **고식지계(姑息之計)** 고식(姑息)은 부녀자와 아이를 뜻하며, 당장의 편안함만을 꾀하는 일시적인 방편을 말함

- **고육지책(苦肉之策)** 적을 속이는 수단의 일종으로, 제 몸을 괴롭히는 것을 돌보지 않고 쓰는 계책

- **곡학아세(曲學阿世)** 학문을 왜곡하여 세속(世俗)에 아부(阿附)함

- **골육상쟁(骨肉相爭)** 뼈와 살이 서로 싸운다는 뜻으로, 동족이나 친족끼리 싸우는 것을 비유함 = 골육상잔(骨肉相殘), 골육상전(骨肉相戰)

- **관포지교(管鮑之交)** 춘추시대 제(齊)나라의 관중(管仲)과 포숙(鮑叔)이 매우 사이좋게 교제하였다는 고사에서 유래한 말로서, 매우 다정하고 돈독한 친구 관계를 이르는 말

- **괄목상대(刮目相對)** 눈을 비비고 서로 대한다는 뜻으로, 남의 학식이나 재주가 놀랄 만큼 성장한 것을 보고 그에 대한 인식을 새롭게 함을 비유함

- **교각살우(矯角殺牛)** 소의 뿔을 바로잡으려다 소를 죽인다는 뜻으로, 사소한 일로 인해 큰일을 그르침을 말함

- **교언영색(巧言令色)** 남의 환심을 사려고 아첨하는 교묘한 말과 보기 좋게 꾸미는 얼굴빛

- **구밀복검(口蜜腹劍)** 입으로는 달콤한 말을 하지만 마음속으로는 칼을 품는다는 뜻으로, 겉으로는 친절한 듯하나 속으로는 해칠 생각을 품는 것을 말함

- **구상유취(口尙乳臭)** 입에서 아직 젖내가 난다는 뜻으로, 언행이 매우 유치함

- **구우일모(九牛一毛)** 아홉 마리 소의 털 가운데서 한 가닥의 털, 즉 아주 큰 사물의 극히 작은 부분을 뜻함

- **구절양장(九折羊腸)** 아홉 번 꺾인 양의 창자란 뜻으로, 꼬불꼬불하고 험한 산길을 말함

- **군계일학(群鷄一鶴)** 많은 닭 가운데의 한 마리의 학이라는 뜻으로, 평범한 사람들 가운데 뛰어난 한 인물을 말함

- **군맹무상(群盲撫象)** 여러 소경이 코끼리를 어루만진다는 뜻으로 모든 사물을 자기 주관대로 그릇 판단하거나 그 일부밖에 파악하지 못하여 일을 망친다는 말

- **군신유의(君臣有義)** 오륜(五倫)의 하나로, 임금과 신하에게는 의(義)가 있어야 한다는 말

- **군위신강(君爲臣綱)** 삼강(三綱)의 하나로, 임금은 신하의 모범이 되어야 한다는 말

- **궁여지책(窮餘之策)** 매우 궁한 나머지 짜낸 계책

- **권모술수(權謀術數)** 목적 달성을 위해서 인정(人情)이나 도덕을 가리지 않고 권세와 모략, 중상 등 갖은 방법과 수단을 쓰는 술책

- **권불십년(權不十年)** 아무리 높은 권세도 십 년을 가지 못한다는 말

- **권토중래(捲土重來)** 흙먼지를 날리며 다시 온다는 뜻으로, 한 번 패한 세력을 회복해 전력을 다하여 다시 쳐들어옴을 말함

- **근묵자흑(近墨者黑)** 먹을 가까이하는 사람은 검게 된다는 뜻으로, 나쁜 사람을 가까이하면 그 버릇에 물들기 쉽다는 말 = 근주자적(近朱者赤)

- **금과옥조(金科玉條)** 금옥(金玉)과 같이 몹시 귀중한 법칙이나 규정, 교훈

- **금란지계(金蘭之契)** 다정한 친구 사이의 우정을 뜻하며, 금란(金蘭)은 주역(周易)의 '二人同心 其利斷金 同心之言 其臭如蘭(두 사람이 마음이 같으면 그 예리함이 쇠를 끊고, 진정한 말은 그 향기가 난초와 같다)'에서 유래한 말

- **금상첨화(錦上添花)** 비단 위에다 꽃을 얹는다는 뜻으로, 좋은 일이 겹침 ⇔ 설상가상(雪上加霜)

- **금의환향(錦衣還鄉)** 비단옷을 입고 고향으로 돌아온다는 뜻으로, 출세를 하여 고향에 돌아옴
- **기호지세(騎虎之勢)** 범을 타고 달리는 듯한 기세, 즉 중도에서 그만둘 수 없는 형세를 말함

한자성어(ㄴ)

- **남가일몽(南柯一夢)** 한 사람이 홰나무 밑에서 낮잠을 자다가 꿈에 대괴안국(大槐安國) 왕의 사위가 되어 남가군(南柯郡)을 20년 동안 다스리면서 부귀영화를 누리다가 꿈을 깼다는 내용을 담고 있는 당(唐)나라의 소설 '남가기(南柯記)'에서 유래한 말로서, 인생의 부귀영화가 모두 헛된 것임을 비유하여 이르는 말
- **낭중지추(囊中之錐)** 주머니 속에 든 송곳은 끝이 뾰족하여 밖으로 나온다는 뜻으로, 뛰어난 재주를 가진 사람은 숨기려 해도 저절로 드러난다는 뜻
- **내우외환(內憂外患)** 나라 안팎의 근심 걱정
- **내유외강(內柔外剛)** 겉으로는 강하게 보이나 속은 부드러움
- **노기충천(怒氣衝天)** 성난 기색이 하늘을 찌를 정도라는 뜻으로, 잔뜩 화가 나 있음을 말함
- **노심초사(勞心焦思)** 마음으로 애를 쓰며 속을 태움
- **녹의홍상(綠衣紅裳)** 연두저고리에 다홍치마, 즉 젊은 여자가 곱게 치장한 복색(服色)
- **논공행상(論功行賞)** 공의 있고 없음, 작고 큼을 논해 그에 걸맞은 상을 줌
- **누란지세(累卵之勢)** 달걀을 포개어 놓은 것과 같은 몹시 위태로운 형세를 말함

한자성어(ㄷ)

- **다기망양(多岐亡羊)** 　학문의 길이 여러 갈래여서 진리를 찾기 어려움
- **대기만성(大器晚成)** 　큰 그릇을 만드는 데는 시간이 오래 걸리듯이, 크게 될 사람은 늦게 이루어진다는 말
- **도불습유(道不拾遺)** 　나라가 태평하고 풍습이 아름다워 백성이 길에 떨어진 물건을 주워 가지지 아니함
- **도원결의(桃園結義)** 　유비, 관우, 장비가 도원에서 의형제를 맺은 고사에서 유래한 말로서, 의형제를 맺거나 사욕을 버리고 공동의 목적을 위하여 합심함을 뜻함
- **독서삼매(讀書三昧)** 　오직 책 읽기에만 골몰하는 일
- **독야청청(獨也靑靑)** 　홀로 푸르다는 뜻으로, 혼탁한 세상에서 홀로 높은 절개를 지킴
- **동고동락(同苦同樂)** 　같이 고생하고 같이 즐긴다는 뜻으로, 괴로움과 즐거움을 함께 함
- **동병상련(同病相憐)** 　같은 병을 앓는 사람끼리 서로 가엾게 여긴다는 뜻으로, 처지가 비슷한 사람끼리 서로 동정함을 말함
- **동분서주(東奔西走)** 　사방으로 이리저리 바삐 돌아다님
- **동상이몽(同床異夢)** 　같은 잠자리에서 다른 꿈을 꾼다는 뜻으로, 같은 처지에 있으면서도 목표가 저마다 다름
- **동족방뇨(凍足放尿)** 　언 발에 오줌을 누어서 녹인다는 뜻으로, 다급한 처지를 일시적으로 모면하는 방법은 되나, 그 효과는 곧 없어질 뿐만 아니라 도리어 더 악화시킨다는 말
- **두문불출(杜門不出)** 　문을 닫고 나오지 않는다는 뜻으로, 세상과의 인연을 끊고 은거함

한자성어(ㅁ)

- **마이동풍(馬耳東風)** 동풍(봄바람)이 말의 귀에 스쳐도 아무 감각이 없듯이, 남의 말을 귀담아 듣지 아니하고 지나쳐 흘려버림을 말함
- **막역지우(莫逆之友)** 서로의 뜻을 거스르지 않는 친한 벗 = 죽마고우(竹馬故友)
- **만경창파(萬頃蒼波)** 만 이랑의 푸른 물결이라는 뜻으로, 한없이 넓고 푸른 바다를 말함
- **만시지탄(晚時之歎)** 때늦은 한탄(恨歎)
- **망년지교(忘年之交)** 나이를 잊고 사귄다는 뜻으로, 나이를 따지지 않고 교제하는 것
- **망양지탄(亡羊之歎)** 여러 갈래 길에서 양을 잃고 탄식한다는 뜻으로, 학문의 길이 여러 갈래라 방향을 잡기 어려움(자신의 학문의 폭이 좁음을 탄식하는 말로도 쓰임)
- **망운지정(望雲之情)** 타향에서 부모가 계신 쪽의 구름을 바라보고 부모를 그리워함
- **맥수지탄(麥秀之嘆)** 무성하게 자라는 보리를 보고 하는 탄식이라는 뜻으로, 고국의 멸망에 대한 탄식을 이르는 말
- **면종복배(面從腹背)** 얼굴 앞에서는 복종하고 마음속으로는 배반한다는 뜻 = 양봉음위(陽奉陰違)
- **명경지수(明鏡止水)** 맑은 거울과 조용히 멈춰 있는 물이란 뜻으로, 고요하고 잔잔한 마음
- **명약관화(明若觀火)** 밝기가 불을 보는 것과 같다는 뜻으로, 매우 명백하게 알 수 있음
- **목불인견(目不忍見)** 눈으로 차마 보지 못할 광경이나 참상
- **무릉도원(武陵桃源)** 속세를 떠난 별천지(別天地)
- **무소불위(無所不爲)** 못하는 것이 없음, 권세를 마음대로 부리는 사람이나 그런 경우를 말함
- **문경지교(刎頸之交)** 목이 달아나는 한이 있어도 마음이 변치 않을 만큼 친한 사이
- **문일지십(聞一知十)** 하나를 들으면 열을 앎

- 문전성시(門前成市) 　대문 앞이 시장을 이룬다는 뜻으로, 세도가나 부잣집 문 앞이 방문객으로 시장을 이루다시피 함을 이르는 말 = 문정약시(門庭若市)

한자성어(ㅂ)

- 발본색원(拔本塞源) 　근본을 뽑고 근원을 막아 버린다는 뜻으로, 근본적인 차원에서 그 폐단을 없애 버림

- 방약무인(傍若無人) 　곁에 사람이 없는 것 같이 여긴다는 뜻으로, 주위의 다른 사람을 전혀 의식하지 않은 채 제멋대로 마구 행동함을 이르는 말

- 배수지진(背水之陣) 　물러설 수 없도록 물을 등지고 적을 치는 전법의 하나로서, 목숨을 걸고 싸우는 경우를 비유

- 백면서생(白面書生) 　방안에 앉아 오로지 글만 읽어 얼굴이 희다는 뜻으로, 세상일에 경험이 적은 사람을 이르는 말

- 백문불여일견(百聞不如一見) 　백 번 듣는 것이 한 번 보는 것만 못하다는 뜻으로, 무엇이든지 경험해야 확실히 알 수 있다는 말

- 백미(白眉) 　여럿 중에 가장 뛰어난 사람이나 사물

- 백아절현(伯牙絕鉉) 　백아(伯牙)가 친구의 죽음을 슬퍼하여 거문고 줄을 끊었다는 고사에서 유래한 말로서, 참다운 벗의 죽음을 이르는 말

- 백중지세(伯仲之勢) 　우열의 차이가 없이 엇비슷함을 이르는 말

- 부화뇌동(附和雷同) 　우레(천둥) 소리에 맞춰 함께 한다는 뜻으로, 자신의 소신 없이 남이 하는 대로 따라함

- 분서갱유(焚書坑儒) 　중국 진시황이 학자들의 정치 비평을 금하기 위하여 책을 불사르고 유생을 구덩이에 묻어 죽인 일

- 불구대천(不俱戴天) 　하늘을 같이 이지 못한다는 뜻으로, 세상에서 같이 살 수 없을 만큼 큰 원한을 비유하여 이르는 말

- 비육지탄(脾肉之歎) 　장수가 전쟁에 나가지 못하여 넓적다리에 살이 찌는 것을 한탄한다는 뜻으로, 뜻을 펴보지 못하고 허송세월을 보냄

한자성어(ㅅ)

- **사고무친(四顧無親)** 사방을 둘러보아도 친척이 없다는 뜻으로, 의지할 사람이 없음
- **사면초가(四面楚歌)** 사방에서 들리는 초(楚)나라의 노래라는 뜻으로, 적에게 둘러싸인 상태에서 누구의 도움도 받을 수 없는 처지를 당함
- **사상누각(沙上樓閣)** 모래 위의 누각이라는 뜻으로, 오래 유지되지 못할 일이나 실현 불가능한 일을 말함
- **산해진미(山海珍味)** 산과 바다의 산물(産物)을 다 갖추어 아주 잘 차린 진귀한 음식이란 뜻으로, 온갖 귀한 재료로 만든 맛좋은 음식
- **살신성인(殺身成仁)** 자신을 희생해 인(仁)을 이루거나 옳은 도리를 행함
- **삼고초려(三顧草廬)** 중국의 삼국시대에 촉한(蜀漢)의 유비(劉備)가 남양(南陽) 융중(隆中) 땅에 있는 제갈량(諸葛亮)의 초려를 세 번이나 찾아가 자신의 큰 뜻을 말하고 그를 초빙하여 군사로 삼은 고사에서 유래한 말로서, 인재를 얻기 위해 참을성 있게 힘쓰는 것을 말함
- **삼인성호(三人成虎)** 세 사람이 범을 만들어 낸다는 뜻으로, 근거가 없는 말이라도 여러 사람이 말하면 곧이듣게 된다는 말
- **상전벽해(桑田碧海)** 뽕나무 밭이 변하여 푸른 바다가 된다는 뜻으로, 세상 일이 덧없이 빠르게 변함을 말함
- **새옹지마(塞翁之馬)** 변방에 사는 한 노인이 기르는 말이 도망가고 준마(駿馬)를 데리고 돌아왔는데, 그 아들이 말을 타다가 떨어져 절름발이가 되었고, 그로 말미암아 징병(徵兵)을 면하여 다른 사람처럼 전사(戰死)하지 않고 살아났다는 고사에서 유래한 말로, 인생의 길흉화복(吉凶禍福)은 예측할 수 없다는 말 = 새옹득실(塞翁得失)
- **생자필멸(生者必滅)** 생명이 있는 것은 반드시 죽는다는 말
- **설상가상(雪上加霜)** 눈 위에 서리가 내린다는 뜻으로, 불행한 일이 거듭하여 겹침
- **소탐대실(小貪大失)** 욕심을 부려 작은 것을 탐하다가 오히려 큰 것을 잃음
- **속수무책(束手無策)** 손을 묶어 놓아 방책(方策)이 없다는 뜻으로, 손을 묶은 듯이 꼼짝할 수 없음을 말함

- 송구영신(送舊迎新)　묵은해를 보내고 새해를 맞이함
- 수구초심(首丘初心)　여우가 죽을 때 머리를 자기가 살던 굴로 향한다는 뜻으로서, 고향을 그리워하는 마음을 일컬음 = 호사수구(狐死首丘)
- 수불석권(手不釋卷)　손에서 책을 놓지 않는다는 뜻으로, 글 읽기에 힘씀
- 수어지교(水魚之交)　물과 고기의 사이처럼 떨어질 수 없는 특별한 친분 = 수어지친(水魚之親)
- 순망치한(脣亡齒寒)　입술을 잃으면 이가 시리다는 뜻으로, 가까운 사이의 한쪽이 망하면 다른 한쪽도 그 영향을 받아 온전하기 어려움, 또는 서로 도우며 떨어질 수 없는 밀접한 관계, 서로 도움으로써 성립되는 관계 등을 비유하여 이르는 말 = 순치지세(脣齒之勢)
- 신상필벌(信賞必罰)　상을 받을 만한 사람에게는 반드시 상을 주고, 벌을 받을 만한 사람에게는 반드시 벌을 줌. 상벌(賞罰)을 공정하고 엄중히 하는 일

한자성어(ㅇ)

- 아비규환(阿鼻叫喚)　불교에서 말하는 아비지옥으로, 뜻하지 않은 사고가 발생하여 많은 사람이 괴로움을 당하여 울부짖는 참상을 말함
- 아전인수(我田引水)　내 논에 물을 끌어들인다는 뜻으로, 자기의 이익만을 추구함
- 악전고투(惡戰苦鬪)　어려운 싸움과 괴로운 다툼이라는 뜻으로, 죽을힘을 다하여 고되게 싸움
- 안중지정(眼中之釘)　눈에 박힌 못이라는 뜻으로, 나에게 해를 끼치는 사람, 항상 눈에 거슬리는 사람을 말함
- 안하무인(眼下無人)　눈 아래 사람이 없다는 뜻으로, 교만하여 남을 업신여긴다는 뜻
- 암중모색(暗中摸索)　어둠 속에서 손으로 더듬어 찾는다는 뜻으로, 어림짐작으로 추측함
- 양두구육(羊頭狗肉)　양 머리를 걸고 개고기를 판다는 뜻으로, 겉으로는 훌륭하다고 내세우나 속은 변변찮음

- 양약고구(良藥苦口)　좋은 약은 입에 씀, 충언은 귀에는 거슬리나 자신에게 이로움

- 어부지리(漁父之利)　두 사람이 이해관계로 다투는 사이에 제3자가 이득을 얻음

- 언어도단(言語道斷)　말문이 막혔다는 뜻(너무 어이없어서 말하려고 해도 말할 수 없음)

- 언중유골(言中有骨)　예사로운 말 속에 단단한 속뜻이 들어있다는 말

- 엄동설한(嚴冬雪寒)　눈이 오고 몹시 추운 한겨울

- 역지사지(易地思之)　처지를 바꿔놓고 생각함

- 연목구어(緣木求魚)　나무에 올라 고기를 구하듯 불가능한 일을 하려고 한다는 뜻으로, 목적이나 수단이 일치하지 않아 성공이 불가능하다는 말, 또는 허술한 계책으로 큰일을 도모함

- 오리무중(五里霧中)　짙은 안개가 5리나 끼어 있어 방향을 알 수 없음과 같이, 무슨 일에 대해 알 길이 없음

- 오월동주(吳越同舟)　오나라 사람과 월나라 사람이 한 배를 탄다는 뜻으로, 어려운 상황에서는 원수라도 협력하게 된다는 뜻. 또는 사이가 나쁜 사람끼리 같은 장소와 처지에 놓인다는 뜻

- 온고지신(溫故之新)　옛것을 익히고 그것으로 미루어 새것을 안다는 뜻

- 와신상담(臥薪嘗膽)　섶 위에 누워 쓸개를 맛본다는 뜻으로, 원수를 갚으려고 괴로움을 견딤

- 우공이산(愚公移山)　우공이 산을 옮긴다는 뜻으로, 남들은 어리석게 여기나 한 가지 일을 꾸준히 하면 목적을 달성할 수 있음

- 우후죽순(雨後竹筍)　비 온 뒤에 솟는 죽순같이 어떤 일이 한 때에 많이 일어남

- 유비무환(有備無患)　미리 준비하면 근심할 일이 없음

- 은인자중(隱忍自重)　마음속으로 참으며 몸가짐을 자중함

- 읍참마속(泣斬馬謖)　울면서 마속(瑪謖)의 목을 벤다는 뜻으로, 법의 공정을 지키기 위해 사사로운 정을 버림을 비유함

- 의문이망(倚門而望)　어머니가 대문에 기대어 서서 자식이 돌아오기를 기다림, 또는 그런 어머니의 마음

- **인면수심(人面獸心)** 얼굴은 사람이나 마음은 짐승 같은 사람(흉폭하고 잔인한 사람)
- **인산인해(人山人海)** 사람이 헤아릴 수 없이 많이 모임
- **일거양득(一擧兩得)** 한 가지 일을 하여 두 가지 이익을 거둠
- **일망타진(一網打盡)** 그물을 한 번 쳐서 물고기를 모두 잡음
- **일사천리(一瀉千里)** 강물이 단번에 천리를 간다는 뜻으로, 문장이나 일이 거침 없이 명쾌하게 진행됨을 말함
- **일장춘몽(一場春夢)** 한바탕의 봄꿈처럼 헛된 부귀영화
- **일취월장(日就月將)** 학문이나 실력이 날로 달로 발전함
- **일필휘지(一筆揮之)** 단숨에 줄기차게 글씨나 그림을 훌륭하게 그려냄
- **일확천금(一攫千金)** 단번에 거액의 돈을 얻음
- **임기응변(臨機應變)** 뜻밖의 일을 당했을 때 재빨리 그에 맞게 대처하는 일
- **입신양명(立身揚名)** 출세하여 (부모의) 이름을 세상에 널리 알림

한자성어(ㅈ)

- **자가당착(自家撞着)** 문장이나 언행이 앞뒤가 어긋나 일치하지 않음
- **자격지심(自激之心)** 자기가 한 일에 대하여 자기 스스로 미흡하게 여기는 마음
- **자업자득(自業自得)** 불교 용어에서 유래한 말로서, 제가 저지른 일의 과오를 제 가 받음
- **자중지란(自中之亂)** 같은 패 안에서 일어나는 싸움
- **자화자찬(自畵自讚)** 자기가 그린 그림을 스스로 칭찬한다는 뜻으로, 제 일을 제 가 자랑함
- **전광석화(電光石火)** 극히 짧은 순간(아주 신속한 동작)
- **전전긍긍(戰戰兢兢)** 매우 두려워 벌벌 떨며 조심함
- **전화위복(轉禍爲福)** 화(禍)를 바꾸어 오히려 복(福)이 되게 함
- **절차탁마(切磋琢磨)** 옥돌을 자르고 줄로 쓸고 끌로 쪼고 갈아 빛을 낸다는 뜻으 로, 학문이나 인격을 갈고 닦음

- 절치부심(切齒腐心) 　몹시 분하여 이를 갈고 속을 썩임
- 점입가경(漸入佳境) 　경치나 문장, 사건이 갈수록 재미있게 전개됨, 또는 '꼴불견'을 비유하는 말로도 쓰임
- 조령모개(朝令暮改) 　아침에 명령을 내리고 저녁에 고친다는 뜻으로, 일관성 없는 정책을 빗대어 이르는 말
- 조삼모사(朝三暮四) 　도토리를 아침에는 세 개 주고 저녁에는 네 개 준다는 뜻으로, 간사한 꾀로 남을 속여 희롱함을 이르는 말
- 좌불안석(坐不安席) 　불안, 초조, 공포 따위 때문에 편하게 앉아있지 못함
- 주객전도(主客顚倒) 　손님이 도리어 주인이 된다는 뜻으로, 대소·선후·경중이 바뀐 상태
- 주마가편(走馬加鞭) 　달리는 말에 채찍질한다는 뜻으로, 부지런하고 성실한 사람을 더 격려함
- 죽마고우(竹馬故友) 　대나무로 만든 목마를 같이 타고 놀았던 친구라는 뜻으로, 어렸을 때부터 친하게 사귄 친구
- 지록위마(指鹿爲馬) 　사슴을 가리켜 말이라고 한다는 뜻으로, 사실이 아닌 것을 사실로 만들어 강압으로 인정하게 함, 또는 윗사람을 농락하여 권세를 마음대로 부림을 비유함
- 진퇴양난(進退兩難) 　나아가지도 물러서지도 못하는 난처한 입장에 처함

한자성어(ㅊ)

- 창해상전(滄海桑田) 　푸른 바다가 변하여 뽕밭이 된다는 뜻으로, 덧없는 세상의 변천을 말함
- 천고마비(天高馬肥) 　하늘이 높고 말이 살찐다는 뜻으로, 가을은 살기 좋은 계절이라는 말
- 천의무봉(天衣無縫) 　선녀의 옷에는 바느질한 자리가 없다는 뜻으로, 글이 자연스럽고 완벽함
- 천재일우(千載一遇) 　천 년에 한 번 만난다는 뜻으로, 매우 좋은 기회를 말함

- 천진난만(天眞爛漫) 　천진함이 넘친다는 뜻으로, 꾸밈이 없이 아주 순진함
- 천편일률(千篇一律) 　여러 사물이 변화가 없이 비슷비슷함
- 청산유수(靑山流水) 　막힘이 없이 말을 잘하는 것을 비유함
- 청천벽력(靑天霹靂) 　맑게 갠 하늘의 벼락(날벼락)이란 뜻으로, 필세(筆勢)가 매우 힘참, 또는 갑자기 일어난 큰 사건이나 이변을 비유함
- 청출어람(靑出於藍) 　쪽에서 나온 물감이 쪽보다 푸르다는 뜻으로, 제자(후배)가 스승(선배)보다 나음
- 초미지급(焦眉之急) 　눈썹에 불이 붙었다는 뜻으로, 매우 위급한 상태를 말함
- 초지일관(初志一貫) 　처음 계획한 뜻을 이루려고 끝까지 밀고 나감
- 촌철살인(寸鐵殺人) 　한 치의 쇠로 사람을 죽인다는 뜻으로, 간단한 짧은 말로 어떤 일의 급소를 찔러 사람을 감동시킴
- 칠종칠금(七縱七擒) 　일곱 번 놓아주고 일곱 번 사로잡음, 즉 자유자재로 부리는 전술

한자성어(ㅋ)

- 쾌도난마(快刀亂麻) 　어지럽게 뒤얽힌 삼의 가닥을 썩 잘 드는 칼로 베어버린다는 뜻으로, 무질서한 상황을 통쾌하게 풀어 놓는 것을 말함

한자성어(ㅌ)

- 타산지석(他山之石) 　다른 산에서 난 나쁜 돌도 자기의 구슬을 가는 데에 소용이 된다는 뜻으로, 남의 하찮은 언행(言行)일지라도 교훈이 되는 점이 있음
- 탁상공론(卓上空論) 　탁자 위에서만 펼치는 헛된 논설이라는 뜻으로, 실천성이 없는 이론
- 토사구팽(兎死狗烹) 　토끼가 잡히면 사냥개를 삶아 먹는다는 뜻으로, 필요할 때는 이용하고 이용 가치가 없을 때는 홀대하거나 제거함

한자성어(ㅍ)

- **파란만장(波瀾萬丈)**　파도의 물결치는 것이 만장(萬丈)의 길이나 된다는 뜻으로, 일의 진행에 변화가 심함을 비유하는 말
- **파렴치(破廉恥)**　염치가 없어 도무지 부끄러움을 모름
- **파죽지세(破竹之勢)**　대나무를 쪼개는 기세라는 뜻으로, 세력이 강대하여 대적(大敵)을 거침없이 물리치고 쳐들어가는 기세를 말함
- **풍수지탄(風樹之嘆)**　바람에 흔들리는 나무의 탄식, 즉 효도를 하지 못한 자식의 슬픔

한자성어(ㅎ)

- **한단지몽(邯鄲之夢)**　한단에서 꾼 꿈이라는 뜻으로, 인생과 영화의 덧없음을 말함
- **한우충동(汗牛充棟)**　수레에 실으면 소가 땀을 흘릴 정도이고 방 안에 쌓으면 들보에 닿을 정도란 뜻으로, 읽은 책이 매우 많음
- **함흥차사(咸興差使)**　함흥으로 보낸 차사라는 뜻으로, 사람이 돌아오지 않거나 소식이 없음
- **형설지공(螢雪之功)**　갖은 고생을 하며 부지런히 학문을 닦은 공
- **호가호위(狐假虎威)**　여우가 호랑이의 위엄을 빌림, 즉 남의 권세를 빌려 위세를 부림
- **호사다마(好事多魔)**　좋은 일에는 방해되는 것이 많다는 뜻
- **호시탐탐(虎視眈眈)**　호랑이가 눈을 부릅뜨고 노려본다는 뜻으로, 날카로운 눈빛으로 형세를 바라보며 기회를 노린다는 말
- **호연지기(浩然之氣)**　하늘과 땅 사이에 넘치게 가득 찬 넓고도 큰 원기(元氣), 자유롭고 유쾌한 마음, 공명정대하여 조금도 부끄러운 바 없는 용기 등을 뜻함
- **호접지몽(胡蝶之夢)**　장자가 나비가 된 꿈이란 뜻으로, 만물일체(萬物一體)의 심정, 또는 인생의 덧없음을 비유하여 이르는 말
- **혹세무민(惑世誣民)**　세상 사람을 속여 미혹시키고 어지럽힘

- 화룡점정(畵龍點睛) 용을 그릴 때 마지막으로 눈을 그려 넣음, 즉 가장 긴요한 부분을 끝내어 일을 완성함
- 화무십일홍(花無十日紅) 열흘 붉은 꽃이 없다는 뜻으로, 권세나 영화는 영원할 수 없음
- 화중지병(畵中之餠) 그림의 떡, 즉 실제로 이용할 수 없거나 차지할 수 없는 것
- 환골탈태(換骨奪胎) 옛 사람이나 남의 글에서 그 형식이나 내용을 모방하여 자기의 작품으로 꾸미는 것, 또는 용모가 환하고 아름다워 다른 사람처럼 됨
- 회자정리(會者定離) 만나면 언젠가는 헤어지게 되어 있음
- 후안무치(厚顔無恥) 얼굴 가죽이 두꺼워 부끄러운 줄을 모름
- 흥진비래(興盡悲來) 즐거운 일이 다하면 슬픈 일이 닥쳐오기 마련임

뜻이 유사한 속담과 한자성어
- 갈치가 갈치 꼬리 문다. 同族相殘(동족상잔)
- 같은 값이면 다홍치마, 이왕이면 다홍치마 同價紅裳(동가홍상)
- 까마귀 날자 배 떨어진다. 烏飛梨落(오비이락)
- 고래 싸움에 새우 등 터진다. 鯨戰蝦死(경전하사)
- 고생 끝에 낙이 온다. 苦盡甘來(고진감래)
- 고양이 목에 방울 달기 猫頭縣鈴(묘두현령)
- 귀에 걸면 귀걸이 코에 걸면 코걸이 耳懸鈴鼻懸鈴(이현령비현령)
- 남이 친 장단에 궁둥이 춤춘다. 숭어가 뛰니까 망둥이도 뛴다. 附和雷同(부화뇌동)
- 낫 놓고 기역자도 모른다. 目不識丁(목불식정)
- 내 코가 석자다. 掩耳盜鈴(엄이도령)
- 눈 가리고 아웅한다. 姑息之計(고식지계)
- 단맛 쓴맛 다 보았다. 山戰水戰(산전수전)
- 달리는 말에 채찍질한다. 走馬加鞭(주마가편)
- 등잔 밑이 어둡다. 燈下不明(등하불명)
- 불면 꺼질까 쥐면 터질까. 金枝玉葉(금지옥엽)

- 비단 옷 입고 밤길 가기. 錦衣夜行(금의야행)
- 서당 개 삼년에 풍월을 읊는다. 堂狗風月(당구풍월)
- 소 잃고 외양간 고친다. 亡羊補牢(망양보뢰)
- 손뼉도 마주 쳐야 소리가 난다. 孤掌難鳴(고장난명)
- 쇠귀에 경 읽기 牛耳讀經(우이독경)
- 십 년이면 강산도 변한다. 桑田碧海(상전벽해)
- 엎친 데 덮친다. 雪上加霜(설상가상)
- 열에 한 술 밥이 한 그릇 푼푼하다. 十匙一飯(십시일반)
- 우물 안 개구리. 井底之蛙(정저지와)
- 원님 덕에 나팔 분다. 狐假虎威(호가호위)
- 님도 보고 뽕도 따고, 도랑치고 가재 잡고, 마당 쓸고 동전 줍고 一擧兩得(일거양득)
- 입술이 없으면 이가 시리다. 脣亡齒寒(순망치한)
- 자라 보고 놀란 가슴 솥뚜껑 보고 놀란다. 吳牛喘月(오우천월)
- 제 논에 물 대기 我田引水(아전인수)
- 지성이면 감천이다. 至誠感天(지성감천)
- 참외 밭에선 신발 끈을 고쳐 매지 말라. 瓜田不納履(과전불납리)
- 하나를 보면 열을 안다. 聞一知十(문일지십)
- 호랑이는 죽어서 가죽을 남기고 사람은 죽어서 이름을 남긴다. 虎死留皮人死留名 (호사유피 인사유명)
- 홀아비 사정은 과부가 안다. 同病相憐(동병상련)

PART 04

최신시사 브리핑 with 상식퀴즈

01

정치·법률·사회

중대재해처벌법

중대한 인명피해를 주는 산업재해 발생 시 사업주에 대한 형사처벌을 강화하는 법안

고용노동부(노동부)가 발표한 '2023년 산업재해 현황 부가통계(잠정)'에 따르면 중대재해처벌법 시행 2년차인 2023년 재해조사 대상 사고로 숨진 근로자가 598명, 건수로는 584건인 것으로 집계됐다. 중대재해처벌법이 적용된 50인 이상 사업장과 적용 전이었던 50인 미만 사업장에서 모두 사망자가 전년보다 감소했는데, 다만 대규모 건설현장과 소규모 제조업체에서는 사망자가 늘어난 것으로 나타났다. 이에 대해 노동부는 ▲ 전반적인 경기 여건 ▲ 중대재해 감축 로드맵 추진 효과 ▲ 산재예방 예산 지속 확대 등이 복합적으로 영향을 미친 결과로 해석된다고 밝혔다.

+ 퀴즈 plus

중대재해처벌법 적용 대상에서 제외되는 사업장의 인원 기준은?

① 20인 미만
② 10인 미만
③ 5인 미만
④ 3인 미만

[정답 및 해설] ③

2022년 1월 27일부터 시행 중인 중대재해처벌법은 50인 이상의 사업장에서는 즉시 적용됐으며, 50인 미만의 사업장에서는 2024년 1월 27일부터 적용됐다. 단, 5인 미만의 소규모 사업장은 적용 대상에서 제외된다.

노란봉투법

노조의 파업으로 발생한 손실에 대한 사측의 손해배상을 제한하는 내용 등을 담은 법안

4·10 총선이 여당인 국민의힘의 참패로 끝나면서 윤석열 정부의 노동개혁도 다소 동력을 잃을 수밖에 없게 됐다. 윤석열 정부가 추진하던 근로시간 개편 등 노동개혁의 불확실성이 커진 가운데 노동계에선 2023년 대통령의 거부권 행사로 21대 국회에서 폐기된 '노란봉투법(노동조합 및 노동관계조정법 2·3조 개정안)' 재추진과 근로기준법 적용 확대 등을 요구하는 목소리가 더 커질 것으로 전망됐다.

글로컬대학 30

대학과 지역의 동반성장을 이끌어갈 대학을 집중 지원하는 사업

2024년 4월 16일 세계적 수준의 지역대학으로 성장할 비수도권 대학에 정부가 5년간 1,000억원을 파격 지원하는 '글로컬대학 30' 사업에 경북대, 전남대 등 20곳이 예비 지정됐다. 2023년에 처음 시작해 10곳이 이미 글로컬대학으로 지정된 상태이며, 새로 선정된 예비 지정대학들은 2024년 7월 말까지 지역자치단체 및 지역 산업체 등과 함께 사업 신청 시 제출한 혁신기획서에 담긴 과제를 구체화하는 실행계획서를 수립·제출해야 한다.

촉법소년

저촉행위를 한 만 10세 이상 만 14세 미만의 청소년

　형사처분을 받지 않는 촉법소년이 매년 늘어 지난 5년간(2019~2023년) 총 6만 5,987명으로 집계됐다. 범죄유형은 절도·폭력이 대부분 이었지만 강간·추행, 마약, 살인 등 강력범죄도 다수 발생해 대책 마련이 시급하다는 지적이 나왔다. 촉법소년 연령 논란이 계속되면서 국회에서도 소년범 처벌을 강화하기 위한 입법 시도가 다수 이뤄져 왔으나 처벌 강화의 실효성을 놓고 이견이 상당해 실제 입법이 이루어지기까지는 더 많은 논의와 시간이 필요할 것으로 관측됐다.

+ 퀴즈 plus

다음 중 우리나라 법률에서 정하는 촉법소년의 연령은?(2024년 6월 기준)

① 만 11세 이상 만 15세 미만
② 만 10세 이상 만 14세 미만
③ 만 14세 미만
④ 만 13세 미만

[정답 및 해설] ②

촉법소년은 형법에 저촉되는 행위를 한 만 10세 이상 만 14세 미만인 소년, 소녀를 말한다. 형사책임능력이 없어 형사처벌을 받지 않고, 가정법원의 처분에 따라 보호처분을 받거나 소년원에 송치된다.

출생통보제

의료기관이 신생아의 출생정보를 건강보험심사평가원을 통해 지자체에 통보하도록 한 제도

　의료기관이 출생 사실을 지방자치단체에 통보하는 출생통보제와 산모가 신원을 숨기고 출산해도 정부가 아동의 출생신고를 할 수 있도록 한 보호출산제가 2024년 7월 시행된다. 보건복지부는 제도 시행으로 인한 의료기관의 행정부담 완화를 위해 의료기관과 협조체계를 구축하는 한편, 출생통보에 사용할 소프트웨어 프로그램 개발과 검증 비용을 지원하고 있다. 제도 시행일에 맞춰 위기임산부에게 상담 서비스를 제공할 지역 상담기관 개소도 준비 중이다.

+ 퀴즈 plus

'유령영아' 사건 이후 아동의 출생신고 의무를 의료기관에도 부과하기로 한 제도는?

① 신뢰출산제
② 보호출산제
③ 출생통보제
④ 보편적 출생등록제

[정답 및 해설] ③

출생통보제는 의료기관이 출생정보를 건강보험심사평가원을 통해 지자체에 통보하고, 지자체가 부모 대신 아동의 출생신고를 하도록 한 제도를 말한다.

만 나이 통일법

나이계산법을 '만 나이'로 통일하는 내용을 담은 법안

법제처가 2만 2,000여 명을 대상으로 '만 나이 통일법'에 관해 진행한 대국민 인식조사 결과를 공개했다. 설문조사 결과에 따르면 국민 10명 중 8명은 일상생활에서 '만 나이'를 사용할 의사가 있다고 답변했다. 만 나이 통일법 시행 이후 일상에서 만 나이를 사용한 적이 있다고 답한 비율은 73.9%였으며, 응답자 중 88.5%는 앞으로 일상에서 만 나이를 사용하겠다고 답변했다. 법제처는 이러한 결과를 바탕으로 향후 만 나이를 사용하는 국민이 더 늘 것으로 전망했다.

고교학점제

고등학생이 원하는 과목을 선택해서 수강하는 제도

정부가 자율형사립고와 외국어고·국제고 존치를 확정하고, 2025년부터 고교 내신평가도 완화하기로 했다. 이에 따라 자사고·특목고 진학에 따른 내신 경쟁 부담이 줄어든 데다 최근 '의대 열풍'까지 맞물리면서 교육비 부담이 더 커질 수 있다는 우려가 제기됐다. 또한 진로·적성에 맞는 다양한 교과목을 선택하도록 한 '고교학점제'가 2025년 도입되는데 굳이 자사고 등이 있어야 하는 이유를 찾기 힘들다는 지적도 있다.

제시카법

12세 미만의 아동을 대상으로 성범죄를 저지른 범죄자를 강력처벌하는 내용의 법

우리나라에서도 13세 미만의 아동에게 성범죄를 저지른 고위험 성범죄자를 대상으로 이들이 출소 후 학교나 보육시설로부터 최대 500m 이내에는 거주할 수 없도록 하는 '한국형 제시카법' 도입을 추진하고 있다. 그러나 유사한 내용으로 이미 법안이 시행되고 있는 미국에서도 법의 처벌 수위에 비해 실질적인 범죄감소 효과가 크지 않은 것으로 나타나면서 전문가들 사이에서 법안의 실효성과 한계에 대해 지적하는 목소리가 크다.

그루밍 성범죄

심리적으로 지배한 뒤 성범죄를 저지르는 것

여성가족부가 '온라인 그루밍' 피해를 본 아동·청소년이 쉽고 빠르게 도움을 요청할 수 있는 전용 어플리케이션을 2024년 4월부터 시범 운영한다고 밝혔다. 그루밍 성범죄는 아동·청소년을 성적으로 착취하기 위한 목적으로 유인하는 온라인 환심형 범죄다. 여성가족부가 공개한 '온라인 성착취 피해 접수 앱'은 피해 당사자는 물론 피해 사실을 최초로 발견한 제삼자도 신고할 수 있는 기능이 담긴 것으로 알려졌다.

반의사 불벌죄

피해자의 의사에 반해 처벌할 수 없는 범죄

국회가 2023년 6월 21일 스토킹범죄의 반의사 불벌죄 폐지를 담은 개정안을 본회의에서 의결했다. 이에 따라 스토킹범죄 가해자는 피해자가 원하지 않아도 처벌받을 수 있게 됐다. 이 법안은 2022년 발생한 '신당역 살인사건'을 계기로 미흡함이 드러난 스토킹 피해자 보호제도를 보강하기 위한 취지에서 마련됐다. 또 법원이 원활한 조사·심리 진행, 피해자 보호 등을 위해 필요한 경우에는 판결 전에도 전자발찌를 부착하는 잠정조치를 취할 수 있게 됐다.

워케이션(Workcation)

휴가지에서의 업무를 정식 근무로 인정하는 형태

행정안전부(행안부)는 '두 지역 살아보기'나 '워케이션'과 같이 지역의 생활인구를 늘려 지역경제를 살릴 수 있는 사업을 2023년부터 중앙정부 차원에서 지원하고 있다. 행안부는 지역경제 활성화에 효과가 뛰어난 것으로 제안된 시책을 선정했는데, 이 중 '워케이션'은 휴가지에서 일상적인 업무를 수행하면서 휴양을 동시에 즐기고 지역에 장기체류하는 것이다. 제주도 구좌읍은 마을주민이 설립한 마을협동조합에서 워케이션 센터를 운영하고 있다.

02

경제·경영·금융

중립금리

인플레이션이나 디플레이션 없이 잠재성장률을 회복할 수 있는 이론적 금리 수준

미국의 인플레이션이 2024년에도 여전히 이어지는 가운데 경제도 견조한 흐름을 보이면서 기준금리 인하 시기가 미뤄질 수 있다는 전망이 나왔다. 이와 더불어 최종 금리 수준도 예상보다 더 높을 수 있다는 평가가 제기됐다. 미국 일간 월스트리트저널(WSJ)은 기준금리가 인하되더라도 과거와 같은 초저금리 시대는 끝났다면서, 급증하고 있는 재정적자와 투자 수요 등을 감안할 때 물가 상승이나 하락을 야기하지 않는 '중립금리'가 더 높을 것이라고 예상했다.

밀크플레이션(Milkflation)

원유 가격 인상에 따른 물가 상승 현상

2023년 우유의 물가상승률이 글로벌 금융위기 이후 14년 만에 최고를 기록했다. 이에 따라 발효유, 치즈, 아이스크림 등 유제품도 기록적인 물가상승률을 보여 '밀크플레이션'이 발생한 것으로 나타났다. 이는 우유의 원료가 되는 원유(原乳) 가격이 인상된 이후 유업체들이 흰 우유와 유제품 가격을 일제히 인상했기 때문이다. 낙농업계 관계자는 2024년에는 생산비 변동폭이 크지 않을 것이라면서도 국제정세와 수입 물가 가격에 따라 상황이 달라질 수 있다고 전했다.

블록딜(Block Deal)

매도자와 매수자 간 주식 대량매매

삼성가(家) 세 모녀가 2024년 초 계열사 지분 일부를 블록딜(시간 외 대량매매) 형태로 매각한 뒤에도 여전히 여성 중 주식평가액 최상위를 유지하는 것으로 나타났다. 이러한 지분 매각은 고(故) 이건희 선대회장 별세 후 12조원 규모의 상속세 납부를 위한 재원 마련을 위해서다. 유족들은 연부연납 제도를 활용해 2021년 4월부터 5년에 걸쳐 상속세를 분할납부하고 있는데, 금리 인상 기조로 대출금리가 오르면서 주식 담보대출에 대한 이자 부담이 크게 늘어난 것으로 알려졌다.

테이퍼링(Tapering)

초저금리 상태에서 경기부양을 위해 시행하던 양적완화 정책을 점차 축소하는 것

미국 연방준비제도(연준, Fed)가 2024년 5월 1일 연방공개시장위원회 성명에서 기준금리를 5.25~5.50%로 유지한다고 발표했다. 또 6월부터는 대차대조표 축소, 즉 양적긴축(QT) 속도를 줄이기로 결정했다고 밝혔다. 이는 경기부양을 위해 시장에 돈을 푸는 양적완화(QE)와 정반대의 개념으로 연준은 엔데믹에 접어든 2022년부터 코로나19 기간 시행했던 양적완화 조치를 점진적으로 축소(테이퍼링)하면서 통화 유동성을 다시 거워들이는 양적긴축에 나선 바 있다.

소비기한

식품을 섭취해도 건강이나 안전에 이상이 없을 것으로 인정되는 소비의 최종시한

2024년 1월 1일부터 식품에 유통기한 대신 소비기한 표시제도가 본격 시행됐다. 이에 따라 식품을 제조·가공·소분하거나 수입을 위해 선적하는 경우 반드시 유통기한이 아닌 소비기한을 표시해야 한다. 다만 그 이전에 유통기한을 표시해 만든 제품의 경우 표기를 바꾸지 않고 그대로 판매할 수 있고, 냉장우유는 2031년부터 적용하는 것으로 유예기간을 뒀다.

K-택소노미

한국형 산업 녹색분류체계

　2023년부터 친환경사업에 자금을 조달하고자 발행하는 채권인 '녹색채권' 발행 시 친환경을 위장하는 '그린워싱(Greenwashing)'을 방지하는 제도가 시행되고 있다. 이에 녹색채권 발행 시 그 대상이 K-택소노미에 부합되는지 판단하는 '적합성 판단 절차'가 도입됐다. 녹색분류체계는 어떤 경제활동이 친환경인지 정부 차원에서 정리한 목록이다. 녹색채권 발행요건을 환경·금융에 전문성을 지닌 외부기관이 검토할 수 있도록 하는 '외부검토기관 등록제'도 함께 시행됐다.

+ 퀴즈 plus

친환경산업을 분류하기 위한 녹색산업 분류체계를 뜻하는 말은?

① 패시브하우스
② 그린 택소노미
③ 스마트그리드
④ 로하스

[정답 및 해설] ②
그린 택소노미는 친환경산업을 분류하기 위한 녹색산업 분류체계를 뜻하는 말로 녹색산업을 뜻하는 '그린(Green)'과 분류학을 뜻하는 '택소노미(Taxonomy)'의 합성어다.

금융통화위원회

한국은행의 운영에 관한 주요 사항을 결정하는 최고의사결정기구

　2024년 4월 이뤄진 한국은행 금융통화위원회(금통위) 통화정책방향 회의에서 위원들이 '전원 일치'로 기준금리를 3.50%로 동결하는 데 동의했다. 그러면서 국제유가와 농산물 가격 상승으로 여전히 불안한 물가를 가장 중요한 근거로 내세웠다. 또 예상보다 높은 경제성장률도 긴축 기조 유지의 배경으로 거론됐다. 다만 일부 위원들은 "금리 정상화의 필요성이 커졌다"며 금리 인하 검토의 필요성도 언급한 것으로 알려졌다.

+ 퀴즈 plus

한국은행의 통화신용정책의 주요 사항을 심의·의결하는 정책결정기구는?

① 중앙재정경제위원회
② 조세재정연구원
③ 금융통화위원회
④ 금융소비자보호처

[정답 및 해설] ③
금융통화위원회(금통위)는 한국은행의 통화신용정책에 관한 주요 사항을 심의·의결하는 정책결정기구로서 한국은행 총재 및 부총재를 포함하여 총 7인의 위원으로 구성된다.

RE100

필요한 전력을 재생에너지로만 충당하겠다는 기업들의 자발적인 약속

국내 수출기업들이 최근 세계적으로 확산하고 있는 'RE100(재생에너지 100% 사용)'에 대해 제대로 대응하지 못하고 있다는 조사 결과가 나왔다. 한국무역협회에서 발표한 '제조 수출기업의 RE100 대응 실태와 과제' 보고서에 따르면 100만달러 이상 수출 제조기업 610곳을 대상으로 설문한 결과 응답 기업의 54.8%가 RE100에 대해 잘 모른다고 답변했다. 보고서는 글로벌 기업들이 협력사들에 재생에너지 사용을 적극 요구하고 있는 상황에서 국내 기업들의 대응이 미흡한 것으로 확인된다며 우려를 표했다.

ESG 채권

녹색채권, 사회적 채권, 지속가능한 채권

한국거래소가 2024년 5월 9일부터 '사회책임투자 채권 전용 세그먼트'의 명칭을 'ESG 채권 정보플랫폼'으로 변경한다고 밝혔다. 해당 플랫폼은 ESG 채권 관련 다양한 정보를 통합 제공하기 위해 거래소가 2020년 6월 개설한 정보포털이다. 거래소는 최근 '사회책임투자 채권'이라는 용어보다 'ESG 채권'이 더 많이 사용되고 있고, '전용 세그먼트'라는 용어도 직관적으로 이해하기 어렵다는 의견에 따라 명칭을 변경하기로 했다.

03

국제·외교·안보

9·19 남북군사합의

남북이 일체의 군사적 적대행위를 전면 중지하기로 한 합의

윤석열 정부가 집권 3년 차에 접어든 가운데 북한의 거듭된 도발에는 단호하게 대응하면서도 대화의 가능성은 언제나 열어둔다는 원칙을 견지하고 있다. 그러나 북한은 2023년 11월 9·19 남북군사합의 전면 파기를 선언한 이후 남북이 파괴하기로 한 비무장지대(DMZ) 감시초소(GP)를 콘크리트 초소로 복원하는가 하면, 서북 도서지역 해안포의 포문을 개방하는 등 의도적으로 긴장수위를 높이는 모양새다. 이에 우리 군도 전방 부대의 대비태세를 강화하며 북한의 도발을 억제하는 데 주력하고 있다.

파이브 아이즈(Five Eyes)

미국, 영국, 캐나다, 호주, 뉴질랜드 등 5개국이 참여하고 있는 기밀정보 동맹체

2024년 3월 11일 영국 런던에서 열린 '글로벌 사기범죄 방지 정상회의'에서 한국 등 11개국이 국경을 넘나들며 발생하는 사기범죄를 근절하기 위해 '초국경 사기범죄 방지 성명서'가 최초로 채택됐다. 해당 정상회의는 영국이 주요 7개국(G7) 및 파이브 아이즈 국가 등 국제적 영향력을 지닌 국가 위주로 공조와 협력을 강화하고자 한 것으로 이들 국가 외 한국과 싱가포르가 특별 초청된 것으로 알려졌다.

+ 퀴즈 plus

다음 중 기밀정보 동맹체인 파이브 아이즈의 회원국이 아닌 나라는?

① 뉴질랜드
② 일본
③ 캐나다
④ 영국

[정답 및 해설] ②

파이브 아이즈에는 미국, 영국, 캐나다, 호주, 뉴질랜드 등 영어권 5개국이 참여하고 있다. 미국 국가안보국(NSA) 요원이던 에드워드 스노든에 의해 미국 NSA가 이들 국가의 정보기관과 협력해 벌인 다양한 첩보활동의 실태가 드러났다.

탄소중립산업법(Net-Zero Industry Act)

유럽판 인플레이션감축법(IRA)

유럽의회가 2024년 4월 25일 유럽연합(EU)의 탄소중립산업법(NZIA)이 프랑스 스트라스부르에서 열린 본회의 표결에서 가결됐다고 밝혔다. 이에 EU 27개국의 최종 승인을 받은 뒤 관보 게재를 거쳐 이르면 연내에 법안이 발효·시행될 것이라는 전망이 나왔다. IRA와 달리 직접적인 금전적 인센티브는 없으나 EU는 유럽 밖으로 시설을 이전하거나 엄격한 보조금 규제 탓에 유럽 투자를 꺼렸던 기업을 유인하는 효과가 있을 것으로 기대되고 있다.

+ 퀴즈 plus

유럽연합이 2023년 3월 미국의 IRA에 대항해 내놓은 법안의 명칭은?

① 탄소중립산업법
② 유럽산업진흥법
③ 유럽탄소감축법
④ 탄소기본감축법

[정답 및 해설] ①

탄소중립산업법은 2023년 3월 16일 유럽연합(EU) 집행위원회가 유럽의 탄소중립과 친환경산업 육성을 위해 발표했다. 법률의 기본구성이 IRA와 비슷하며, 유럽 내 친환경산업 확대를 통해 독소조항이 많은 IRA에 대항하려는 목적이 있다고 알려졌다.

일대일로(一帶一路)

시진핑 중국 국가주석이 추진하고 있는 21세기 육상·해상 실크로드 계획

블라디미르 푸틴 러시아 대통령이 2024년 5월 16일 최대 우방국 중국에 도착해 시진핑 중국 국가주석과 만났다. 양국 정상은 우크라이나 문제를 포함해 중동, 중앙·동남아시아, 아시아태평양 지역 상황을 정상회담 의제로 정했고, 옛 소련권 경제협력체인 유라시아경제연합(EAEU)과 중국 '일대일로(一帶一路)'의 연결, UN 등 국제기구와 브릭스(BRICS) 내 양국 협력, 서방 진영의 제재 속에 러시아의 '숨통'을 틔워준 에너지 협력 등에 관해서도 논의한 것으로 알려졌다.

인플레이션감축법(IRA)

미국의 탄소감축과 전기차 세제 혜택 등의 내용을 담은 법률

국내 배터리 및 배터리 소재 업계가 핵심소재인 흑연의 대(對)중국 의존도를 낮추기 위해 향후 2년간 분주하게 움직일 전망이다. 미국 정부가 최근 인플레이션감축법(IRA)에 따른 전기차 보조금 지급요건 충족 여부를 판단할 배터리에 사용된 흑연에 대해서는 중국 등 외국 우려기업(FEOC)에서 조달해도 2026년 말까지 문제 삼지 않기로 한 데 따른 것이다. 이에 따라 국내 업계는 2년 안에 중국을 대체할 흑연 공급망 구축, 즉 '흑연의 탈중국화'라는 당면 과제를 안게 됐다.

프렌드쇼어링(Frend-shoring)

동맹국 간 공급망을 구축하기 위한 미국의 전략적 움직임

미국이 2024년 발표한 통상정책의제에서 동맹국과의 공급망 재편 가속화, 대(對)중국 견제 강화 등을 집중적으로 추진할 것을 시사했다. 특히 미중 무역관계와 관련해서는 중국이 불공정한 관행을 통해 글로벌 시장에서의 영향력을 키워가고 있다고 지적했다. 또한 최근 국제정세에 따른 공급망 교란을 언급하면서 공급망 재편과 관련해 처음으로 '프렌드쇼어링(동맹국 중심으로 공급망 재편)'과 '니어쇼어링(인접국가로 생산기지 이전)'을 직접적으로 언급하기도 했다.

+ 퀴즈 plus

미국을 중심으로 동맹국이 뭉쳐 글로벌 공급망을 구축하려는 것을 뜻하는 용어는?

① 크롤링
② 니어쇼어링
③ 오프쇼어링
④ 프렌드쇼어링

[정답 및 해설] ④

프렌드쇼어링(Frend-shoring)은 미국을 중심으로 한 동맹국들이 공급망을 구축해 상품을 안정적으로 교환·확보하려는 경향을 의미한다. 미국이 대만과 일본, 우리나라에 제안한 칩4동맹도 반도체 프렌드쇼어링의 일환이라고 할 수 있다.

사도광산

일제강점기 조선인 강제노역이 자행된 금광

일본 산케이신문이 사도광산의 유네스코 세계문화유산 등재에 반대해 온 한국 정부의 태도에 윤석열 정권이 출범한 이후 변화의 조짐이 생겼다고 보도했다. 그러면서 사도광산 세계유산 등재에 대한 윤덕민 주일 한국대사의 "(부정적 역사도 있으나) 절대 반대하는 것은 아니다"라는 발언을 제시했다. 앞서 문재인 정부가 이에 강력하게 반발하고 나선 것과 대비되는 태도다. 사도광산의 세계유산 등재 여부는 2024년 7월 인도 뉴델리에서 열리는 유네스코 세계유산위원회에서 결정될 전망이다.

+ 퀴즈 plus

일본 정부가 세계유산 등재를 추진하고 있는 사도광산을 소유했던 일본의 기업은?

① 미쓰비시
② 마쓰이
③ 신일철주금
④ 히타치

[정답 및 해설] ①

미쓰비시는 일본의 대표적인 전범 기업 중 하나로 이미 2015년 세계유산으로 등재된 군함도와 사도광산을 소유했던 것으로 알려져 있다.

04

문화·미디어·스포츠

소프트파워(Soft Power)
인간의 이성 및 감성적 능력을 포함하는 문화적 영향력

　한반도 및 국제 관계 전문가인 라몬 파체코 파르도 영국 킹스칼리지런던 교수가 자신의 저서 〈새우에서 고래로〉를 통해 75년에 걸친 한국 사회의 극적인 변화를 조명했다. 그는 책에서 한국전쟁과 분단, 신군부의 권력장악, 민주혁명, 외환위기 등 한국 현대사에 일어났던 여러 격동의 사건을 소개했다. 또 1953년 당시 세계에서 가장 가난한 지역으로 꼽혔던 사하라 이남 아프리카 국가보다 더 가난했던 한국이 단기간에 선진국 대열에 합류하고 그룹 방탄소년단(BTS), 영화 〈기생충〉, 접이식 스마트폰 등으로 상징되는 소프트파워 강국이 된 비결을 집어냈다. 그는 이러한 변화가 "시민 민족주의를 향한 이동에서 비롯됐다"고 분석했다.

플로깅

조깅을 하면서 쓰레기를 줍는 운동

전북특별자치도가 새만금 유역 수질 보전을 위해 서류·현장 평가, 지방보조금 관리위원회 심의를 거쳐 수질보전 활동에 참여할 4개 민간 단체를 선정했다고 밝혔다. 선정된 단체는 총 7,200만원의 사업비로 플로깅(조깅·산책하며 쓰레기 줍기) 대회 개최, 동진강 환경 정화, 쓰레기 수거용 장비 비치, 사회관계망서비스(SNS)를 활용한 환경캠페인, 농촌 비점오염원 관리를 위한 주민 교육과 홍보 등을 진행한다.

올림픽

여름과 겨울 각각 4년마다 개최되는 전 세계 최대 규모의 종합 스포츠 대회

문화와 예술의 도시로 불리는 프랑스 파리에서 2024년 7월 지구촌 최대 스포츠 행사인 하계올림픽이 열린다. 특히 세 번이나 올림픽을 개최한 도시는 영국(1908·1948·2012년)에 이어 파리(1900·1924년)가 두 번째다. 파리는 유치전 당시 미국 로스앤젤레스(LA)와 각축을 벌였는데, 이때 재정 등 여러 이유로 헝가리, 독일 등이 유치 신청을 철회하면서 국제올림픽위원회(IOC)는 지속 가능한 올림픽을 목표로 하계올림픽 개최지를 2024년 파리, 2028년 LA로 결정했다.

퍼스널 컬러

개인의 타고난 신체적 컬러

첫인상이 중요한 시대에 퍼스널 컬러는 개인이 가진 눈동자·피부·모발색 등 고유한 색소를 바탕으로 어울리는 컬러를 객관적, 체계적으로 분석해 성공적인 이미지 연출로 연결되도록 한다. 이러한 특성을 활용해 한때 MZ세대 등 젊은이들 사이에서 '퍼스널 컬러' 찾기 열풍이 거세게 불기도 했다. 자신에게 가장 맞는 색을 찾아 의상에 적용하고, 이를 통해 개성과 자존감을 높이고 대인관계에서 자신감 넘치는 매력적인 모습을 발산할 수 있기 때문이다.

뱅크시

베일에 싸인 영국의 그라피티 아티스트

'얼굴 없는 화가'로 알려진 영국의 유명 그라피티 아티스트 뱅크시의 정체가 그의 작품을 둘러싼 법정 다툼에 의해 드러날 가능성이 생겼다. 영국 일간 가디언에 따르면 미술품 수집가 2명이 뱅크시의 작품으로 여겨지는 작품의 진품여부를 가려달라는 요구를 뱅크시의 대행사가 거부하고 있다며 해당 회사 등을 상대로 계약위반으로 소송을 냈다. 이 재판 결과에 따라 뱅크시의 본명 등이 밝혀질 가능성이 있는 것으로 알려졌다.

디아스포라(Diaspora)

특정 민족이 살던 지역을 떠나 다른 지역에 정착해 집단을 형성하는 것

한국계 배우·감독이 주축이 된 넷플릭스 시리즈 〈성난 사람들〉과 영화 〈패스트 라이브즈〉가 2024년 골든글로브·에미상을 비롯해 주요 시상식에서 상을 휩쓸었다. 이에 대해 할리우드를 중심으로 다양성을 추구하는 분위기가 강해지면서 이른바 '코리안 디아스포라(한국인 이민자)' 콘텐츠가 주류 문화계에서도 주목받은 데다, K팝을 비롯해 〈기생충〉, 〈오징어게임〉 등 한국의 콘텐츠가 세계적으로 흥행한 데 힘입은 결과라는 분석이 나왔다.

슬로시티(Slow City)

여유로운 아날로그적 삶을 추구하는 것

전남 완도군이 2025년 6월 20~22일에 열릴 '국제슬로시티연맹 시장 총회' 개최지로 선정됐다. 유럽, 북미, 아시아 등의 지자체 단체장 및 슬로시티 네트워크 대표 등 150여 명이 참석해 국가별 네트워크 동향과 이슈 발표, 정책 공유, 발전 방안을 논의할 예정이다. 국제슬로시티연맹은 전통과 자연을 보존하면서 지속 가능한 발전을 추구하는 것을 목표로 2024년 6월 기준 33개국, 296개 도시(한국 17개 도시)가 가입돼 있다.

05

역사·철학·문학

4·19 혁명

학생과 시민이 중심이 되어 일으킨 반독재 민주주의 운동으로 한국 민주주의 역사에 한 획을 그은 사건

1960년 4월 19일 부정선거와 억압적 통치 행위에 반발한 시민들이 독재정권 타도와 민주화를 외치며 시작된 4·19 혁명과 관련된 기록물이 2023년 5월 18일 유네스코 세계기록유산으로 최종 등재됐다. 이날 동학농민혁명 기록물과 함께 등재가 확정된 4·19 혁명 기록물은 전개 과정과 혁명 이후 결과와 관련된 1,019점의 자료를 말하며, 학생들이 주도해 민주주의 역사의 한 획을 그은 사건을 기록한 역사적 증거라는 점에서 그 가치를 인정받았다.

고노 담화

위안부 문제와 관련하여 일본 정부가 공식적으로 처음 인정한 담화

일본 야마카와출판이 문부과학성 검정을 통과한 중학교 역사교과서에서 4년 전 검정교과서에 기술했던 '종군위안부'라는 용어를 삭제한 것으로 알려졌다. '종군위안부'는 일본 정부가 2023년에도 계승하고 있다고 밝혔던 '고노 담화'에 담긴 표현이다. 일본 정부는 줄곧 위안부 동원에 강제성이 있었다고 인정한 고노 담화를 계승한다고 하면서도 정작 3년 전 각의(국무회의)에서는 강제성을 부정하는 결정을 했고, 결과적으로 교과서 집필에도 영향을 미치고 있는 것으로 나타났다.

일제 강제동원 피해자

일제강점기 당시 강제로 노동에 동원됐던 한국인

일본이 2024년 4월 16일 외교청서를 통해 '독도는 일본 땅'이라고 거듭 주장했다. 이에 한국 정부는 일본 정부에 부당한 주장을 즉각 철회하라고 촉구하고 미바에 다이스케 주한 일본대사관 총괄공사를 초치해 항의했지만 일본 정부는 독도에 대한 한국 측 항의를 받아들일 수 없다며 재반박했다. 일본 정부는 또 한국 대법원이 일제강점기 강제동원 피해 소송에서 일본 피고기업에 배상을 명령한 판결에 대해서도 수용 불가 입장을 재확인한 것으로 나타났다.

히잡

이슬람 근본주의 여성 탄압사의 상징

예루살렘포스트와 스페인 EFE 통신 등이 이란 당국이 최근 히잡 단속을 다시 강화하고 있다고 보도했다. 이란 도덕경찰은 2024년 4월 13일부터 페르시아어로 '빛'을 의미하는 이른바 '누르 계획'에 따라 테헤란 등 여러 도시에서 히잡을 착용하지 않은 여성에 대한 강력한 단속에 들어갔다. 외신에 따르면 도덕경찰은 공공장소에서 히잡 규정을 어긴 여성들을 마구잡이로 체포하고 있으며 이 과정에서 성희롱과 구타 등을 자행하고 있는 것으로 알려졌다.

반달리즘(Vandalism)

문화유적을 파괴하거나 약탈하는 행위

2022년부터 유럽을 중심으로 전 세계 각국에서 기후활동가들의 명화 테러 사건이 잇따르자 주요 박물관들도 공동성명을 발표하며 대응에 나섰다. 이들은 기후활동가들이 "대체 불가능한 작품들이 훼손에 약하다는 점을 과소평가하고 있는데, 작품들은 세계문화유산으로써 보존돼야 마땅하다"고 강조했다. 다행히 작품이 영구손상된 경우는 없었지만, 이러한 사건이 잇따르자 이들을 '영웅'으로 지칭하는 사람들과 '반달리즘'으로 규정하는 사람들 간 논쟁이 확산됐다.

06

과학·IT

희토류

스마트폰과 전기자동차 등에 쓰이는 필수 재료

홍콩 사우스차이나모닝포스트(SCMP)가 세계 희토류 공급을 주도했던 중국의 장악력이 공급망 다각화로 흔들리고 있다고 보도했다. 공식적인 수치로 볼 때도 2012년 세계 희토류 수출의 중국 비중은 90%였으나 2022년엔 70% 수준으로 떨어졌다고 미국 지질조사국이 밝힌 바 있다. 트럼프 정부 시절 불거진 미중 무역전쟁 중 중국은 희토류 패권을 무기 삼아 '수출 통제조치'를 통해 수년간 세계 각국을 압박해왔으나, 미국·호주·미얀마에 이어 라오스·말레이시아·베트남 등이 대체 생산국으로 떠오르면서 입지가 위협받는 상태다.

누리호

우리나라 최초의 저궤도 실용 위성 발사용 로켓

한국형발사체 누리호(KSLV-Ⅱ)가 2023년 5월 25일 오후 6시 24분 전남 고흥 나로우주센터에서 3차 발사됐다. 이날 첫 실전 발사에서 누리호는 주탑재위성인 '차세대소형위성 2호'를 고도 550km 지점에서 정상분리한 데 이어 부탑재위성인 큐브위성 7기 중 6기도 정상분리한 것으로 확인돼 이륙부터 위성 작동까지 성공적으로 마쳤다는 평가가 나왔다. 아울러 3차 발사 성공으로 민간 주도 우주산업 시대로의 전환도 가속화되고 있다.

파운드리

생산 설비를 갖추고 반도체를 위탁생산하는 업체

세계 최대 파운드리(반도체 위탁생산) 기업인 TSMC가 인공지능(AI) 열풍으로 급증한 반도체 수요에 대응하기 위해 2023년 900억대만달러(약 3조 7,000억원)를 투자해 대만 북부에 첨단 패키징 공장을 신설할 계획을 발표한 데 이어 2024년에도 추가 신설계획을 연이어 발표했다. 당초 TSMC는 미국 애리조나에 공장을 건설해 2024년 1분기부터 가동을 시작할 예정이었으나 건설 계획이 1년가량 늦어지면서 AI 붐으로 인한 수요를 맞추기 힘들어지자 이러한 결정을 내린 것으로 알려졌다.

다누리

우리나라의 첫 달 탐사궤도선

한국형 달 탐사선 다누리의 임무기간이 원래 계획됐던 2023년 12월에서 2025년 12월까지로 2년 늘어났다. 다누리는 지구에서 달로 향하는 과정에서 발사와 관제, 항행이 성공적으로 이뤄지면서 연료 절감에 성공한 것으로 확인됐다. 이에 따라 임무 연장기간 동안 다누리는 영상 획득 지역을 늘리고 보완 관측, 추가 검증 시험 등을 시행할 계획이다. 다만 본체 부품 노화 및 배터리 방전 등의 사유로 임무수행이 조기에 끝날 수도 있다.

+ 퀴즈 plus

2022년 8월 발사된 우리나라 최초의 달 탐사선의 이름은?

① 다누리
② 스페이스X
③ 누리호
④ 블루오리진

[정답 및 해설] ①

다누리는 2022년 8월 5일 미국 케이프 커내버럴 우주군 기지에서 발사된 우리나라 최초의 달 탐사선(궤도선)이다. 다누리는 2022년 12월 27일 임무 궤도에 성공적으로 안착해 2023년부터 본격적으로 임무를 수행하고 있다.

바이오시밀러(Biosimilar)

특허가 만료된 바이오의약품과 비슷한 효능을 갖춘 약품

국내 바이오의약품 제조업체인 셀트리온이 2024년 1분기 연결 기준 영업이익이 전년 동기 대비 91.52% 급감한 154억원으로 잠정 집계됐다고 공시했다. 매출은 7,370억원으로 바이오시밀러 수요 증가 등에 힘입어 같은 기간 23.33% 늘었다. 분기 매출액이 7,000억원을 넘어선 것은 창사 이래 처음이라고 회사는 전했다. 셀트리온은 재고 합산에 따른 원가율 상승, 무형자산 상각 등 셀트리온헬스케어와의 합병 관련 요인이 이번 영업이익에 반영됐다고 설명했다.

+ 퀴즈 plus

특허가 만료된 바이오의약품의 복제약을 뜻하는 용어는?

① 바이오제네릭
② 바이오시밀러
③ 바이오베터
④ 바이오CMO

[정답 및 해설] ②

바이오시밀러는 특허가 만료된 바이오의약품의 복제약을 말한다. 오리지널 바이오의약품과 비슷한 효능을 갖도록 만들어지지만, 기존의 특허 받은 바이오의약품과 완전히 동일한 약품은 아니다.

메타버스(Metaverse)

가상세계와 현실세계가 혼합된 초현실세계

경제협력개발기구(OECD)가 최근 발간한 '디지털경제전망보고서 2024 1권'에 따르면 우리나라가 사물인터넷(IOT), 빅데이터 분석, 인공지능(AI) 기술 도입률이 OECD 회원국 중 가장 높다는 평가가 나왔다. 해당 보고서에는 우리나라의 'AI 지역확산 추진 방향'. 'K-클라우드 프로젝트', '메타버스 신산업 선도전략', '메타버스 윤리원칙' 등 윤석열 정부에서 역점을 두고 추진한 디지털 신기술 분야별 주요 정책도 소개됐다.

플라스마(Plasma)

기체 상태의 중성 물질이 고온에서 이온핵과 자유전자의 집합체로 바뀌는 상태

대구광역시가 쓰레기 매립장에서 포집한 매립가스를 차세대 고부가가치 친환경 에너지인 수소로 전환하는 '매립가스 기반 수소 생산 실증연구'를 마쳤다. 이는 중소벤처기업부 지원사업의 일환으로 폐자원 에너지인 매립가스를 고체나 액체, 기체가 아닌 제4의 물질 상태인 플라즈마로 분해해 친환경 에너지인 수소로 전환하는 연구사업이다. 이를 통해 매립가스를 99.999% 이상의 고순도 수소로 전환, 하루 200kg의 수소를 생산할 수 있게 됐다.

소형모듈원자로(SMR)

발전용량 300MW급의 소형원전

2030년대 수출을 목표로 개발되고 있는 차세대 한국형 소형모듈원자로(SMR) 사업단이 2023년 7월 출범했다. 이 사업은 과학기술정보통신부와 산업통상자원부가 공동으로 6년간 3,992억원을 투자해 차세대 한국형 SMR을 개발하는 사업이다. 이날 열린 출범식에서 이종호 과기정통부 장관은 "혁신형 SMR의 적기 개발과 경쟁력 확보를 위해서는 민간과의 협력이 중요하다"면서 "연구개발 지원과 민·관 협의체 신설 등 지원을 아끼지 않겠다"고 밝혔다.

+ 퀴즈 plus

발전용량 300MW급의 소형원전을 뜻하는 용어는?

① RTG
② APR+
③ SMR
④ BWR

[정답 및 해설] ③

SMR(Small Modular Reactor, 소형모듈원전)은 발전용량 300MW급의 소형원전을 뜻하며, 차세대 원전으로 떠오르고 있다. 대형원전에 비해 크기는 작지만, 빠른 건설이 가능하고 효율이 높다.

NFT

다른 토큰과 대체·교환될 수 없는 가상화폐

최근 가상자산과 관련된 각종 범죄와 현직 국회의원의 거액 코인 투자 논란 등으로 파장이 커지자 가상자산시장의 규제 공백을 메우기 위한 '가상자산 이용자 보호 등에 관한 법률안(가상자산법)'이 2023년 6월 30일 국회 본회의를 통과했다. 다만 이날 통과된 법안은 가상자산의 정의 등을 규정하는 한편 투자자 보호를 위한 필수사항을 담는 것에 초점이 맞춰져 있어 NFT와 같은 새로운 기술이나 현상에 대한 추가적인 규율 체계가 필요하다는 의견이 나왔다.

+ 퀴즈 plus

다른 토큰과 대체·교환할 수 없는 가상화폐를 이르는 용어는?

① USDT
② ICO
③ 핫월렛
④ NFT

[정답 및 해설] ④

NFT는 다른 토큰과 대체하거나 교환할 수 없는 가상화폐다. 2017년에 처음 시장이 들어서고 주로 미술품·게임아이템 거래를 통해 성장했다. NFT는 하나하나마다 다른 가치와 특성을 갖고 있어 가격 또한 천차만별이다.

청정수소

전기를 발생하는 과정에서 이산화탄소를 적게 배출하는 수소

정부가 탄소중립 실현을 위해 우리나라에 세계 최대 규모의 이산화탄소 저장소를 만들고 수소공급을 대폭 늘린다. 먼저 이산화탄소 포집·저장·활용을 위해 동해가스전에서 탄소저장을 위한 중규모 CCS 통합실증을 추진한다. 아울러 대량의 이산화탄소를 포집·저장해서 경제적 가치를 지닌 제품으로 활용한다. 또 해외에서 생산된 청정수소를 국내에 도입하기 위한 대용량 저장, 장거리 운송, 국내 하역 및 공급기술을 개발하는 등 기술확보에 나선다.

+ 퀴즈 plus

천연가스와 이산화탄소 포집설비를 이용해 생산한 수소를 일컫는 말은?

① 브라운수소
② 그레이수소
③ 블루수소
④ 그린수소

[정답 및 해설] ③
블루수소는 신재생에너지로 꼽히는 청정수소를 생산하는 방식 중 하나로 천연가스와 이산화탄소 포집설비를 이용해 생산하는 수소를 말한다. 이산화탄소를 포집해 저장하므로 탄소배출량이 적어 친환경적이며 경제적인 장점을 갖는다.

엘니뇨(El Nino)

평년보다 0.5℃ 이상 해수면 온도가 더 높은 상태에서 5개월 이상 지속되는 현상

기후변화에 공기를 데우는 엘니뇨 현상까지 도래하면서 폭염 등 이상기후가 2024년 이후까지 더욱 극심해질 것이라는 전망이 나왔다. 2023년 여름, 전 세계적으로 이상고온에 따른 폭염이 이어지면서 기온이 전례 없는 수준으로 오른 가운데 세계기상기구(WMO)는 2023년 5월에 발표한 보고서에서 지구촌 최고 온도 기록이 조만간 깨질 수 있다고 예측했다. 이러한 이상고온 현상이 다른 자연재해로 이어질 수 있다는 점에서 우려가 커지고 있다.

+ 퀴즈 plus

해수면 온도가 평년 대비 0.5℃ 높게 지속되는 현상은?

① 엘니뇨 현상
② 라니냐 현상
③ 열섬 현상
④ 기온 역전 현상

[정답 및 해설] ①
엘니뇨는 전 지구적으로 벌어지는 대양–대기 간의 기후 현상으로 해수면 온도가 평년보다 0.5℃ 이상 높은 상태에서 5개월 이상 지속되는 이상 해류 현상을 말한다. 작은 예수 혹은 남자아이라는 뜻에서 유래했다.

우리 인생의 가장 큰 영광은

결코 넘어지지 않는 데 있는 것이 아니라

넘어질 때마다 일어서는 데 있다.

-넬슨 만델라-

훌륭한 가정만한 학교가 없고,

덕이 있는 부모만한 스승은 없다.

-마하트마 간디-

얼마나 많은 사람들이

책 한 권을 읽음으로써

인생에 새로운 전기를 맞이했던가.

−헨리 데이비드 소로−

좋은 책을 만드는 길, 독자님과 함께 하겠습니다.
· ·

10대를 위한 모든 이슈

개정11판1쇄 발행	2024년 06월 10일 (인쇄 2024년 05월 30일)
초 판 발 행	2015년 10월 05일 (인쇄 2015년 08월 26일)
발 행 인	박영일
책 임 편 집	이해욱
편 저	시사상식연구소
편 집 진 행	김준일 · 이보영 · 김유진
표지디자인	박수영
편집디자인	윤아영 · 채현주
발 행 처	(주)시대고시기획
출 판 등 록	제10-1521호
주 소	서울시 마포구 큰우물로 75 [도화동 538 성지 B/D] 9F
전 화	1600-3600
팩 스	02-701-8823
홈 페 이 지	www.sdedu.co.kr

I S B N	979-11-383-7233-6 (13030)
정 가	18,000원